武士目線で語られる日本の城

ken 鈐録 roku

Ogyu Sorai 荻生徂徠 1666〜1728

Owada Yasutsune

小和田泰経◉著

日本能率協会マネジメントセンター

はじめに

本書は、江戸時代を代表する儒学者・荻生徂徠が著した『鈐録』の城に関する部分を翻訳し、現代的な視点での解説を付したものである。『鈐録』の「鈐」とは軍事のことであり、荻生徂徠が軍事について論じた軍学書が『鈐録』ということになる。『鈐録』は、およそ軍学に関するあらゆる内容を網羅した大著であり、巻数は20巻にもおよぶ。各巻の名だけを列記すれば、「制賦」、「兵制」、「職制 并 選兵」、「編伍」、「懸令・賞功」、「行軍・候探・烽燧・粮餉」、「営地・営算・営制・営規」、「陣法上」、「陣法下」、「教旗上」、「教旗下」、「戦法」、「戦略上」、「戦略下」、「城制上」、「城制下」、「守法上」、「守法下」、「攻法」、「水法・戚南塘水軍法」となる。

徂徠は、寛文六（一六六六）年、徳川綱吉の侍医の子として江戸に生まれた。先祖は、三河国（愛知県東部）あるいは伊勢国（三重県東部）の武士だったという。父がそのころは館林藩主だった綱吉の勘気をこうむって江戸から追放されたため、母の実家のある上総国（千葉県中部）に移り住んだ。この地で、漢籍を読み込み、歴史や儒学の知識を高めたという。その後、父が赦免されたことから江戸に戻ると、すでに将軍となっていた綱吉の側近・柳沢吉保に博識を買われ、漢籍に対する校注を任されたと伝わる。

やがて徂徠は在野の学者として自立し、儒学を講釈するようになった。ちなみに、そのころの日本において主流だったのは、儒学は儒学でも、南宋の朱熹が大成した朱子学だった。朱子学は、人々が道徳を修養することで社会を安定させるという考えに立脚していたが、徂徠の考えは違った。社会を安定させるのは道徳ではなく政治であるととらえ、それを幕府に訴えている。そのようなことから、八代将軍となった徳川吉宗からも、政治についての諮問を受けたのだった。

こうしたなか、徂徠は幕府の政治を改革する案として『政談』を著し、幕府に提出した。内容は、参勤交代を廃止して武士を土着させることなど、かなり思い切った改革を提言している。それでも吉宗の逆鱗にふれることはなく、むしろ、吉宗自身は徂徠を幕府に登用するつもりであったともいう。しかしながら、直後の享保十三（一七二八）年、徂徠が病没したため、幕府への出仕は実現しなかった。

実は幕府に対して『政談』を提出したころ、徂徠は『鈐録』も著していた。成立年代は不明であるが、序を付したのは享保十二（一七二七）年の正月と記している。亡くなる一年前のことであり、この『鈐録』は最晩年の著作といってよい。

徂徠が生きたのは、江戸幕府の四代将軍・家綱、五代将軍・綱吉、六代将軍・家宣、七代将軍・家継、八代将軍・吉宗の統治下にあたる。ちょうど幕府では、初代将軍・家康、二代将軍・秀忠、三代将軍・家光による武断政治を改め、文治政治に舵を切った時代であった。平和な時代になったと同時に、軍事を実戦で学ぶ機会は失われており、学問としての軍学が教授されるようになっていく。甲斐国（山梨県）の戦国大名であった武田氏の遺臣にあたる小幡景憲が開いた甲州流（武田流・信玄流）にはじまり、その弟子から北条流および山鹿流が生まれ、それとは別な系統として越後国（新潟県）の戦国大名であった上杉氏の軍学と称する越後流（上杉流・謙信流）などが広く知られるようになっていた。

ただ、こうした軍学の知識は、現代においては、あまり重視されていない。というのも、江戸時代の軍学が、机上の学問として役に立たないものの代名詞となってしまっているからである。なぜ、軍学に意味がないと考えられているのかといえば、それは当時のビジネスとして武士に教授されていたということにある。弟子をとり、免許を与えるというシステムが確立されたことにより、学問として体系化されたが、その際、内容に脚色された部分もあるとみられている。

もちろん、軍学の内容すべてが江戸時代に脚色されたわけではない。なかには戦国時代以来の知見も含まれていたはずである。徂徠は、こうした江戸時代の軍学に対しても、徹底的な批判を加えたうえ、客観的事実として取り上げている。『鈐録』を通してみると、戦国時代から江戸時代の武士が、城をどのようにみていたのかがよくわかる。

史料批判により客観的な姿勢を貫く姿勢は、現代の学問に対する向き合い方となんら変わることはない。そういう意味でも、徂徠は、当代一流の研究者であった。事実、現代で用いられている山城・平山城・平城という立地の分類、野面積・打込接・切込接という石垣の分類を、世に広く知らしめたのは徂徠である。

なぜ儒学者の徂徠が城を研究しているのかといえば、それが社会の安定に必要なものだと考えていたからにほかならない。『鈐録』の序において、徂徠は「聖人の道は治国の道にて、軍旅は治国の一大事なり。其国の興るも滅ぶるも此一挙にあることなれば、聖人の道を学ぶ人は是を疎かに心得べからず」と述べている。

聖人とは儒学が理想とする君主のことであり、その治世においても軍旅、すなわち軍事は重要だというわけである。この背景には、多くの儒学者が軍事を無視している状況があり、徂徠は、軍事にも関心をもつべきだと訴えているのである。ちょうど徂徠は、『政談』を幕府に提出していた。政治と軍事の両面から、幕府、ひいては日本の改革を進めたいと考えていたのだろう。

『鈐録』20巻のなかから、本書では城そのものに関係する「城制」のほか、城の守り方について言及した「守法」、城の攻め方について言及した「攻法」のみを訳出している。ただし、中国の城だけを詳述している部分も多いため、一部の内容は抄訳にとどめた。なお、構成を改めて見出しをつけ、現代の日本語として意味が通じるように意訳しているが、本文の内容はすべて徂徠自身が記したものである。

小和田泰経

※本書に登場する人物は、一般的に認知されている呼称で記載している。
※本書に掲載した写真で出典のないものは著者の撮影によるが、特別な許可を得て撮影したものも含まれている。

目次

はじめに

第一章　「城」とは何か

一、荻生徂徠の考える城の存在意義……14

「土に成」ではなく「土に盛」15

二、武を嫌う儒学者が城を認める理由……17

聖人の統治なら城は不要？ 19／性悪説を支持した徂徠 20／王道にこそ城が必要 21

三、「城」といっても様々である……23

日本の城のはじまり 25／中国由来の堅固三段と日本独自の曲輪 27／主な縄張の類型 29／三類型を組み合わせた縄張 30／立地から見た城の種類 33／日本の城の派生 36

第二章　城にふさわしい土地を選ぶ

一、「四神相応」がなければ造れ……40

四神相応とは 42／人工的に補える四神相応 46

二、恵まれた土地なら四神相応に固執しない……47

五行説に基づく高低の概念 49／自然豊かな土地の重要性 51

三、地形と水と土を確認せよ……52
陰陽論による山への評価と対応 55／水の利活用が城の命運を左右する 57／土による建築方法の向き・不向き 59

第三章　縄張に基づき曲輪を置く

一、城の構造は縄張で決まる……62
縄張設計の基本的な考え方 64
二、日本の城の規模……68
城の大きさが権威の強さ 70／関ヶ原の戦いのきっかけとなった神指城 70／家康が恐れたのは城の軍備ではない？ 72
三、泰平の世による本丸の変化……73
江戸時代の主流・甲州流の影響力 74
四、軍学者による縄張術は危うい……75
軍学者の知見が求められた理由 77／軍学者による縄張を批判した徂徠の真意 79
五、陰陽両方を備えた城が理想……81
攻めるだけ、守るだけの城は不十分 82／軍学の手本となった田中城 83／一城別郭で難攻不落と化した高天神城 84／「城」と「郭」に陰陽の役割を分担 86
六、最も効率的な縄張は小さな円……88
計算された理想の形 89
七、とにかく本丸を守れ……91
流派で異なる本丸の守り方 93／曲輪の陰陽で変わる遮蔽物 94

八、近づかせない・見透かされない工夫を……95
敵の移動を妨害する堀 97／上杉謙信の慧眼による騎西城の教訓 97／水に近い城特有の問題点と対策 99
九、自分の城を敵に利用させるな……100
曲輪が落とされた後を想定する 102／最後の手段・自焼 104

第四章 曲輪に設けられた軍備の数々

一、効果的な横矢をつくり出せ……106
敵の撃退は横矢にかかっている 107
二、虎口は桝形にして強化する……111
出入口の悩みどころ 112／戦国時代に進化した虎口 113
三、馬出は桝形虎口と併用する……117
城からの「攻撃」に欠かせない重要拠点 118／馬出が五稜郭の明暗を分けた？ 124
四、陰の虎口と陽の虎口……126
守るための攻撃に使う陽の虎口 127／徹底的に敵を侵入させない陰の虎口 129
五、越後流がまとめた縄張集「五縄」……130
縄張の見本 131／滕縄 132／大和縄 133／沈籠縄 133／現籠縄 134／満字縄 135

第五章 城郭を形づくる基礎

一、堀は縄張に適した幅と深さにすべし……138

堀の基本は薬研堀 141／鉄砲が変えた堀の常識 142／水堀が空堀よりもよいとは限らない 144／
掘っていない部分がより障害となる畝堀 146／曲輪や土塁との相乗効果 147／
並行ではなく垂直に掘られた竪堀 149

二、海外の堀について学ぶ……150
中国での堀の基準と保全方法 151／日本にも存在した？ 羊馬城 152

三、すべてを石垣で造るのは難しい……153
石垣の六つの定型 154／築城名人の代名詞・穴太衆 157／
石垣でも問題となった安全面と労力と時間 158／石垣造りに係わらなくなっていった武士 160

四、土塁は必ず土壌を見極めよ……162
単に土を盛ればできるものではない 163

五、移動用の坂はあえて使いにくくする……166
理想は敵に利用されない坂だが…… 167

六、中国の築城術を知る……170
徂徠にとっての理想の城 172

第六章 攻防に活躍する建築物

一、戦で役立つ工夫を門にも凝らす……174
門が合戦の勝敗に直結する 176

二、天守・櫓への言及は少ない荻生徂徠……179
櫓の名称のあれこれ 179／城で最も大きい櫓＝天守 181／最大の櫓・天守でも単独では脆い 182／

戦火によって壁の材質が変化した？ 184／当時の最新式・多門櫓 185
風や敵の圧力に負けない補強 188
四、塀に狭間・石落・塀折を備えよ……191
安全に迎撃できる狭間 192／真下の死角に対処する石落 194／
塀だけで横矢を作り出す塀折 196
五、縄張に合わせた橋を架けよ……198
一長一短の土橋と木橋 199／敵を防ぐための様々な橋 201

第七章 軍備を駆使して城を守る

一、受け身にならず、人の和を保て……206
守城側は不利があたり前 208／攻城側への奇襲が活路 210
二、籠城の覚悟はあるか……212
最初から降伏か、徹底抗戦あるのみ 213
三、籠城では庶民も立派な戦力だ……216
城主の裁量に委ねられる庶民の扱い 218
四、物資を必ず確保せよ……221
米と水だけでは戦えない 222
五、敵の攻撃に慌てず対処する……224
籠城するからには手段を選ばない 226

第八章　堅牢な城をいかに落とすか

一、まずは周辺の民心を摑め……232
民心を失えば敗亡必至 233
二、決して慢心してはならない……235
大軍の慢心で勝ち残った毛利元就 236
三、敵にとって逃げ道に見える場所を用意せよ……238
逃げ道が守城側の結束を緩める 239
四、守城側の隙を見逃すな……241
要害は守城側も油断しやすい 243
五、我が国の攻城は時間がかかる……244
きちんと足場固めをしてから攻める 245／安全に接近するための防御兵器 246／日本に攻城兵器が定着しなかった要因 247

参考文献 249
おわりに 250
旧国名・城所在地図 252

第一章 「城」とは何か

一、荻生徂徠の考える城の存在意義

城とは、国郡を治める君主の居所である。「城は盛なり」ということがあるが、「盛」は、「もる」と読み、器にもってこぼれないようにするものを指す。国郡を治める君主は、領民が多く集まる場所を選んで居住している。必然的に役人も金銀も、そこに集まるから、それらがこぼれないように心がけるため「城」と名づけた。

そのようなわけで、城のある場所は、国郡のなかで枢要の地となる。君主が居住し、金銀も集まる場所であるから、これを敵から守らなくてはならない。乱世では、これらを敵が奪おうとするからである。もちろん、乱世でなくても、盗賊がそれらを狙うこともあるだろう。だから、要害を構え、敵に侵入されないようにしなければならなかった。

要害とは、必ずしも人工的に造られたものを指すわけではない。天地自然も、いわば要害である。山や川も、そのまま利用するのではなく、人の知恵をもって普請を加えるので要害といえる。

総じて、君主は領民を撫養し、安穏に暮らせるようにするのが義務である。

枢要 中枢、重要。

これは、『大学』に「人の君と為っては仁に止まる」と書かれている通りで、仁こそが君主の道であることを忘れてはならない。

解説

「土に成」ではなく「土に盛」

荻生徂徠は、器に盛ったものがこぼれないようにするのが「城」だとしている。城という字は、「土」と「成」で構成されていることから、土でできたのが城であるといわれることもある。しかし、もともと、中国や朝鮮でいうところの城とは城壁のことであり、城壁に囲まれた都市が「都城」であった。しかし、我が国においては、都市を城壁で囲んだ歴史がない。そのため、領主の居所を「城」とよんだのである。

『鈐録』の著者である荻生徂徠は、儒学者である。儒学者が軍事を語るのは、この時代に始まったことではない。古代中国でも、孔子にはじまり、孟子、荀子といった儒学者が、それぞれ温度差はあるものの、軍事にも言及していた。なぜなら、儒学者が求めていたのは、社会の平和だったからである。平和な社会を築くのが君主の務めであり、その手段を考えるのが儒学者の役割とみなされてきた。

荻生徂徠も、儒学者としての立場を貫いており、最後には『大学』の一節に触れている。

儒学者
古代中国の思想家である孔子（孔丘）を始祖とする儒教について、学問として修め研究する者。

孟子、荀子
孔子の死後、儒教の発展に貢献した古代中国の思想家。

『大学』は、『論語』『中庸』『孟子』とともに、四書とみなされた儒学の書物だった。引用されている「人の君と為っては仁に止まる」の一節は、君主としての心構えを述べたものである。

ここで『大学』が言わんとしているのは、君主にとって最も重要なのが「仁」ということに尽きる。「仁」とは、思いやりのことであり、君主は城を築き、臣民を守る。これが「仁」だというわけである。そして、このように君主が支配する体制を、儒学者は「王道」とよんだ。

ちなみに、この一節に続き、『大学』は「人の臣と為っては敬に止まる。人の子と為っては孝に止まる。人の父と為っては慈に止まる」と記す。臣民にとって最も重要なのは敬意すなわち忠誠心であり、子にとっては親に対する孝行、親にとっては子に対する慈愛であるという。これは、儒教道徳における理想的な社会を述べたものである。

荻生徂徠にとって城とは、敵を滅ぼして領土を拡大していくための拠点ではなかった。こうした行為は「覇道」と称され、儒学者に忌み嫌われていたものである。荻生徂徠も、城の存在理由を、君主が臣民を守るためであると評価していた。

四書
南宋の儒学者・朱熹によって儒教の重要な書物と位置づけられた書物の総称。それ以前から重要視されていた「五経」と合わせ、「四書五経」として儒教の根幹を成している。

二、武を嫌う儒学者が城を認める理由

後世の愚かな学者は、仁を重んじる君主であれば、金銀を蓄える必要はないという。金銀を臣民にすべて分け与えてしまえば、君主も守る必要がないからだ。また、臣民が君主に帰服しているのであれば、要害を設ける必要もないともいう。城を構えるのは覇道だというのだが、これは見当違いである。自然界に虎や狼、毒蛇がいるように、人の中にも必ず悪人が生まれる。だから、悪人を誅殺して臣民の害を取り除き、万民が平穏に暮らせるような社会を維持する必要がある。これが聖人の仁道というものである。

だいたい、臣民に智者は少なく、逆に愚者は多い。愚者は、もうすでに愚かである。だから、いまさらながら道理を説法し、悪いことをしないように説得するのは、聖人でもなかなか難しい。孔子も、『論語』のなかで「民をば知らしむべからず」と述べている。

すでに愚かで、悪いことをするのが悪人である。とはいえ、悪人だからといって、すべて殺してしまえばよいということではない。悪人が悪いことをしないような社会を築くことこそが、仁である。

臣民に知者は少なく～
現代からは差別的な考えに映るが、当時の身分社会で武士からすれば無理もない認識であり、また荻生徂徠自身は性悪説（⇒20ページ）を支持する儒学者であった。

『論語』
「四書」の一つだが、江戸時代では学問のはじめに修めるものとして重用された。ちなみに荻生徂徠は『論語』の注釈本として『論語徴』を著し、国内外で高い評価を受けている。

城を築き武備を盛んにして用心することが、君主の道ではないのか。中国の三皇五帝の時代から殷や周といった王朝も、王城を構えていたのである。中国の地には、幾重にも山川が取り巻き、その中心が万民繁盛の地ということで、聖人が王城をおいた。必然的に、山川は都を守るいくつもの要害となっている。

王城は、皇帝の居所がおかれた内城と、その周辺の外城から構成される。この内城が本来の「城」であり、外城は「郭」という。

「城」の外には「郭」があり、これが「城郭」である。城郭の外側に国門があり、さらにその外側のところどころに支城があり、そのほか四境の関門を設ける。これこそが、古代の帝王の城であった。こうした城には、顓頊城、帝嚳城、堯城、舜城、禹王の夏城、湯王の亳城、文王の豊城、武王の鎬城、成王の洛城などがある。

三皇五帝
古代中国における伝説上の帝王。三皇と五帝に分かれる。三皇は燧人・伏羲・神農・女媧から三人、五帝は黄帝・顓頊・帝嚳・帝堯・帝舜の五人。

四境
四方の国境。

古代の帝王の城
このうち成王の洛城は、その後も「洛陽」という地名で歴代王朝の首都や主要都市として扱われ、現在は洛陽市として残る。

解説

聖人の統治なら城は不要？

古代の中国では、伝説的な帝王である三皇五帝が仁徳によって治めていたとされる。三皇五帝というのは、伏羲・神農といった三皇と、黄帝・顓頊・帝嚳・帝堯・帝舜の五帝のことを指す。いずれも、徳治を行った聖人と評価されており、なかでも五帝最後の帝舜は、夏王朝の禹王に「禅譲」という形で帝位を譲ったとされる。そして、この夏王朝を滅ぼしたのが殷王朝で、これは湯王によって開かれた。しかし、その殷王朝も、末期になると酒池肉林で知られる圧政を繰り返すようになり、周の武王によって滅ぼされる。

もっとも、酒池肉林の話は、殷を滅ぼした周が主張していたことなので、史実であったかはわからない。それはともかくとして、この周王朝を開いた武王と、その父・文王、子の成王は、いずれも聖人とされている。

ちなみに、中国ではこののち、周王朝が瓦解して春秋時代を迎え、春秋時代の諸侯が覇を競う戦国時代を迎える。そして、この戦国時代の諸侯をすべて滅ぼして中国を統一したのが、秦の始皇帝である。

儒学者は、聖人の仁徳により統治を行うことを理想として掲げていた。聖人の仁徳を慕って誰しもが帰服するため、平和が保たれるという考えである。そして、三皇五帝にはじまり、夏の禹王、殷の湯王、そして周の文王・武王・成王を理想的な君主ととらえていたの

禅譲
君主が血縁でない者に地位を譲ること。

春秋時代・戦国時代
春秋時代の名称は孔子の祖国である魯の歴史書『春秋』から採られている。また、戦国時代は前漢に成立した『戦国策』に由来している。

だった。こうした聖人を実際の君主として仰ぐことを求めたのが、孔子であり、孟子である。

孟子の言説をまとめた『孟子』には、「仁者は敵なし」と記されている。つまり、仁徳のある君主に対しは、たとえ武力を保持していなくても、逆らう者はいないという考えだった。もちろん、そのためには、臣民に聖人を慕うという考えがなければならない。そこで、孔子の言説をまとめた『論語』では、しきりに、万民が仁徳を身につけるべきだと述べているのである。

生まれながらの聖人は別として、誰しもが仁徳をもっているわけではない。だからこそ、万民が仁徳を身につけるべきというのが、孔子であり孟子の考えだった。特に『孟子』には、人の本質は善なのだから、教育を受けることで仁徳を身につけることができると記されている。こうした考えを「性善説」といい、儒学においては主流の考えだった。

性悪説を支持した徂徠

しかし、これに異を唱えたのが、中国の戦国時代末期に活躍した荀子である。荀子の言説をまとめた『荀子』には、「兵なる者は、暴を禁じ、害を除くゆえんなり」として、聖人が軍事力を行使することを肯定する。荀子にとっての戦争は、社会平和を乱す悪人をやむを得ず押さえるために必要な手段であった。

孟子は、万民が仁徳を身につければ、戦争はなくなると考えていた。しかしながら、現実世界では、いかに君主が仁徳を身につけていても、戦争はなくならない。むしろ、戦国時代には、戦争が激しくなる一方だったのである。

そうしたなかで、儒学者であっても、正義のための戦争が必要だと考える荀子のような儒学者が現れたのだった。しかも荀子は、人の本質を悪としており、これを孟子の性善説に対して、「性悪説」という。人の本質が悪であるのなら、仁徳を身につけることを求めても意味がないというのが荀子の考えである。

荀子の考えは、儒学全体からみれば、一般的な価値観であったわけではない。しかし、荻生徂徠は荀子を高く評価しており、『荀子』の注釈書を著したほか、荀子を「孟子の忠臣」とも記している。

「孟子の忠臣」というのは、『孟子』の性善説を、『荀子』の性悪説が正したことへの皮肉である。万民が仁徳を身につければ聖人に従うという考えを、荻生徂徠は一笑に付す。聖人がいくら仁政を敷いても、その徳を慕わない人々に対し、侵略を思いとどまらせることができないという考えからである。

王道にこそ城が必要

『鈐録』で引用している「民をば知らしむべからず」という一文は、孔子と弟子との問答をまとめた『論語』の一節で、「民をば之に由らしむべし」に続く文章として、「之を知らしむべからず」と書かれている。ちなみに、「之」とあるのは、ここでは法律を指す。つまり、「民は之に由らしむべし」というのは、臣民を支配するには法律に従わせるべきだという考えで、「之を知らしむべからず」というのは、法律について、すべての臣民に理解させることはできないというのである。「之を知らしむべからず」の部分は、法律を理解させる必要がないと解釈されることもあるが、人々に法律の内容を逐一知らせることは物理的に不可能であることを述べているものである。

よって、荻生徂徠は、法律を遵守することすら理解できない人がいるのだから、人々の順法精神に期待して武備を怠るのは愚かだと説いたのだ。

一方で、城を構えて武備を強化することに対し、批判的な儒学者がいたのも事実である。このような考えに立脚する儒学者からすれば、城を築くことは武備を強化することに繋がり、それは王道を否定して覇道を目指すことになる。

しかし、荻生徂徠は、城を築いて国土を守ることこそが王道だという。三皇五帝や夏の禹王、殷の湯王、周の文王・武王・成王といった古代の聖人も城を築いていた。それは、他国を侵略するためのものではなく、庶民の生命と財産を守るためである。荻生徂徠は、城の必要性をそのように認識していたのだった。

三、「城」といっても様々である

では、ここからは日本の城をみてみよう。日本の城には、中国などの城とは異なり、本丸・二の丸・三の丸・総曲輪・外曲輪といった曲輪から構成されている。ただ、城堅固・所堅固・国堅固、これを三段の堅固というのは、中国の思想にもとづいており、中国の城とまったく関係がないというわけではない。また、日本の城には、平城・山城・平山城があるということも、中国の城と異なる。さらに、一般的にいうところの城だけでなく、陣城・付城・向城・取出・屋敷構などという城も日本には存在している。

北条流でも唱えられていることであるが、基本的に城というのは、普請、すなわち土木工事に時間がかかるため、短期間で築くことはできない。ただし、山城は、天然の嶮岨を利用することができるので、土塁・堀をあまり用いず、塀を掛けるだけでよければ短期間で築城することは可能である。

大身、すなわち禄高の多い領主の城は、平城がよいという。また、小身、すなわち禄高の少ない領主の城は、境目の城などに山城を採用する。山城でなくても、海に面していたり、湖沼などに面していたりすれば、平城であっても、

外曲輪
現在では、総曲輪と同一視されているが、ここでは、総曲輪の外側の曲輪を指す。

北条流
北条流軍学のこと。日本の戦国時代、関東地方に一大勢力を築いた北条氏の末裔である北条氏長が創設した。

嶮岨
険しい地形。「険阻」とも書く。

小身の領主の要害に適している。

陣城というのは、越後流によれば、山に陣をおいた城をいう。北条流によれば、堀・土塁を設けた戦時の城が陣城である。

付城というのは城を攻めた際、国に戻るときに軍勢を置いておくために築き、後詰をするまで落とされないようにする城である。正式なものを真、真を崩したのを行、行をさらに崩したのを草とすれば、付城は行の城にあたる。なお、向城は、付城と同じである。

取出は、合戦の場から本城までの間に距離があったとき、途次に軍勢をおくため、または、その道筋を押さえるために築くものである。取出は、真・行・草でいうところの行の城として築く。

屋敷構は国堅固の地などには、居城を築かず、屋敷構にしたものである。屋敷ではあるが、城の構造に近づけている。

ちなみに、中国には堡という城がある。これは、日本でいうところの取出のようなものだと考えてよい。古代から、いわゆる北方系の騎馬民族が中国にたびたび侵入して乱暴狼藉を行っており、これを防ぐために築いたのが堡である。騎馬民族が中国に侵入してきた際には、土や石でできた堡によって、子女や家畜・食糧を守っている。

越後流
越後流軍学のこと。謙信流とも。日本の戦国時代、現在の新潟県を中心に勢力を拡大した上杉氏の遺臣らが創設した。

解説

日本の城のはじまり

古代の日本は、朝鮮半島の南西部に位置する百済と友好的な関係を築いていた。しかし、この百済は朝鮮半島の南東部に位置する新羅と対立した結果、中国大陸の唐と結んだ新羅によって滅ぼされてしまう。このとき、百済からの救援要請を受けた日本は、朝鮮半島に援軍を送ったものの、唐・新羅連合軍に敗れてしまった。これを白村江の戦いという。

白村江の戦いに敗れた日本は、百済の遺臣らの協力により、北九州から瀬戸内海沿岸にかけて、城を築く。こうした城は現在、朝鮮式山城などとよばれており、百済の最後の都城が置かれていた泗沘都城の影響をうけていると考えられる。

なかでも、九州の内政のほか軍事と外交を司る機関であった大宰府の周囲には、大野城・基肄城・阿志岐城といった山城が築かれている。いずれも山を利用して石塁や土塁が設けられており、構造は泗沘都城に近い。

泗沘都城の概略図

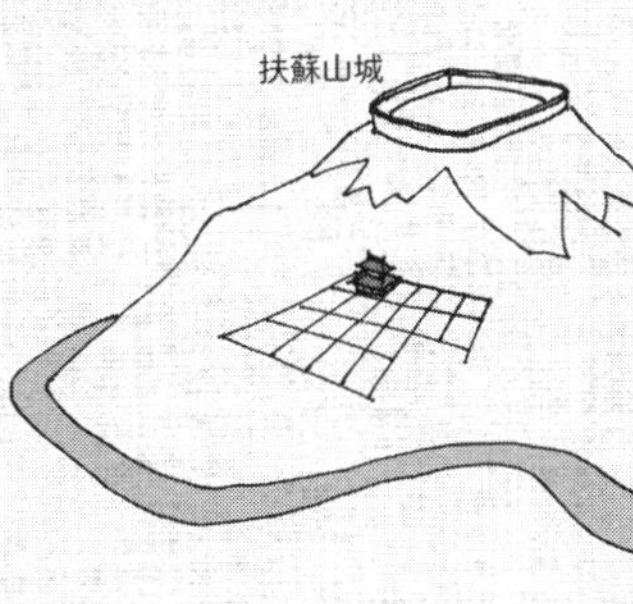

泗沘
「さび」とも読む。現在の韓国清南道扶餘郡。

城
古代に「城」は「き」と読まれていた。

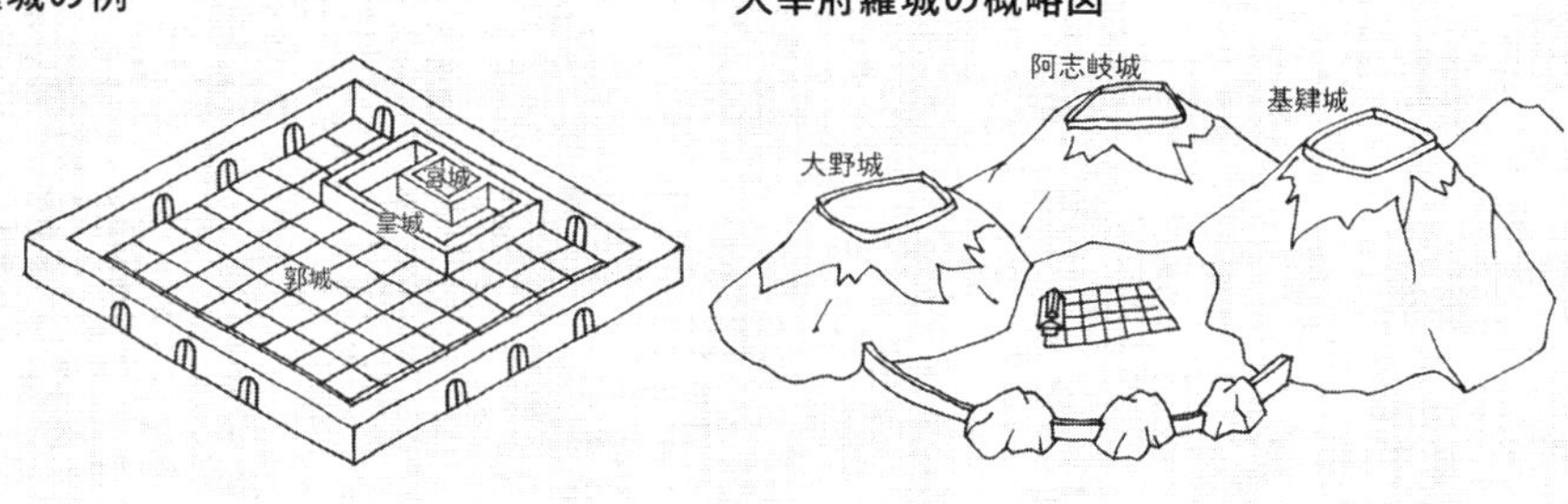

結果的に、唐・新羅の連合軍が日本に攻めてくることはなく、このたち、日本でも中国の都城制が採用された。都城制とは、内部が南北の大路（坊）と東西の大路（条）によって碁盤目状に区画された都城の規格を指す。七世紀終わりの藤原京を皮切りに、八世紀初めの平城京、八世紀終わりの平安京でも都城制が採用されている。

中国のほか、朝鮮・ベトナムの都城では、羅城（らじょう）が設けられていた。羅城とは羅る（つらなる）（＝連なる）城壁の意味で、都市そのものを石塁や土塁などの城壁で囲んだものをいう。百済の都であった泗沘にも羅城が存在していた。

日本においても、平城京や平安京では、羅城が採用されていたらしい。この羅城の南端に設けられた門を「羅城門」といい、のちには「羅生門（らしょうもん）」などともよばれている。ただし、発掘調査で確認されたところによれば、実際に羅城が設けられたのは平城京や平安京の南端だけで、しかも格式の高い築地塀にされたのは羅城門の付近に限定され、それ以外は簡素な板塀であったとみられている。もちろん、こう

平安京でも都城制　現代まで残る京都の碁盤目状の区画や「〇条」といった地名などはこの名残である。

平安京の羅城

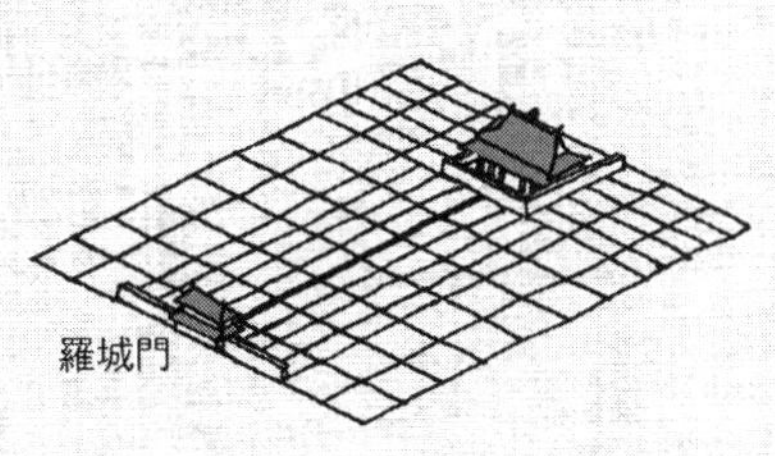

平城京の羅城

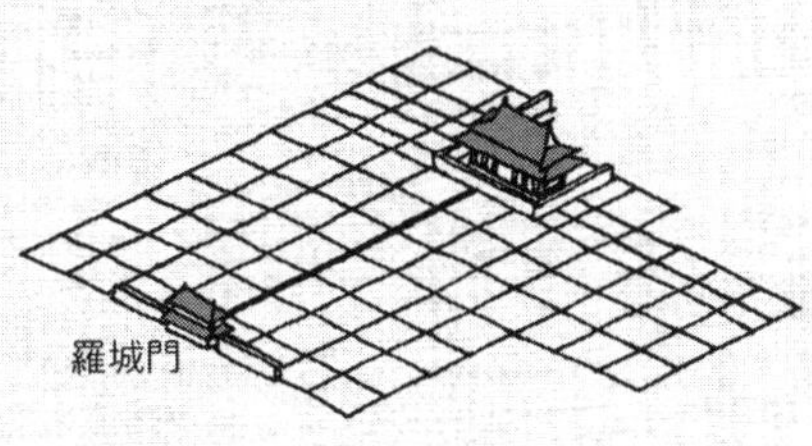

した羅城は軍事的には何ら役に立つものではないので、羅城を備える都城を外国使節などにみせる、という政治的な効果をねらったものであろう。

なお、大宰府とその外港である博多との間には、平地を塞ぐように土塁と水堀で構築された水城(みずき)が設けられていた。基肄城と阿志岐城との間にも土塁が構築された可能性が指摘されており、仮に大宰府の周囲が土塁などで囲まれていたとしたら、それは「羅城」とよんでさしつかえない。そのため、「大宰府羅城」とよばれることもある。

中国由来の堅固三段と日本独自の曲輪

城を守るには、単に城の防備を固めればよいというものでもなかった。中国の思想を受けて、我が国では城堅固・所堅固・国堅固という三つの考え方があり、これを堅固三段とよんでいる。

城堅固とは、城そのものを堅固にするということである。これが重要なことは言うまでもない。しかし、城を堅固にするためには、要害の地を選ばなけ

堅固三段
中国の都城は、中心部から官城・皇城・郭城の三段から構成されていた。その考えを取り込んで堅固三段としている。

ればならない。要害の地を選び、城を守ることを所堅固という。さらに、要害の地を守るには、国そのものを堅固にしなければならない。これを国堅固という。城堅固・所堅固・国堅固という堅固三段があいまって、ようやく城は難攻不落とよばれるようになるのである。

中国には存在しないものの、我が国の城を堅固にする概念として注目されるのが、「曲輪（くるわ）」である。曲輪とは、堀で区切った削平地（さくへいち）のことをいう。こうした曲輪をいくつも配置することで、一つの城が形成された。

曲輪は、中心となる曲輪を「本丸」、本丸に続く曲輪を「二の丸」、二の丸に続く曲輪を「三の丸」という。このほか、「西の丸」「東の丸」「北の丸」「南の丸」など、方位を冠した曲輪などもある。曲輪の配置は、城が築かれた土地によってそれぞれ違う。

城の立地として理想的であったのは、ひとつには城の背後に要害がある場合で、これを後（うしろ）堅固という。具体的には、城の背後に海・湖・沼などが控えている城を指す。ちなみに、海を防御に利用した城は「海城」、沼を防御に利用した城は「沼城」などとよばれる。合わせて「水城（みずじろ）」ともいうが、いずれにせよ城の背後は堅固となった。ただし、海を利用する場合は、遠浅の海を選ばなければならない。遠浅であれば、敵が舟で城に接近しにくいためである。

削平地
山の斜面や丘陵を削り、平らに整地した平地。

曲輪
戦国時代の曲輪の名は「～曲輪」といった。江戸時代になると「～丸」が一般的となる。

主な縄張の類型

さて、城の立地を生かした縄張の形式は、現在、大まかにいって連郭式・梯（てい）郭式・輪郭式の三種に類型化されている。

連郭式は、本丸・二の丸・三の丸などの曲輪を並列に連ねた形式である。山城や平山城に多い。基本的には、本丸の背後を海・沼・川などで守る後堅固とし、さらに二の丸・三の丸を一直線に配置する。万が一の際には、本丸から夜陰に乗じて脱出することも可能である。また、後堅固ではなく、山頂の本丸を中心に、二の丸や三の丸を放射状に配置することもある。盛岡城、水戸城などが連郭式の城である。

梯郭式は、本丸の二方もしくは三方を二の丸が取り囲み、さらに二の丸の二方もしくは三方を三の

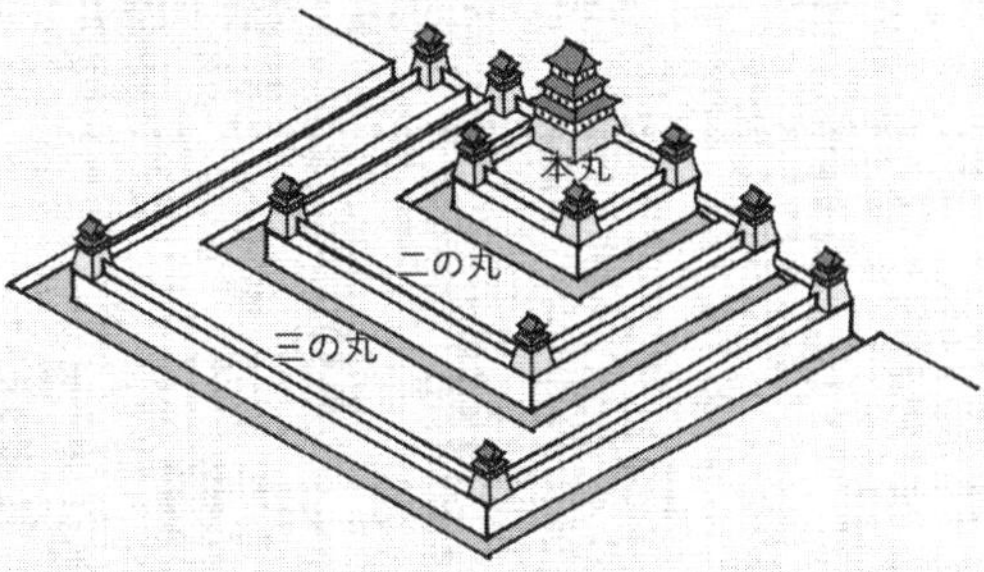

縄張
築城するための設計や区画整理を行うこと、あるいは行った場所のこと（詳細は64ページ参照）。

夜陰
夜の暗がりで視界が悪くなっている状態。

連郭式

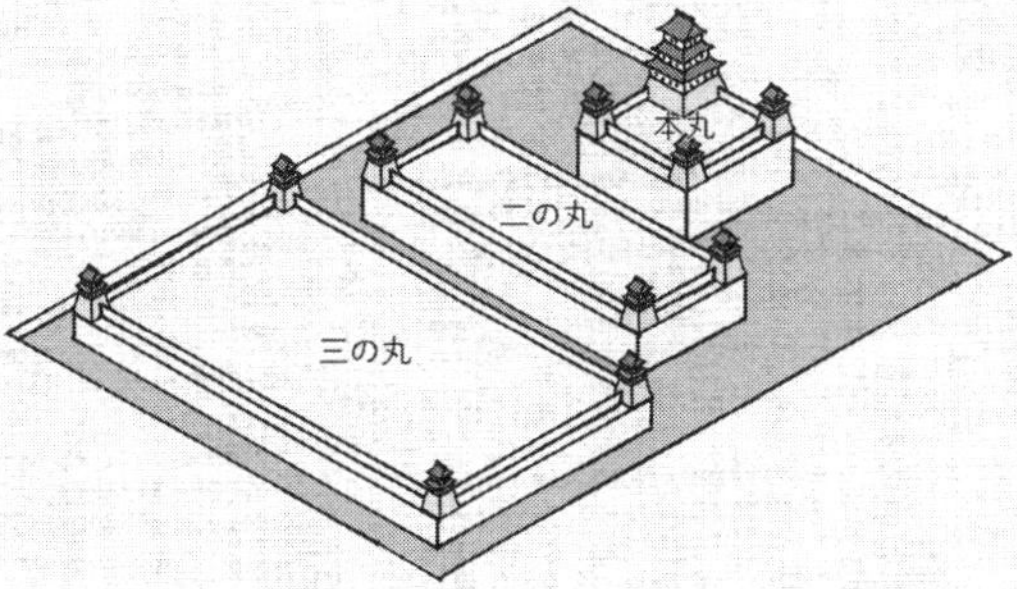

本丸
二の丸
三の丸

梯郭式

本丸
二の丸
三の丸

連郭式＋梯郭式

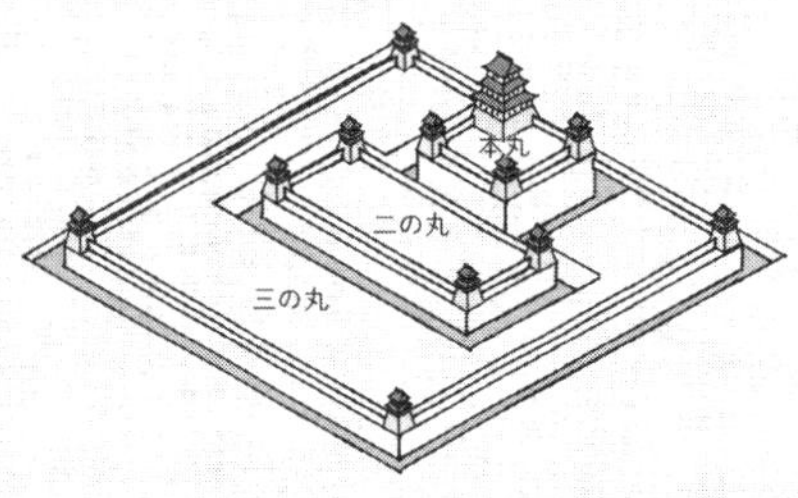

輪郭式

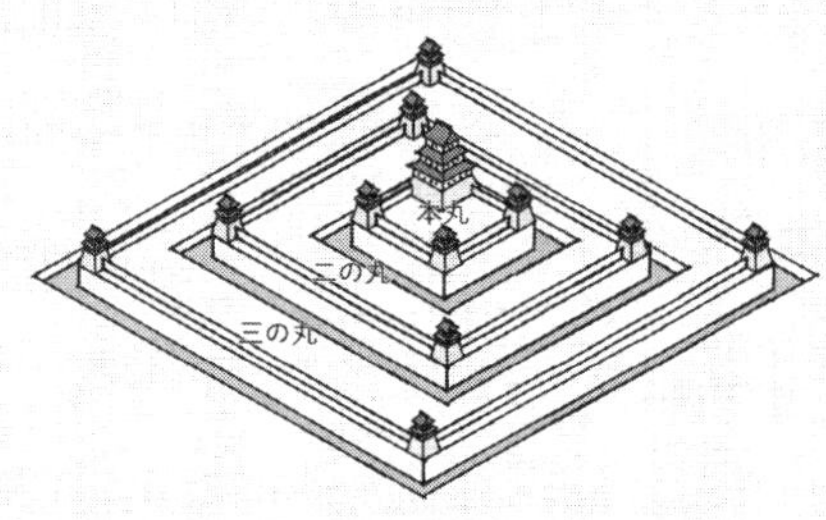

丸が取り囲む形式である。やはり、本丸の背後は海・沼・川などで守る後堅固とする。これも万が一の際には、本丸から夜陰に乗じて脱出することも可能である。岡山城、府内城などが梯郭式である。

輪郭式は、城の中心に本丸を配し、その周囲を二の丸が取り囲み、さらにその周囲を三の丸が取り囲む形式である。後堅固とはならないものの、本丸は最後まで守られることになる。ただし、その反面、二の丸・三の丸が攻略された場合の逃げ道はない。駿府城、山形城などが輪郭式である。

三類型を組み合わせた縄張

なお、以上の城は典型的な城であり、連郭式・梯郭式・輪郭式を併用した城もある。

本丸と二の丸を連ね、この本丸・二の丸の二方もしくは三方を三の丸が取り囲む形は、連式と梯郭式の併用である。これには明石城などがある。

本丸と二の丸を連ね、この本丸・二の丸を三の丸で囲む形は、連式と輪郭式の併用である。これには

梯郭式＋連郭式

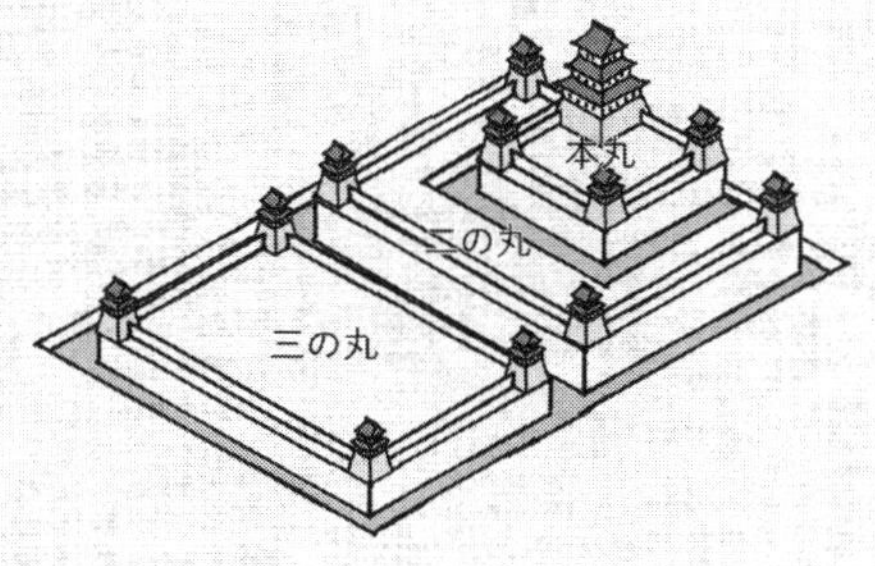

連郭式＋輪郭式

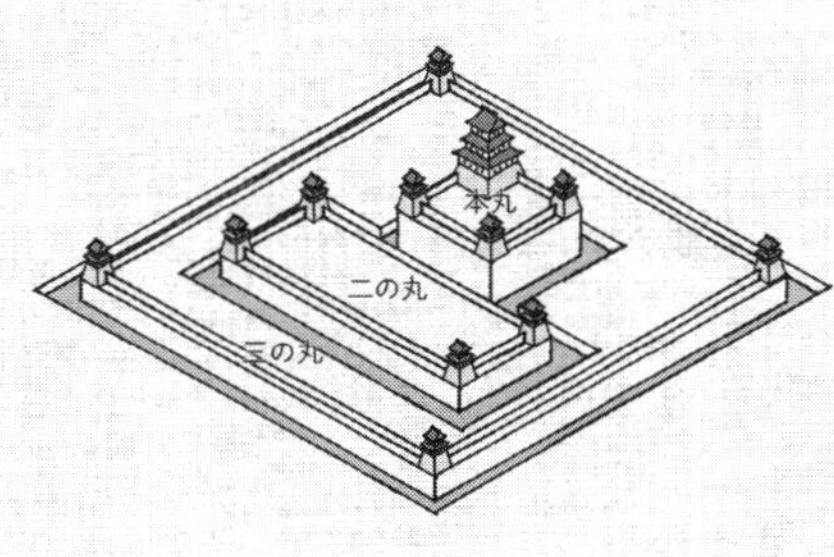

梯郭式＋輪郭式

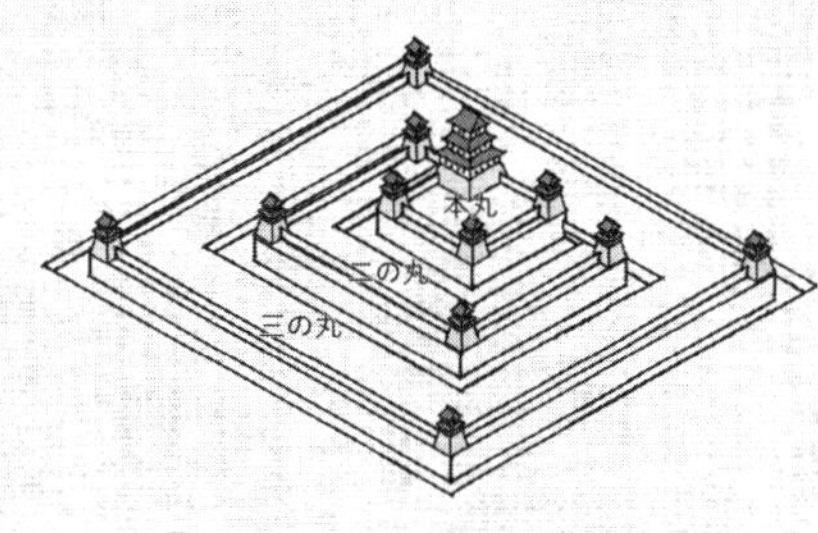

島原城などがある。

本丸の二方もしくは三方を二の丸が取り囲み、さらに二の丸の二方もしくは三方を三の丸が取り囲み、これに三の丸が連なる形が梯郭式と連郭式の併用である。これには刈谷城などがある。

本丸の二方もしくは三方を二の丸が取り囲み、さらに二の丸の二方もしくは三方を三の丸が取り囲み、これを三の丸が囲む形が梯郭式と輪郭式の併用である。これには松本城などがある。

本丸が二の丸を囲み、この本丸と二の丸に三の丸が連なる形が、輪郭式と連郭式の併用である。これには新庄城などがある。

本丸が二の丸を囲み、この本丸と二の丸の二方もしくは三

輪郭式＋梯郭式

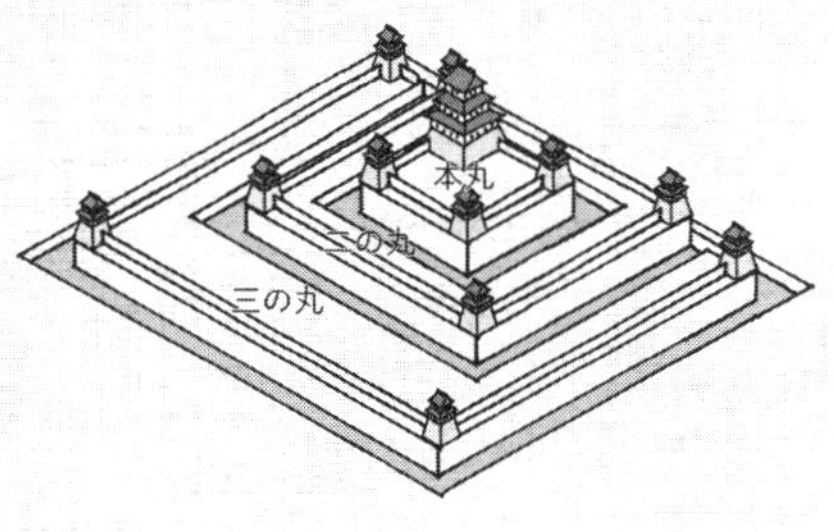

輪郭式＋連郭式

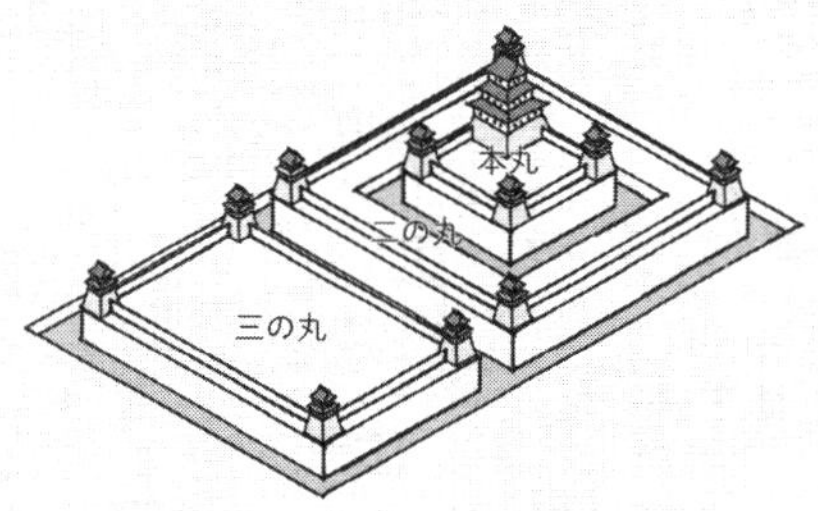

方を三の丸が取り囲む形が、輪郭式と梯郭式の併用である。これには高崎城などがある。

もちろん、ここで取り上げているのは典型的な縄張なので、分類できない例外も存在している。実際には、このように明確な分類ができない城も多い。

また、ここで取り上げている曲輪とは、あくまで堀の区画によって生じた平坦地のことを指す。この定義からすると、堀で区画されていない場合は、曲輪としては扱われないことになる。城によっては、堀で囲まれた曲輪の内部を、土塁や石垣で区画していることもある。

たとえば、二条城は、一般的には本丸を二の丸で囲む輪郭式とされる。確かに、本丸の周囲に水堀があり、二の丸と区画されている。そういう意味では、間違いなく本丸と二の丸で構成される輪郭式であることは間違いない。しかしながら、二の丸は仕切門で区画されており、これを重視して、二の丸の西側は西の丸とよばれることもある。

大坂の陣後に大坂城は徳川氏により、二重の水堀をもつ輪郭式の城として再建された。このとき、中心となる本丸を内堀が囲み、その外側の曲輪を外堀が囲むことに

二条城の概略図

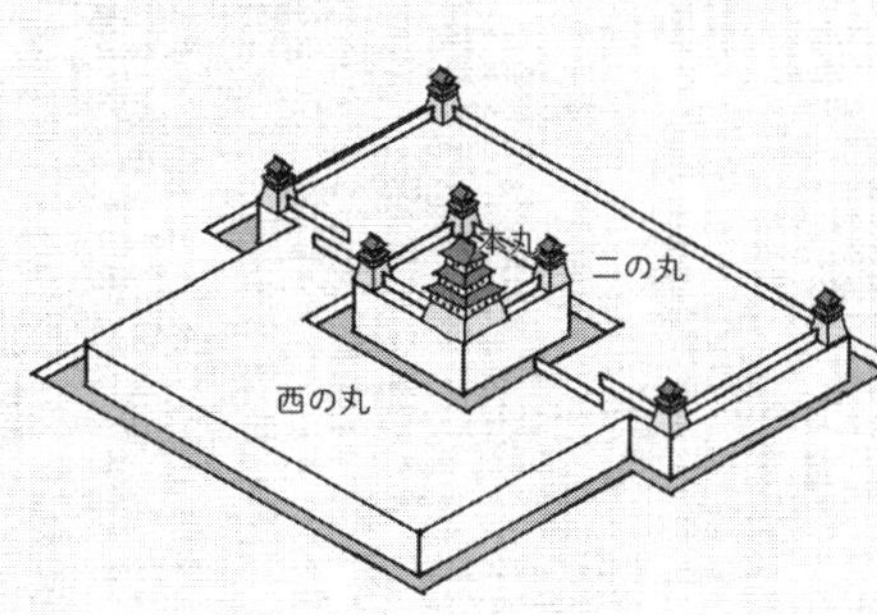

なる。外側の曲輪は現在では一続きとなっており、一般的には二の丸とよばれる。しかし、厳密にいえば、西側の部分は西の丸という。実際、二の丸と西の丸との間に水堀は存在しないが、仕切門で区切られている。二の丸は大坂城の警備にあたる定番衆・大番衆・加番衆らの屋敷地となっていたが、西の丸は城代の屋敷となっていた。大坂城は幕府の直轄であり、城主は将軍であったから、実質的に大坂城を管轄していたのは城代である。そういう政治的な意味からしても、二の丸と西の丸は、明確に区別されていたのだった。

立地から見た城の種類

さて、城は立地からみると、平城・平山城・山城に区分される。荻生徂徠も述べている通り、すでに江戸時代には、こうした概念は存在していたのだった。

平城・平山城・山城の区別についていえば、明確な基準は存在していない。一般的に、城が立地している標高が取りざたされることもあるが、標高の場合は、山間地にある城が高く、海岸に面している城が低くなってしまうので、あまり意味のある区分とはいえない。そのため、城の立地をみる場合には、比高、すなわち地表からの高さが重要になってくる

平山城　　平城

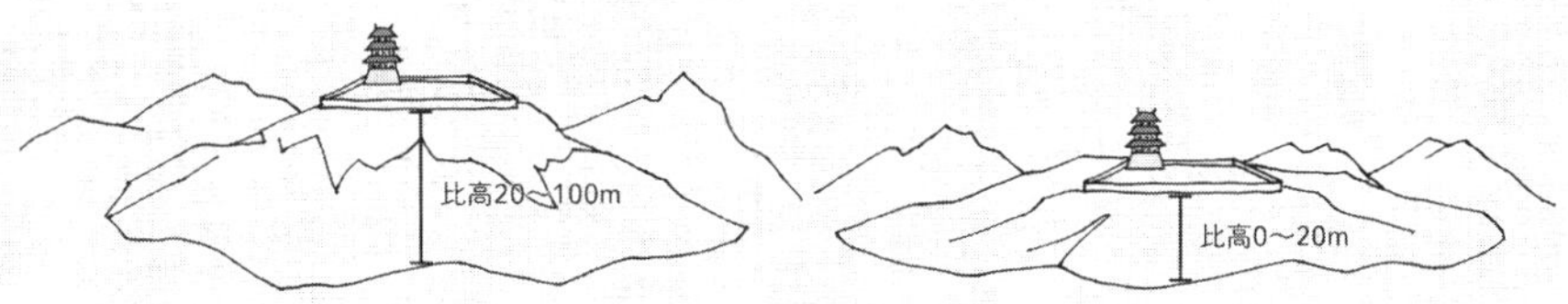

だろう。

平城は、比高二十メートル未満くらいの平地に築かれた城である。ただし、まったくの平坦な地に城を築くということはあまりない。平地のなかでも微高地に築かれているのが一般的だからである。地形からして、自然の要害性は期待できない。にもかかわらず、近世の城に平城が多いのは、政治・経済的な目的を主眼として築かれているためである。それとともに、自然の河川・沼沢、あるいは人工の堀によって守ることもできた。駿府城や松本城などが好例である。

平山城は、比高二十メートルから百メートル未満くらいの城である。本来は、山地と平地の両方を利用した城を平山城とよぶ。山上を城とし、山麓に居館を置くのが一般的である。山城の軍事的な優位性を保ちつつ、平城の政治的・経済的優位性も持った。つまり、山城と平城の長所を併せ持っていたことになる。彦根城や姫路城などが好例である。

山城は、山の地形を利用した城である。山は、独立した山の場合もあり、連山のひとつの峰を利用した場合もある。本来は、山上に城郭を構え、山麓に城郭のない場

平城
江戸城・大坂城・名古屋城などは平城に分類されることもあるが、まったくの平地に築かれているわけではない。

平山城
平地を利用していない場合には、丘城とよばれることもある。

山城と平城の長所を併せ持っていた
平城と山城両方の特性に恵まれた土地であるため、実際に築城できる場所は限られやすかった。

山城

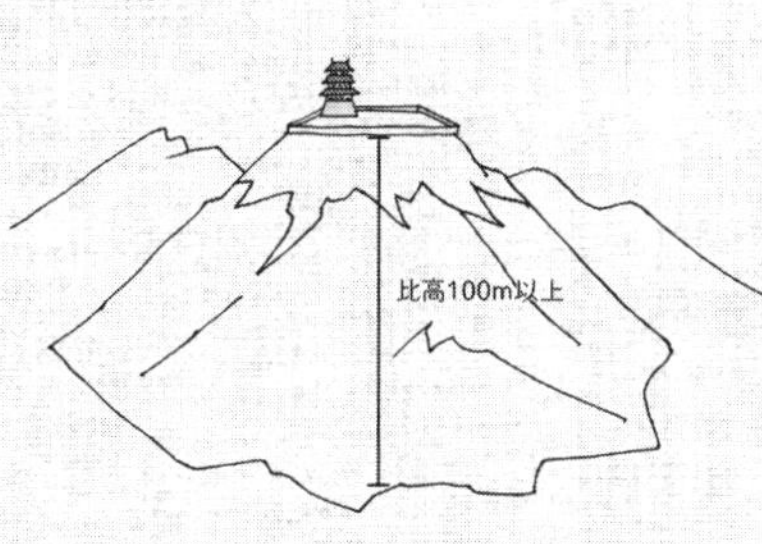

合を山城というが、現在では、比高百メートルを超える城を、一般的に山城という。城下町の整備には難があることから、政治的・経済的な主眼からははずれてしまう。そのため、近世には少ない。備中松山城や津和野城が好例である。

なお、平城・平山城・山城の比高はあくまで目安のため、場合によっては違う区分にされていることもある。荻生徂徠が大身の領主の城として平城を挙げているのは、大身の領主には多くの家臣団がいたためである。江戸時代であれば、城を持つことが認められたのは、一万石以上の大名であった。ここでは「大身」の定義をしていないが、仮に十万石を超えるような中堅大名以上であれば、家臣の人数も多く、山城では収容できない。平山城の場合は、山麓に外曲輪・総曲輪を設ける必要があった。

この点、一万石程度の小身の大名であれば、平城・平山城・山城のいずれでも問題はない。領国の地勢を考え、城の立地を決めることができたのである。

山城
江戸時代の山城で最も標高が高いといわれるのは標高717メートルに位置する岩村城だが、比高は150メートルほどである。

十万石の兵力
江戸幕府は諸大名に対し、一万石につき約二百の軍勢を動員するように命じていた。このため、十万石の大名は二千人規模の軍勢を動かせる備えが必要であった。

外曲輪・総曲輪
⇒65ページ参照。

日本の城の派生

一般的に城といった場合、本丸・二の丸・三の丸などから構成される城が想起される。

しかし、そのほかにも陣城・付城・向城・取出・屋敷構といった城も存在していた。

陣城とは、戦時に築かれた城である。戦国武将が行軍する際などは、野営のために臨時の城が築かれた。敵の奇襲を警戒するためである。このように、臨時に築かれた城を陣城という。

石垣山城から小田原城を望む

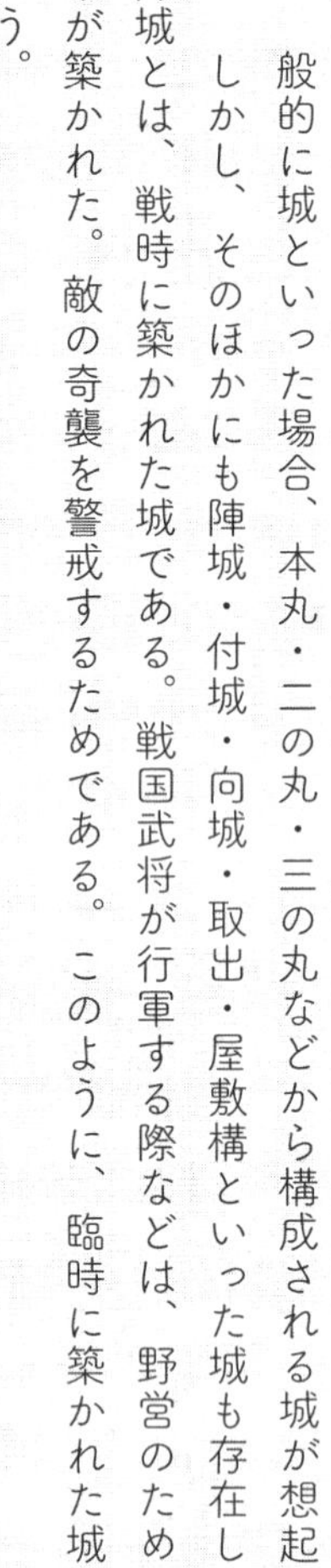

付城は向城ともいい、攻める敵に相対して築き、大将が駐留した城である。戦国時代の後半にもなると、城攻めも長期戦となり、そのため、付城を築いて攻囲することも多く行われていた。天正十八（一五九〇）年、豊臣秀吉が北条氏の小田原城を攻めたときに築いた石垣山城は、典型的な付城である。

取出は、現在の表記では「砦」と書かれるが、当時は「取出」と書かれていたものである。本城の外の要所に設けた小規模な城のことで、敵地へと侵攻した際、自領から張り出して取ったことから取出という。今川義元が織田氏の領国・尾張国に進出するために築いた村木砦や、織田信長が斎藤氏の領国・

陣城

戦国時代の方形居館とされてきた遺構のなかには、近年、相当数の陣城が含まれているとみられるようになった。

躑躅ヶ崎館の堀

美濃国に進出するために築いた墨俣砦などが有名である。

屋敷構は、居所を城ではなく館にしたもので、現代では、館城ともよばれる。甲斐国の戦国大名である武田信玄は躑躅ヶ崎館を居所としていたが、これが典型的な屋敷構である。『甲陽軍鑑』には、武田信玄が甲斐国内に城を築かず、「甲州のうちに城郭をかまへ、用心することもなく、屋布がまへにて罷在」と記されている。

武田信玄が、城ではなく屋敷構を居所としていたのは、荻生徂徠も指摘しているように、甲斐国が国堅固であったということもある。ただし、それだけではなく、武田信玄の戦略であった可能性が高い。

もともと、鎌倉時代の武士は一町四方の館に住んでいた。室町時代には、将軍が京都に館を構えており、これを「室町殿」あるいは「花の御所」などという。各地の守護などは、幕府の権威を借りるため、あえて室町殿を模範とした館を居所としていたのである。事実、武田氏だけでなく、駿河国の今川氏、周防国の大内氏、豊後国の大友氏、越前国の朝倉氏などは、いずれも屋敷構を居所としていた。

甲陽軍鑑
武田氏に仕えた高坂昌信（春日虎綱）の口述をもとに、同じく武田氏の遺臣や縁者らが書き記した軍学書。史料としての信憑性に議論はあるものの、近年は再評価が進んでいる。

町
尺貫法による長さの単位で、メートルに換算すると一町＝約一〇九メートル強である。

第二章 城にふさわしい土地を選ぶ

一、「四神相応」がなければ造れ

城を築く際に、まずしなければならないのが、選地である。選地とは、文字通り、城地を選ぶことである。

北条流によれば、繁盛の勝地として、防戦堅固・守城堅固を重視するという。繁盛の勝地とは、北が高く、南が低い、南北が長く、東西に短い、また、東・西・南に川や海がある土地を指す。こういう土地が、防戦・守城に適しているというのである。

越後流によると、四神相応こそが繁盛の地であるという。四神とは、東に流水（青龍）、西に大道（白虎）、南に窪地（朱雀）、北に丘陵（玄武）が備わる土地で、このような地勢に合致していれば、四神相応となる。四神相応は、中国の宅地の占いにも使われており、歴史は古い。もちろん、日本と中国では地勢が異なるため、越後流では、たとえば西を原野、南を田畑にするなど、日本風に解釈している。

そもそも四神とは何かといえば、これは二十八宿に基づく。東西南北の四方に、それぞれ七宿があり、合わせると二十八宿となる。

東方の七宿は角宿・亢宿・氐宿・房宿・心宿・尾宿・箕宿で、全体の形が龍に似ている。東方は、木の色である。

北方の七宿は斗宿・牛宿・女宿・虚宿・危宿・室宿・壁宿で、全体の形が亀に似ている。亀は甲羅があるので、これを武具にみたてて「武」という。北方は、水の色である。

西方の七宿は、奎宿・婁宿・胃宿・昴宿・畢宿・觜宿・参宿で、全体の形が虎に似ている。西方は、金の色である。

南方の七宿は、井宿・鬼宿・柳宿・星宿・張宿・翼宿・軫宿で、全体の形が鳥に似ている。南方は、火の色である。

このように七宿がそれぞれ四方に存在するため、二十八宿となる。こうした考えは、古代の中国に存在していた。君主たる者、天道を奉って国を治めなければならない。だから、中国の皇帝は行幸の際、前に朱雀、後ろに玄武、左に青龍、右に白虎の旗を立てたという。日本においても、朝廷における大嘗会の際には、これらの旗を立てたと伝わる。

龍は水に住み、亀は山に住み、虎は野に住み、雀は田畑に住む。以上のような地を、四神相応というのである。

四神相応というのは、単に縁起を担いだものではない。四神相応の地というのは、西北が高く、東西が低い。そのため、冬は暖かく、夏は涼しいという理想的な気候となる。人の気が集まるほか、山林・原野・田畑・河川があるので、

大嘗会
大嘗祭のこと。天皇が即位して初めて迎える新嘗祭。なお、大嘗会は応仁の乱以降に途絶えていたものの、復活を望む朝廷の意向を荻生徂徠が支持し、貞享四（一六八七）年に再開された。

様々な物資の移動も可能である。だから繁盛の地というのであり、城地に用いるのに最適だということになる。

合戦の際にも、四神相応の地というのは、守る側に有利に働く。というのも、四神相応の地では、北側と西側が高く、東側と南側が低い。必然的に東側から南側にかけての大手が低く、北側から西側にかけての搦手（からめて）が低くなる。これは順地である。

越後流によれば、四神相応の地がなければ、地形を補えばよいという。山林がなければ植林し、河川がなければ、付け替えればよい。田畑は開墾することもできるし、切り開いて野原にすることもできる。

解説

四神相応とは

古代中国において、月・太陽などの位置を示すために天球を二十八に区分して二十八宿とし、四方に七宿を配していた。そして、これら四方にあてられたのが、東の青龍、西の白虎、南の朱雀、北の玄武という神獣であり、それぞれの方角を守っているとされる。

大手
城の正面。追手とも書く。大手に位置する町が大手町。

天球
天体を観測する際、観測者（自分）を中心として視野を半球として表し、その半球面上に天体を配置して観測する概念。

四神相応というのは、四神それぞれに応じた土地が最良であるとの考えに基づく。すなわち、東には青龍にふさわしい流水、西には白虎の大道、南には朱雀の汚地（くぼんだ湿地）、北は玄武の丘陵がある土地こそが、城地として最適ということになる。

荻生徂徠が「ただの縁起担ぎではない」と評しているように、四神相応に基づいた地は過ごしやすい気候で交通の便もよく、人が集まりやすい条件が揃っていた。そのため、四神相応の概念は、古代中国に生まれたものであり、日本においても広く受け入れられていた。

古くは、平安京が四神相応によって選ばれたといわれている。東の青龍にあたるのが鴨川、西の白虎にあたるのが山陽道や山陰道、南の朱雀にあたるのが巨椋池、北の玄武にあたるのが船岡山や鞍馬山とされる（現在は干拓されてしまっているが、かつては京都の南に巨椋池という大きな池があった）。もっとも、何をもって四神にあてるのかということ

二十八宿図

平安京の立地

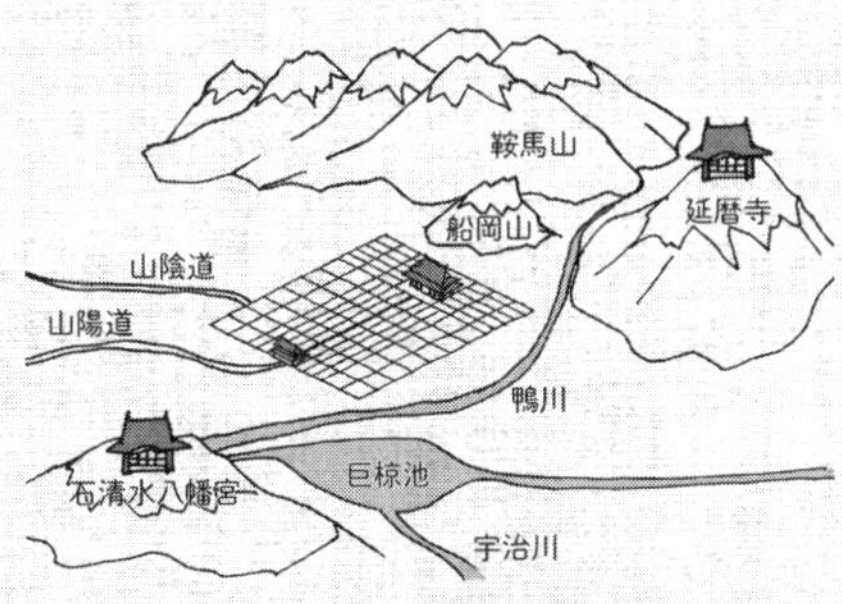

鹿児島城の石垣

▲鬼門の石垣を欠いている。

上田城の土塁

▲鬼門の土塁を窪ませている。

については諸説あり、はっきりと四神相応によって選ばれたとは断定できない部分もある。しかし、鬼門を守るために延暦寺を創建したとも伝えられるように、当時の認識として、方位に注意を払っていたことは確かである。

ちなみに、北東の方向を鬼門という。鬼門は鬼が出入りし集まる方角として忌避された。そして、この鬼門に相対する南西の方向を裏鬼門という。平安京の裏鬼門には、石清水八幡宮が勧請されていた。

こうした思想は、平安時代の貴族にだけ広まっていたと思われがちであるが、必ずしもそうではない。戦国時代の武士も、実はこのような方位を気にして城を築いていたとみられている。

例えば、上田城では本丸の土塁の北東側の隅を欠き、鹿児島城（鶴丸城）でも石垣の北東側の隅を欠いている。これらは、いずれも鬼門除けを意識しているものとみられる。このほかにも鬼門方向の塁線を欠いている城は多い。

太田道灌が築城したと伝わる江戸城も、『柳営

柳営秘鑑　江戸時代中期に成立した、江戸幕府の年中行事、執務内規、格式、故事、旧例などを記した書物。

秘鑑』によれば、「其土地は四神相応に相叶ゑり」とあるように、四神相応とみなされていたという。一般的に、江戸城も東の青龍にあたるのが平川、西の白虎にあたるのが東海道、南の朱雀にあたるのが江戸湾、北の玄武にあたるのが麹町台地とされる。もっとも、江戸の場合も何をもって四神にあてるのかについては諸説あり、四神相応をどこまで意識して築かれたのかはわからない。

ただ、東南側が低地で、西北側が高地になっているのは事実である。また、天正十八（一五九〇）年に徳川家康が江戸城に入ったのち、幕府が鬼門・裏鬼門除けとして、東北方向に寛永寺、西南方向に増上寺を創建するなど、方位を意識していたことも確かである。

四神相応の地では、東側から南側にかけての大手が低く、北側から西側にかけての搦手が高くなる。だから、合戦の際に、敵が攻めてきたときには大手で迎え撃ちやすいという。大手とは、もともとは追手といい、敵を迎え撃つ正面のことを指す。そして、敵を搦め捕る城の背面を搦手といった。

江戸城の立地

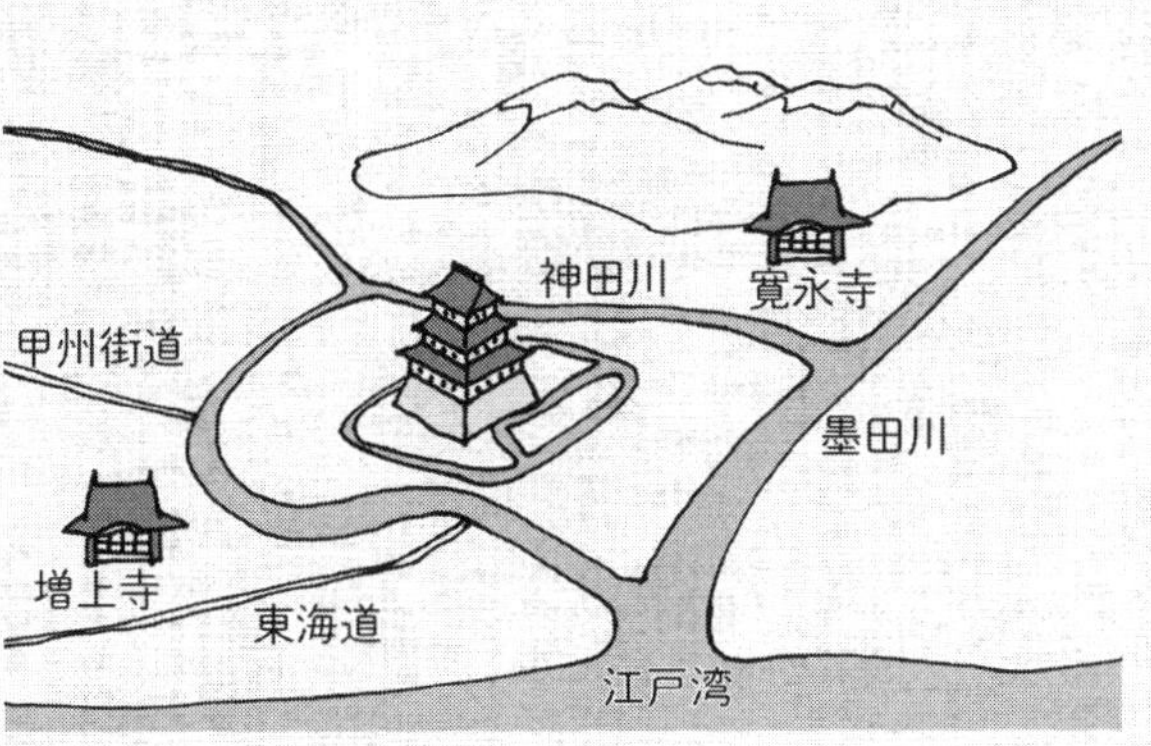

平川
現在の神田川。

江戸湾
現在の東京湾。

四神相応をどこまで意識～
例えば西にあたるとされている東海道は江戸城（現在の皇居）からは南か東、北にあたる麹町台地は西に位置している。このため、西に九十度傾けて四神相応と見なしたのではないか、という説がある。

人工的に補える四神相応

越後流では、四神相応の地形でない場合には、地形を補えばよいのだという。東に流水、西に大道、南に窪地、北に丘陵があるのを四神相応の地というが、自然の地形として存在しないのであれば、どうにもならない。しかし、人工的にこうした地形を造れば四神相応にはなるという土地は存在するだろう。しかも、越後流では、西を原野、南を田畑と解釈しているから、日本においてはなおのこと、そうした地形を造りやすい。こうした考えは、確かに存在していたのではなかろうか。

例えば、弘前城では意図的に四神相応の地にしようとしていた形跡がみられる。弘前城では、東の青龍にあたるのが土渕（つちぶち）川、西の白虎にあたるのが西浜街道、北の玄武にあたるのが梵珠（ぼんじゅ）山とされ、江戸時代の初めに築かれた。当初、南には朱雀に相当する地形は存在していなかったが、慶長十七（一六一二）年より二代藩主津軽信枚によって城の南側に人工の南溜池が造られているのである。こうして、晴れて弘前城は四神相応とみなされるようになったのだった。

弘前城の立地

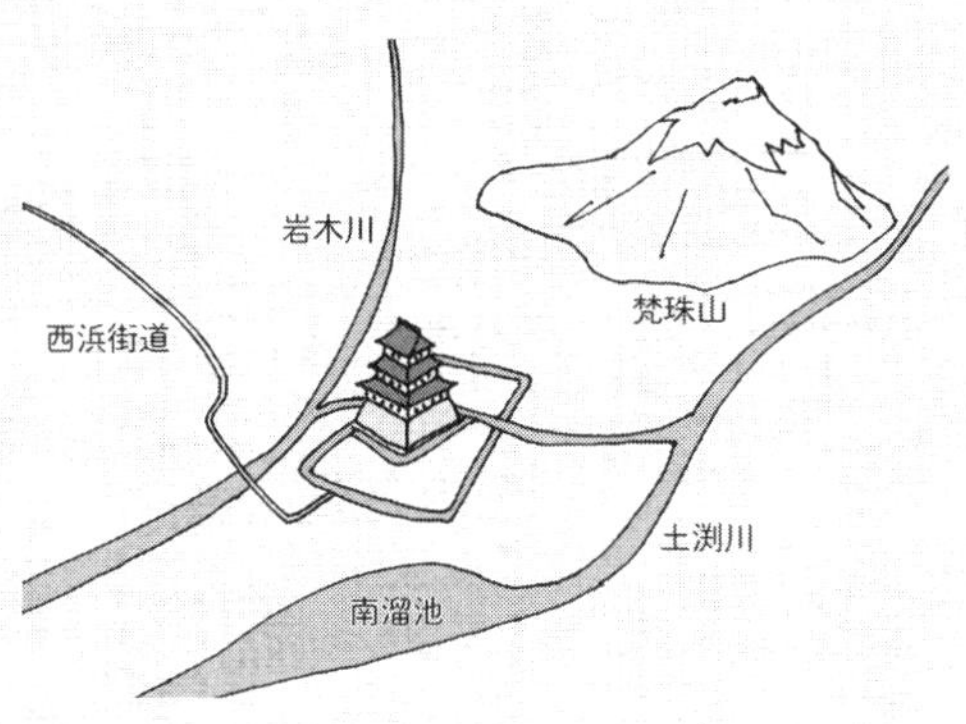

二、恵まれた土地なら四神相応に固執しない

『訓閲集』という軍学書では、五性の地というものを取り上げている。五性の地というのは、次の五つのような土地である。

北が高く南が低い地は、黒帝・黒龍王の地といい、水性である。南を大手にするとよい。

南が高く北が低い地は、赤帝・赤龍王の地といい、火性である。北を大手にするとよい。

西が高く東が低い地は、白帝・白龍王の地といい、金性である。東を大手にするとよい。

東が高く西が低い地は、青帝・青龍王の地といい、木性である。西を大手にするとよい。

中央が高く四方が低い地は、黄帝・黄龍王の地といい、土性である。両大手とするとよい。

このように、『訓閲集』に従えば、土地は五つの形式に分類できる。ここで重要なことは、城地の低いほうに大手を設けるようにしていることである。

訓閲集
平安時代に中国より伝わったという伝承が残る軍学書。上泉流の軍学書として使われたほか、江戸幕府と結びつきの強い甲州流軍学にも影響を与えたとされる。

両大手
南北や東西など二方向に大手があること。

北条流によれば、北が高く南が低い地形を理想としているが、これは四神相応の考えと何ら変わらない。しかも、南北に長く、東西に短い地形が理想であるともしているが、確かに低い方に町割をすれば、自然と南北に長くなる。東・西・南に川があればよいというのも、四神相応の概念に固執せず、地形に合わせて考えるのが重要だと理解すべきであろう。

越後流によれば、五徳相応の地というものもある。五徳というのは、

一、地形がよい
二、飲用水に困らない
三、山に木や竹が生えている
四、五穀豊穣の地である
五、塩を産出する

である。こうした五徳にかなっている土地が、五徳相応の地である。

山鹿流では、

一、水があること、
二、山が険しく四方の谷が深く尾根続きでないこと
三、麓はなだらかでも上のほうは断崖になっていること
四、城そのものが岩場で登りにくいこと
五、周囲が山深くも敵が近づきにくいこと

という、以上の五項目を重視している。楠木正成の千早城を範としているので、

山鹿流
江戸時代初期の軍学者、山鹿素行によって興された流派。幕末の吉田松陰が明倫館や松下村塾で師範していたことでも知られる。

このような考えもできよう。また、三草四木の生える土地を上国とし、大将が居城を置くべき土地とする。ちなみに、三草とは灯心草・麻・木綿のことで、四木とは桑・楮（こうぞ）・朴（ほお）・漆を指す。他国に頼むことなく、自国において日常で使用するものは生産ができるほうがよい。

中国では、山水環拱（さんすいかんきょう）するこうした土地を霊地とよんでいる。このような霊地とは、ただ単に城の周囲を指すものではなく、城から見渡すことができる地域全体のことを意味している。山から川が流れ、地の気も高まれば、万物が生長する。これにより、人の気も盛んに成り、民が繁盛すれば、才知ある人も生まれる。だから霊地というのである。

解説

五行説に基づく高低の概念

『訓閲集』という軍学書では、五性の地というものをあげている。北が高く南が低い水性の地は南を大手に、南が高く北が低い火性の地は北を大手に、西が高く東が低い金性の地は東を大手に、東が高く西が低い木性の地は西を大手に、中央が高く四方が低い土性の地は両大手とするべきという。

灯心草
イグサのこと。畳表やゴザをはじめとした日用品、薬の材料など、現在でも用途の広い植物。

楮
和紙の原料となる。

朴
ホオノキのこと。薬や材木、食べ物を包む葉などが利用される植物。

山水環拱
自然が取り巻いていて守ってくれる様子。

これは、五行説に基づく考え方である。五行説では、万物が木・火・土・金・水の五つの要素に由来するという。

これを土地にあてはめると、北が高く南が低い地が水性、南が高く北が低い地が火性、西が高く東が低い地が金性、東が高く西が低い地が木性、中央が高く四方が低い地が土性となる。

山鹿流では、

一、水があること、

二、山が険しく四方の谷が深く尾根続きでないこと

三、麓はなだらかでも上のほうは断崖になっていること

四、城そのものが岩場で登りにくいこと

五、周囲が山深くも敵が近づきにくいこと

という五項目に合致していることが理想的な城地としている。もっとも、理想としているのが、楠木正成の千早城なので、おのずとこうした条件になってくるのであろう。

千早城は、鎌倉時代末期、鎌倉幕府の打倒に兵を挙げた後醍醐天皇に従った楠木正成が築城した山城である。楠木正成の本城である赤坂城は鎌倉幕府軍に落とされたものの、千人ほどの城兵で奇

五行説の図

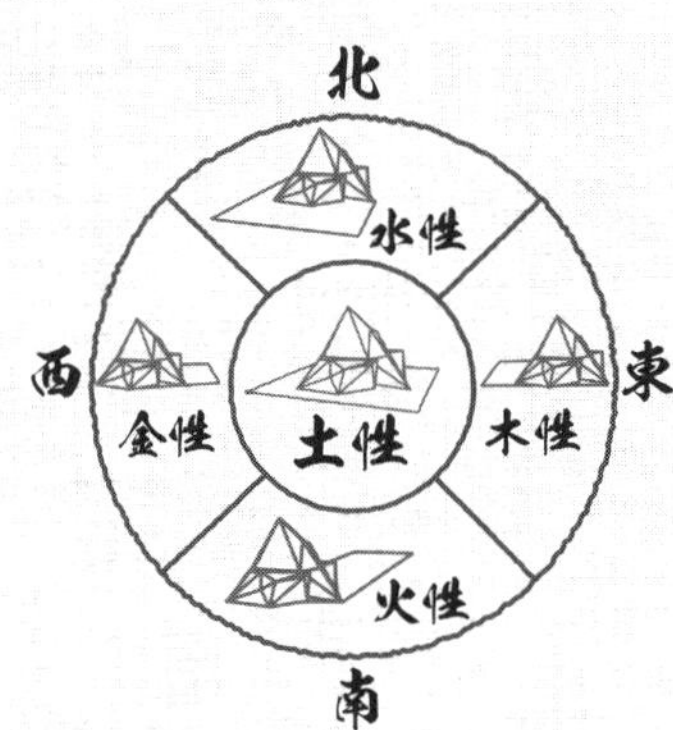

策を用いながら千早城を死守したことは、『太平記』などにも描かれている。あくまでも軍事的なことに主眼をおけば、千早城のような山城は、城地として最適であったといえるのかもしれない。

自然豊かな土地の重要性

このほか、城地の選定で重要なのは、植生である。越後流では五徳相応の一つに植生をあげており、山鹿流でも三草四木の生える地を重視している。三草とは灯心草・麻・木綿、四木とは桑・楮・朴・漆で、いずれも生活に欠かせない植物である。こうした植生が城の周囲に存在すれば、籠城した際も必要物資をまかなうことができる。

話が前後したが、越後流で塩が生産できるかどうかについて言及しているのは、これも植生と同じ考えによる。塩は生活に欠かせないが、入手できなければ、君臣ともに困窮してしまう。事実、今川氏真と断交した武田信玄は、今川氏の領国である駿河国から塩を止められ、それを憐れんだ宿敵の上杉謙信が塩を送ったとの逸話も残る。これが「敵に塩を送る」の語源となった故事であるが、実際に上杉謙信が武田信玄に送ったのかどうかはわからない。ただ、海のない甲斐国を本拠とする武田信玄が困窮したのは確かであろう。必要な物資を必要な時に入手できるのか。これが城地選びでは重要なことだった。

太平記
室町時代に成立した、鎌倉時代末期から南北朝時代までを描いた大長編の軍記物語。

本当に塩を送ったのか
単に塩の流通を制限しなかったという説もあるが、それだけでも信玄はありがたかっただろう。

三、地形と水と土を確認せよ

山城の選地について言えば、北条流では、陽の山と陰の山に区分している。これは、いわゆる男山・女山のことである。男山とは独立峰のことで、山城では、この男山を用いる。女山とは、丘陵に繋がっている山で、尾根伝いに敵が侵入してくる危険性は避けられない。そのため、女山に城を築くときには、尾根を堀切で断ち切り、男山にする。

男山であれ女山であれ、近くに城を見下ろすことができる山があるのはよろしくない。城内を見透かされてしまうのはもちろん、大砲などで攻撃を受けることになる。もっとも、大砲は平地からも撃つことはできるので、極論すれば、大砲による攻撃を完全に防ぐことはできない。

山鹿流では、山城の選地を次のように述べている。すなわち、数百丈もある高い山は、山麓を監視することが難しいうえ、麓から登ってくる敵の様子もわからない。万事が不自由であり、飲料の確保も難しい。だから、そのような高い山に城を築いてはならないとする。

だいたい、城外から飲料を確保しなければならない城は、避けなければなら

堀切
尾根に対して垂直に掘り、尾根伝いの移動経路を断ち切った堀。

ない。高くはなくとも、急峻で敵が速やかに登ってくることができない山を選ぶべきである。尾根が少ない山が理想だが、その尾根も細く、先がつまっているのがよい。山麓からなだらかな斜面が続く山は避けるべきである。山麓がつまっていて、崩れていると敵は登りにくい。

城兵を詰めさせなくてもよい手明(てあき)の方角として、人馬の往来ができないようなところが一方も二方もあるような山だとなおよい。山麓に根小屋(ねごや)がないと不便である。山に木や竹があるのは、保水にもなるし、薪(たきぎ)・逆茂木(さかもぎ)にも利用すれば敵を防ぐことにもなる。山の降り口は急なのがよい。ただし、味方の軍勢が出やすいように登城路を設ける必要はある。そもそも山城は、曲輪の面積が狭いというのが欠点であり、背後でどこかの山に繋がっているのは、その欠点を解消することになる。

山城では、用水を確保するために水の手曲輪を設けるが、これは本丸より虎口をあけて連絡できるようにする。水の手曲輪は、二の丸・三の丸の間に、外から見えないように堀をめぐらせてひとつの曲輪としたもので、水をせき止めて用水とする。

平城の選地については、土地が開けているか否かが重要である。そのため、陽地と陰地という視点からみなければならない。

陽地というのは、開けた土地で面積も広い。地表からの高さもあり、水害のおそれもない。草木は多く土地も豊かである。臣民の土地も広く生産性もある。

手明
手のあいている状態。手持ちぶさたのこと。

根小屋
日常の生活が営めるような住居や施設。根古屋・根古谷などとも書く。地名として残されていることもある。

逆茂木
木を使った防衛設備。詳細は226ページ参照。

虎口
城の出入り口で防衛のための工夫を備えたもの。詳細は112ページ参照。

敵に攻め込まれた場合も、防ぐに好都合な土地であり、平城を築くときには、こうした陽地を選ぶべきである。

一方、陰地というのは、開けていない土地のことで、当然ながら面積は狭い。四方が高くなっていて、湿度も高く、水害の被害も多くなる。臣民の土地も狭いので生産性も低い。攻めてきた敵を防ぐには好都合な部分もあるが、城地としては適さない。

陽地あるいは陰地という視点以外からみると、城地として最適なのは、四方を見晴らすことができる土地である。城から五町あるいは十町の間に高低の地がなく、攻めてきた敵から城地を見透かされないようなところがよい。もちろん、町割をすることができる土地も必要である。水も、外から引かなくてもよいように水源のある場所を選ばなければならない。竹藪や森林があれば、薪・逆茂木にも利用できる。沼・深田が川に繋がっていれば、敵も包囲しづらい。また、堀の水が干上がることなければ、なおよい。

土の性質も重要である。土の性質がよくないと、土塁が崩れやすい。土の粒は、細かい粘土から荒い礫(れき)まで様々である。土の粒が粗い地域だと、地形堅固にはならない。土塁は、寒暑によって崩落の可能性がある。

中国の北方のように、風が吹けば砂が舞うような地域では、堀は埋まり、土塁の底辺に砂がたまってしまう。日本には、こうした土地が存在するとは聞かないが、海辺であれば、あり得る話である。

五町・十町
それぞれ約五百五十メートル、約一・一キロメートル。

町割
町を設ける都市計画で土地を区切ること。

解説

陰陽論による山への評価と対応

山を陰と陽に区分しているが、これは、いわゆる「陰陽論」に基づく。陰陽論とは、万物が陰と陽に分かれており、互いに補完しあいながら、一つになるという考えである。先ほどの五行論（⇓49ページ）と合わせて、「陰陽五行説」とよばれることもある。

光あるところに影があるように、陰があるから陽があり、陽があるから陰がある。陰のなかに陽があり、陽のなかに陰がある。完全な陰も存在しなければ、完全な陽も存在しない。

このような陰陽説は、とくに北条流に採用されている。実際、ここでも、山を陽の山と陰の山に区分している。

山城の場合、山の構造が城地の選定が大きくかわる。山城には、周囲の山とは分離している独立峰に築かれている城もあれば、連山のひとつの峰を利用して築かれた城もある。北条流では、独立峰を陽の山とし、連山のひとつの峰を陰の山とよぶ。

陰陽の図

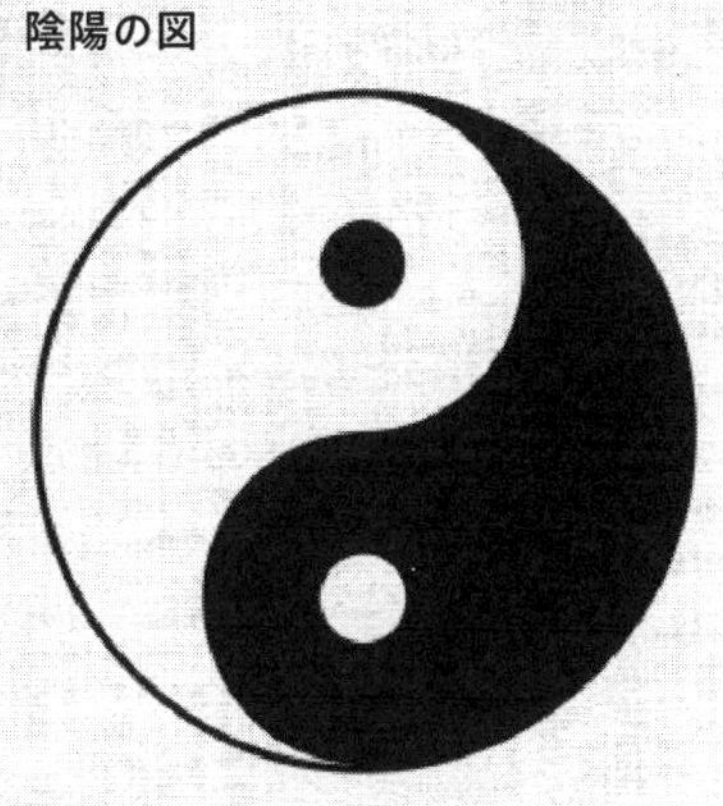

連山のひとつの峰に築かれた城

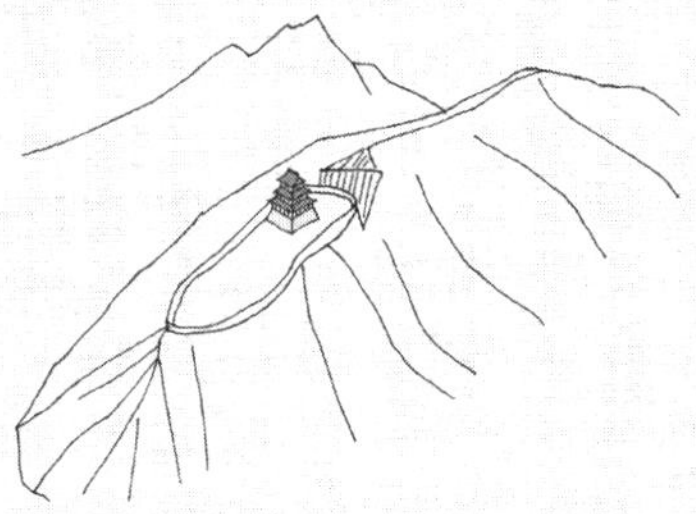

独立峰に築かれた城

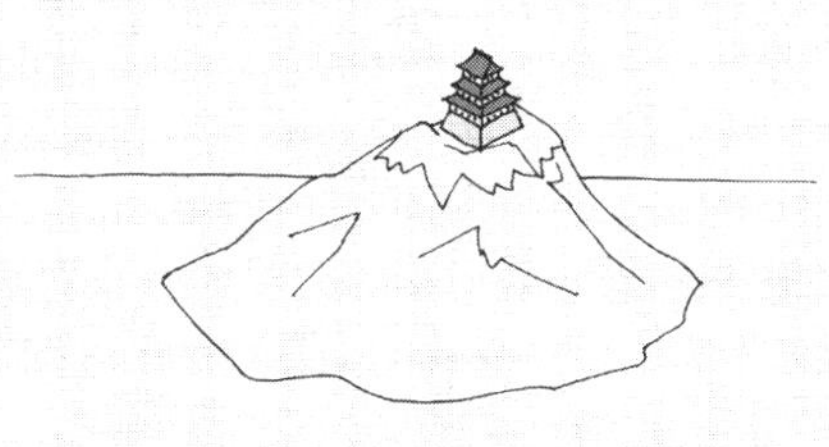

独立峰に城が築かれた場合、周囲の展望はすこぶるよい。しかし、敵に包囲されたら逃げることもできない状況におかれてしまう。独立峰に築かれた城としては、丸亀城、宇和島城などがある。

連山のひとつの峰を利用して築かれた山城の場合、尾根と繋がっている部分には堀切を設けて敵の侵入を阻む。そのため、尾根の先端に敵の軍勢を集中させ、迎え撃つことができる。また、敵に攻略されそうになった際には、尾根伝いに逃亡することも可能である。このような山城の例としては、備中松山城、八王子城などがあげられる。

徂徠も述べているように、山城が築かれる場所は、高ければ高いほうがいいというわけではない。高い山に築かれていれば、確かに自然の要害性を生かすことができるので、防御力は強まる。しかし、その一方で、城下の様子もわからず、敵の接近に気がつかない恐れもある。近年では雲海に浮かぶ山城が「天空の城」として人気であるが、雲

古処山城

▲日本で最も高い山城の一つ。

海がでると城下の様子がわからないため、軍学上は好ましいものではなかった。

筑前国の古処山城は、比高が七五〇メートルもある。これは極端に高い山に築かれている例であって、ほとんどの山城は、それほど高さのない山に築かれていた。比高八〇〇メートルを超える山に城を築くのは、現実的ではなかったのだろう。このあたりが、高さの限界であったと思われる。

古処山城は、比高七五〇メートルを超えているものの、城内には湧き水もあり、籠城することが可能だった。実際、天正十五（一五八七）年、豊臣秀吉の九州攻めによって古処山城を攻められた秋月種実は、ここに籠城している。しかし、秀吉も、これだけの山城を攻めることに躊躇があったのだろう。降伏を呼びかけ、これに応じた種実が開城したのだった。

古処山城内の湧水

▲「水舟」と称される水場。

松江城の井戸

▲天守の地階に設けられていた。

水の利活用が城の命運を左右する

水源は、城内にあるのが理想である。戦国時代に徳川領であった遠江国の二俣城では、城下を流

古処山城
ちなみに標高は約八六〇メートルである。

備中松山城の大池

▲総石垣の貯水池で23m×10mの大きさ。

れる天竜川を水源にしていたが、水を汲み上げる井戸櫓を武田信玄に破壊されたため、飲用水が入手できなくなって降伏開城している。

そのようなこともあり、多くの城では、城内における飲用水などの確保のため、井戸や貯水池を設けている。熊本城には、百二十本以上の井戸が掘られていたといい、その熊本城のほか、浜松城や松江城では、天守の内部に井戸があった。備中松山城には、大池と称される貯水池があり、小屋までかけられていた。

このような水源を守るため、城内には水の手曲輪あるいは水曲輪と称される曲輪も存在した。基本的に、井戸や貯水池が設けられている曲輪を指すが、こうした井戸や貯水池を守るために周囲に配された曲輪を指すこともある。また、井戸に限定している場合には、井戸曲輪ともよばれる。

水は、飲用水を城にもたらす反面、水害の被害も与えていた。城が水害の被害に遭うことは珍しくない。徳川家康が清洲城を廃して名古屋城を築城したのも、水害を避けることが一因であった。江戸時代に、前橋城は利根川の洪水による浸食で崩壊し、いったんは破却までされてしまっている。

沼や深田が川と繋がっているような城は、沼城という。江戸時代でいえば、岩槻城や忍城が沼城である。沼城は、荻生徂徠が言うように、周囲が湿地帯であるため、包囲しにくい。

堀の水は、湧き水を利用するほか、川や海から引いている。これは、水質の悪化を防ぐとともに、水を枯れさせないためである。海・湖・沼などの水面に面した城は、水城という。特に海に面した城のことは海城ということもあり、海城の堀には鯛などの海水魚が泳いでいることもある。

土による建築方法の向き・不向き

城地を選ぶ際に、土の性質も見逃してはならない。土の性質により、城が堅固になるかどうかが決まるからである。例えば、一般的に、石垣づくりの城は西日本に多く、東日本では少ない。しかし、東日本の城が石垣を用いないことで堅固さに欠けているかといえば、そうでもないのである。

東日本で特徴的なのは、石垣ではなく土塁を多用していることである。そのため、東日本の城は、「土の城」などという。土塁で築かれているのは、最適な石材の入手が容易でなかったということもある。ただ、関東ローム層の土が粘土質のため、堅固な土塁を築くことができたからということも、忘れてはならない。

第二章
縄張に基づき曲輪を置く

一、城の構造は縄張で決まる

選地で築城に適した土地を選んだら、次は経始に移る。経始とは、縄張のことである。

越後流では、まず大・中・小という三段があるとする。これは、城取、すなわち築城術の極意である。

大城とは、将軍や大大名など十か国も手に入れているような大身の城のことを指す。大城は五重の曲輪にする。すなわち、本丸・二の丸・三の丸・総曲輪・外曲輪である。

中城とは中大名の城のことを指す。本丸・二の丸・三の丸・総曲輪の四重の曲輪となる。

小城とは二万石程度の小大名の城を指す。これは本丸・二の丸・三の丸という三重の曲輪である。

将軍・大大名らの下には近習・近習組・外様組・旗本・大名旗本の備え五段がいるので、大城は五重に守られていることになる。中大名の下には、近習・近習組・外様組・大名分の備え四段なので、中城は四重に守られていることになる。小大名の下には近習・近習組・外様組の備え三段があるので、小城は三

城取
当時は、城を築くことを城取といった。城を攻略することではない。

備えの構成
各段の名称については似通ったものもあるが、あまり深い意味はなく部隊数がこれだけあった、という認識で考えてほしい。

重に守られていることになる。

これよりもさらに小身の城や境目の城などは枝城である。枝城であっても、その下に近習・外様の二段しかないため、二重に守られていることになる。

大城・中城・小城ともに、本丸を二の丸が囲み、さらにそれを三の丸が囲むという輪郭式の形をとる。これに対し枝城は、本丸の下に二の丸を配し、さらにその下に三の丸を配すという梯郭式の形をとる。これは、越後流の築城術である。

なお、甲州流の場合は越後流と異なる。どれほどの大城でも、甲州流は越後流でいうところの枝城の縄張としている。

諸葛亮の八陣が、四重の陣のように囲んでいることからすると、いくつもの曲輪で囲むのは道理といえる。

ただし、越後流でいうところの将軍・大大名の城取というものは、実際に上杉謙信が考案したというものではない。源頼朝にしても足利尊氏にしても、城を構えることなどなかった。ここでいうところの城取に合致するのは、越前一乗谷の朝倉氏くらいではないか。だいたい、城下に家臣が集住するようになったのは、江戸時代になってからのことである。備えが五段だから五重、備えが四段だから四重、備えが三段だから三重だというのは、強弁にすぎない。

ひるがえって、中国の例をみてみよう。中国の都城も、宮城門・皇城門・郭城門(京城門)という三段構えとなっている。皇城門の内側に百官の省寮があり、

甲州流
江戸時代に主流だった軍学の流派。詳細は74ページ参照。

諸葛亮
中国の三国時代の政治家・武将。優れた戦略家として国力に劣る蜀漢を支えたことにより、後世の人々から才能や忠誠心を高く評価され、江戸時代でも尊敬を集めた。

越前一乗谷
現在の福井県福井市に遺跡が残る一乗谷城のこと。谷に沿って城下町や城郭が形成され、最奥に朝倉氏の館と詰の城が配置されていたと考えられている。

強弁
無理のある主張。

郭城門の内側に邸宅や町屋がある。郭城門の内側に町屋があるのは、諸侯がいないためである。

日本の場合でいえば、これは、内曲輪に諸役人の役宅をおき、外曲輪に町屋をおき、その外側に諸大名の屋敷を配し、大手門を設けているようなものである。ただ、中国の都城では、内曲輪を入れ小鉢のようにすることはしない。日本では、四重・五重というように、曲輪を入れ小鉢のようにする。しかし、本丸から城外まで、距離が著しくなり、かえって不便になるということも考えておく必要がある。

解説

縄張設計の基本的な考え方

縄張は、城の曲輪配置を決める際、実際に築城予定地で縄を張ったことに由来するという。縄張は、また経始ともいった。経始というのは、測量をして工事に取りかかることである。ここでは、縄張のことを意味している。

また、同様の言葉に城取(しろとり)というものがある。城取というのは、城を攻略することではなく、城の設計を意味している。

省寮
役人の職場や住宅。

郭城門
中国の都城は中心部から宮城・皇城・郭城に区画されていた。郭城門は羅城に設けられた羅城門である。

荻生徂徠は、ここで越後流の縄張を紹介している。越後流では、城を規模の面から、大城・中城・小城の三種に区分する。

大城は将軍・大大名クラスの城で、本丸・二の丸・三の丸・総曲輪・外曲輪の五重となる。本丸・二の丸・三の丸のさらに外側に総曲輪を置く。総曲輪は、総郭、惣曲輪、惣郭などとも表記される。城下町も総曲輪に含まれるため、武士だけでなく、曲輪内には町民も居住していた。

小田原城の立地

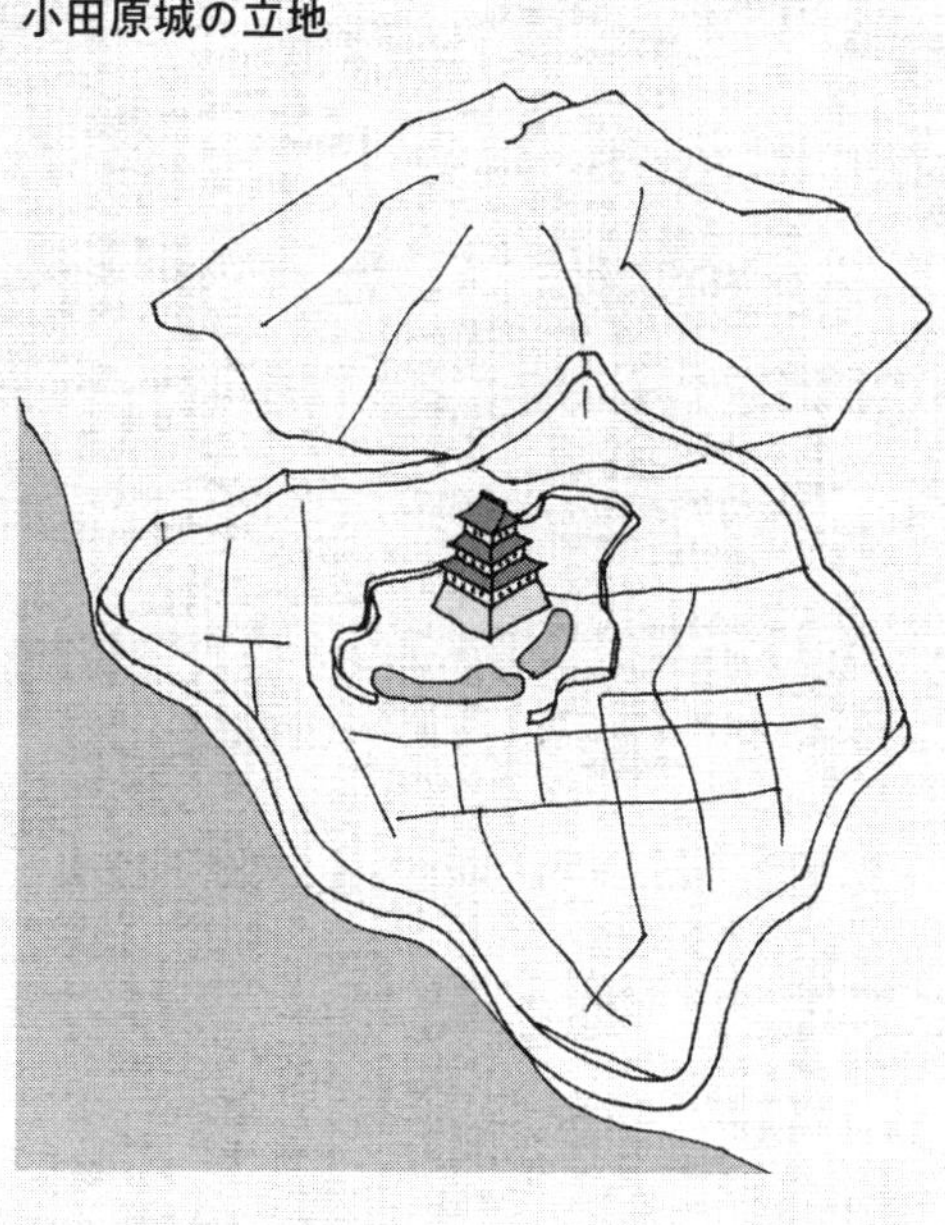

総曲輪を形成していたのは、ほとんどが土塁と堀である。石垣は、重要な場所にしか用いられていない。人工的に土塁や堀を設けるのではなく、天然の河川を利用して総曲輪としていることもある。そのため、総曲輪には、総川、惣川、総河、惣河の字もあてられている。総曲輪を構築する土塁や堀、あるいは天然の河川は、総構あるいは惣構とよばれている。

総構は、すでに戦国時代には登場しており、豊臣秀吉による攻撃を受けた小田原城の周囲には、周囲九キ

大大名の解釈
越後流では石高を明記していないが、数十万石と想定される。

小田原城総構の堀切

ロメートルにおよぶ総構が設けられていた。このような総構は、豊臣秀吉の大坂城にも採用され、江戸時代でも多くの城に存在する。

一般に、外曲輪というのは、本丸・二の丸・三の丸といった内曲輪の外側に設けられた曲輪とされることが多い。しかし、ここでは、総曲輪のさらに城外側に設けられた曲輪を指している。金沢城には、城の東西に二本ずつの総構の堀が設けられていた。しかし、城下の発展とともに、町は総構を越えて形成されていく。こうした曲輪を外曲輪としている。

中城は、一般的な中大名クラスの城で、本丸・二の丸・三の丸・総曲輪の四重となる。江戸時代においても、標準的な規模の城だった。

小城は、小大名クラスの城で、本丸・二の丸・三の丸の三重となる。江戸時代の城としては、規模が小さい。

戦国時代にしても江戸時代にしても、武士は、知行地の石高に応じて軍役を負担していた。つまり、石高が大きければ大きいほど、多くの軍役を負担しなければならない。特に、江戸時代には家臣を城下町に集住させていたから、城も相応の規模が必要とされた。石高に応じて城の規模が変わるというのは、ある意味、当然のことでもある。

中大名の解釈
越後流では中大名の石高を明記していないが、十～二十万石と想定される。

越後流では、さらに、城の規模に応じて家臣団の備えも違うのだという。「備え」というのは、軍団編成のことである。大城では、配下の備えが近習・近習組・外様組・旗本・大名旗本の五段であるため、城として五重、備えとして五段に守られていたとする。中城では、配下の備えが近習・近習組・外様組・大名分の四段であるため、城として四重、備えとして四段に守られていたとする。そして、小城では、配下の備えが近習・近習組・外様組の三段であるため、城として三重、備えとして三段に守られていたとする。

ただし、このような備えによる城の防備については、荻生徂徠自身、強弁であると喝破している。そのような分類がある、という認識程度でよいだろう。

また、荻生徂徠は、我が国の城と中国の都城との比較をしている。都城は羅城という城壁に囲まれて、宮城門・皇城門・郭城門（京城門）という三つの城門で守られていた。つまり、三段構えになっていたことになる。

これに対し、日本の城は、四重・五重となっていることから、結果的に城域が大きくなりすぎていることがここで指摘されている。

羅城
⇓26ページ参照。

二、日本の城の規模

越後流では、城の規模によって大城・中城・小城に区分している。それぞれの城に適した具体的な大きさは、次の通りである。

本丸は、大城では三町四方、中城では二町四方、小城では一町半四方である。これに堀・土塁が加わり、その長さの一辺は、大城では三十間、中城では二十二間半、小城では二十間である。ただし、四分の三は堀、四分の一は土塁となる。合計すると、堀の外から堀の外まで、大城では四町、中城では二町四十五間、小城では二町十間となる。

二の丸は、大城では一辺あたり一町半、中城と小城では一町である。堀と土塁は、大城では四十間、中城では二十七間半、小城では二十五間となる。合計すると、大城は八町二十間、中城は五町四十間、小城は五町である。

三の丸は、大城では二町半、中城では二町、小城では百間である。ただし、小城はこれを外曲輪とする。堀と土塁は、大城では八十間、中城では五十五間、小城では三十五間となる。外周は大城十四町四十間、中城が十町三十五間、小城が八町五十五間である。

総曲輪は、大城では三町半、中城では三町となり、中城ではこれが外曲輪と

間
町と同様に尺貫法で長さを表す単位で、一間は約百八十二・八二センチメートルである。なお、六十間＝一町となる。

なる。大城の外曲輪は六町である。堀・土塁について、大城は一町、中城は三十九間、大城の外曲輪は一町二十間。外周は大城が二十二町四十間、中城は十七町十四間、大城の外曲輪は三十六町である。

山鹿流では、将軍・大大名の居城は本丸について、大は九十間四方、中は八、九十間四方、小は六、七十間四方、屋敷構であれば外郭はないので、百三十六間四方、ただしそのうち十六間は侍屋敷である。国持の居城は四十九間四方、あるいは五十九間四方、四十三間四方にすべきである。境目の城・小身の侍大将の城は三十五間四方、三十間、二十五間ばかりがよい。城内の空いた空間も、これだとちょうどよい。

越後流では、将軍・大大名の居城は十六、十七里、二十里ばかりに要害を構える。五か国ないし十か国の大将は十四里、十五里の間に枝城を築き、境目に関所を設ける。一国一城の主は、八、九里ほどに取出を築くのがよいとする。城における様々な長さについては、人それぞれの考えがあるので、これが絶対的に正しいというわけではない。ここでは、参考までに載せている。なお、越後流が零数を設けているのは秘密のためだから、特にこだわる必要はない。

零数を設けている
「具体的な数字を入れていない」という意味合いで、越後流が外部に漏らしたくない数値があったことについて言及されている。

解説

城の大きさが権威の強さ

越後流による曲輪の大きさは、大城・中城・小城で異なる。縄張のところで触れられていた通り、大城は将軍や数十万石を領する大大名クラスの城、中城は十万石から二十万石程度の中大名クラスの城、小城は一万石から二万石程度の小大名クラスの城を想定しているようである。

大城の本丸は、三町四方とする。一辺は三三〇メートルほどとなる。三町四方ということは、およそ十一ヘクタールの面積となる。そして、同じように大城の二の丸をみると、堀と土塁を含め八町二十間、一辺はおよそ九〇九メートルとなる。

越後流による大城・中城・小城の区分

	大城	中城	小城
本丸	方 180 間（約 327m）	方 120 間（約 218 m）	方 90 間（約 164 m）
堀・土塁を含む	方 240 間（約 436m）	方 165 間（約 300m）	方 130 間（約 236m）
二の丸	幅 90 間（約 164 m）	幅 60 間（約 109m）	幅 60 間（約 109m）
堀・土塁を含む	方 500 間（約 909 m）	方 340 間（約 618m）	方 300 間（約 545m）
三の丸	幅 90 間（約 164 m）	幅 120 間（約 218 m）	幅 100 間（約 182m）
堀・土塁を含む	方 880 間（約 1.6km）	方 635 間（約 1.15km）	方 535 間（約 937m）
総曲輪	幅 210 間（約 382m）	幅 180 間（約 327m）	
堀・土塁を含む	方 1360 間（約 2.47km）	方 1030 間（約 1.87km）	
外曲輪	幅 240 間（約 436m）		
堀・土塁を含む	方 36 町（約 3.93km）		

※「方○○」は一辺あたり○○としたときの正方形の面積、「幅」は構造物一辺あたりの長さの上限を表わしている。

関ケ原の戦いのきっかけとなった神指城

これを上杉氏の神指城(こうざし)でみてみよう。神指城は、豊臣秀吉によって越後国から陸奥

十一ヘクタール 東京の国立競技場の敷地とほぼ同じ面積である。

国の会津に移った上杉景勝が築いた輪郭式の平城である。当初、上杉景勝は会津若松城に入城するものの、会津若松城の北西約三・五キロメートルの地に新たな城を築く。これが神指城である。

上杉景勝は、この神指城の築城工事を関ヶ原の戦いの直前から開始するものの、これが豊臣秀吉亡きあと天下をねらう徳川家康に謀反の疑いをかけられることになってしまう。結局、上洛を求める徳川家康の要求を上杉景勝が黙殺したことで、会津攻めが行われることになる。そして、徳川家康が会津に向かう途中、石田三成が蜂起したことにより関ヶ原の戦いがおこった。このとき、上杉景勝は石田三成に通じたが、関ヶ原の戦いで石田三成が敗北したことで家康に降伏している。

関ヶ原の戦い後、神指城は破却されたため、現在では本丸周辺と、二の丸の土塁の一部が残存しているにすぎない。しかし、発掘調査により、城の規模は本丸が東西三一〇メートル、南北三四〇メートル、二の丸が堀跡を含めて東西七一〇メートル、南北七八〇メートルもあったことが確認されている。

これは、越後流でいうところの大城で理想とされる本丸約三三〇メートル四方、二の丸約九〇九メートル四方にだいぶ近いといえる。これをどう解釈するのかは難しいが、越後流は上杉氏の軍法を継承していると称していたから、神指城を数値の参考にしていた可能性はあろう。

家康が恐れたのは城の軍備ではない？

ただ、それにしても、神指城の規模は大きい。輪郭式の平城であることから、軍事的に堅固であることを目的に築いたものではないだろう。むしろ、問題となったのは、その政治性ではなかったか。

越後流では大城を、将軍・大大名などそのほか十か国も手に入れているような権力者の城と定義づけている。上杉氏は、もともとは越後国の守護代であったが、関東管領上杉氏から職掌を受け継いでいる。その政治的な地位を誇示するため、巨大な城郭を築いたとも考えられる。謀反の計画などはなかったと思われるが、徳川家康にとって危険な存在とみなされたのは確かであろう。

神指城の概略図

本丸
二の丸

神指城の土塁

▲本丸周辺と二の丸の一部に土塁が残る。

関東管領
室町幕府における東国の実質的な統治者。本来の東国統治者は鎌倉公方であり、関東管領はその補佐役だったが、鎌倉公方の不在などによりその地位に収まるようになった。

三、泰平の世による本丸の変化

江戸時代の大名の城は、ほとんどが甲州流の縄張によって築城しており、本丸を広くとることはない。江戸時代の城が、このような甲州流を採用しているのは、極論すれば、軍勢の数が少ないためであることを知っておく必要がある。江戸時代における城というのは、藩主の居所である。居所という意味においては、藩士の屋敷と、さほど変わらない。それでも、どのような屋敷を構えるのかは、藩主であれ藩士であれ、それぞれの考えがあるから、同じ形になることはないのである。

たとえ同じ地形に、同じ身分の者が屋敷を建てたとしても、まったく同じ間取りにはなるということはありえない。それと同じように、城の縄張も、同じようにはならないのである。

解説

江戸時代の主流・甲州流の影響力

荻生徂徠によれば、江戸時代の城の多くが甲州流の築城術によって築かれているのだという。甲州流の「甲州」とは甲斐国のことであり、戦国時代には戦国大名・武田信玄の本国であった。武田氏は信玄の子の勝頼の時代に織田信長に滅ぼされてしまうが、武田氏の遺臣だった小幡景憲が江戸時代になって武田氏の兵法を軍学として教授するようになった。そのため、この軍学の流派を甲州流といい、武田流あるいは信玄流などともよばれている。

小幡景憲には、幕臣のほか、大名も師事していたから、江戸時代の築城術に大きな影響を与えていたことは疑いない。その甲州流では、曲輪を小さくすることを説いていた。曲輪について前（⇓28ページ）でも説明したが、堀に囲まれた平坦地のことで、形状については円くすることが基本である。そのため、甲州流では、曲輪を小さく、円くした。

よって荻生徂徠に言わせれば、本丸が小さいのは甲州流の築城術なのだという。たしかに、津城などの本丸は小さい。

もともと、御殿は本丸に建てられるものだった。しかし、本丸が小さいことから、江戸時代も中期以降に泰平の世になると、本丸に御殿を置かなくなることもあった。

四、軍学者による縄張術は危うい

実際に縄張を行うには、防御性をもたせるにはそれなりの知識と技能が必要であるし、上手下手もある。だから、城の縄張をすることを「城取」などといって、なにか特別なことのように思われてしまいがちである。

しかし、甲州流の軍学者などに砂型などを依頼したりして時間をかけるのは、大きな了見違いというものである。だいたい、屋敷を建てる際、施主の希望する建物が完成したとしても、火事に遭うこともあるし、使い勝手が悪くて改築することもあろう。

もともと、地形は同じではないので、縄張は、その地形に従わなければならない。仮に、自分が好きな城、あるいは嫌いな城というのがあったとしても、城を築く地形に従わざるを得ないのである。

同様に、幕府から与えられた城は、そもそも、自分好みにしてはならない。だいたい、城を改修しようにも、武家諸法度が存在するのだから、勝手なことはできないのだ。これは、自然の地形が、人の思うようにならないのと同じである。

武家諸法度
⇓181ページ参照。

だから、縄張の利害や得失さえ知っておけばよい。万が一、実際に城が攻められるようなときには、少し縄張に手を入れることで、どんな状況でも持ちこたえることができるだろう。

この世の中のことは、形あるものはすべて一得一失、一長一短というものがある。そもそも、完璧なものなど存在しない。縄張についても同様であることを考える必要がある。

家の間取り図だけ見て住みにくそうだと思っても、実際に住んでみると違ったということもある。縄張もそれと同じで、図面だけみていてもわからない。一度や二度は城を持ち、また実際に合戦に参加してこそ、わかることもある。机上の空論では意味がないのだから、砂型を作っても役には立たないことを知るべきだ。

縄張術には、和漢の諸流がある。それぞれ一得一失、一長一短があることを知ったうえで、城絵図の類を考察すれば、城取の極意を得ることもできよう。

日本の攻城法は、中国と比べても未熟な部分が多く、攻城兵器も足りていない。守城法も、それに従って未熟である。縄張術というのは、極論すれば、城を守るための知識と技能であるから、日本にはまだ至らぬこともあることを知っておく必要がある。

解説

軍学者の知見が求められた理由

戦国時代も終わり、江戸時代になると、平和な時代が続き、城も新たに築かれることはなくなった。戦国武将のように、実戦経験を踏まえて城を築くということもなくなっていったのである。

それに対し、江戸時代に普及したのが、軍学である。戦国時代を生き残った武士らから学んだ軍学者が、縄張を指南するようになる。縄張は、戦国武将であれば実戦のなかで学んでいったものであるが、平和な時代になっては、そうした機会もめぐってはこない。そのため、縄張を軍学者に依頼するということが多かった。

軍学者のなかでも、人気を博していたのは甲州流の軍学者である。甲州流は、武田氏の遺臣であった小幡景憲によって創始されて諸藩に広まり、門下の北条氏長が北条流、山鹿素行が山鹿流を創始する。このほか、武田信玄の好敵手として知られる越後国の上杉謙信の軍学を継承すると称する越後流(謙信流)もあった。さらに、甲州流をもとに、『孫子』や『呉子』といった古代中国の兵法を取り込んだ長沼流もある。これらの流派は、江戸時代の五大流派とされ、このほか百を超す流派が存在していたとされる。江戸時代の大名は、俗に「鉢植え」と称されるように、たびたび転封が命じられた。荻生徂徠は批判しているものの、そうした大名が転封先において新規の築城あるいは改修する際に、縄張の砂型を

軍学
戦国時代からの軍事に関する知見は、江戸時代に学問として体系化された。これを軍学といい、兵学といわれることもある。

軍学者に依頼することも多かったらしい。

実際、江戸時代に築かれた赤穂城は、甲州流による指導を受けている。この赤穂城は、浅野長直が慶安元（一六四八）年から十三か年を要して築いたものだった。縄張を行ったのは、甲州流軍者小幡景憲の高弟であった近藤正純である。同じく甲州流軍学者で、のちに山鹿流を創始した山鹿素行が二の丸虎口の改変を行うなど、軍学の粋を集めた城であったといっても過言ではない。

赤穂城の概略図

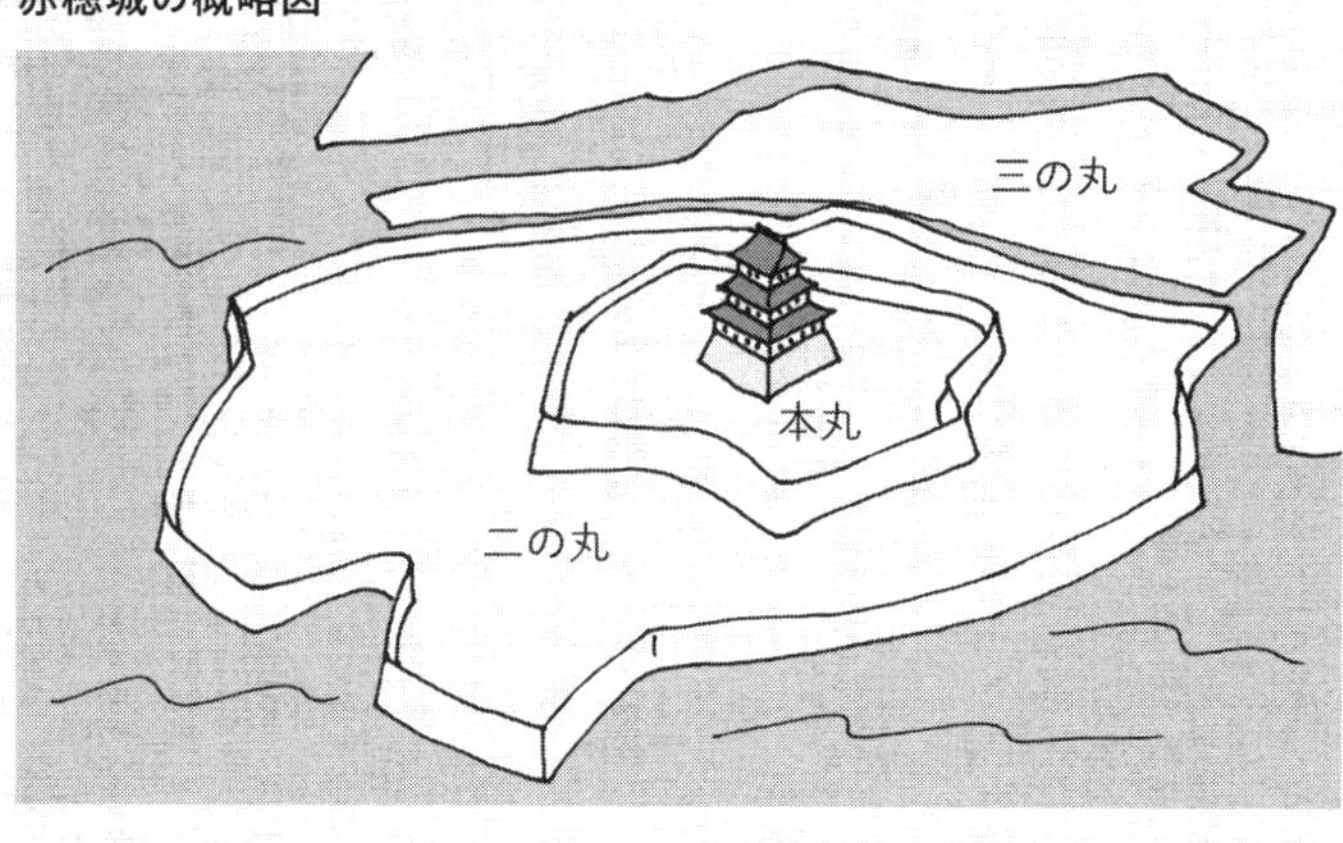

城地は、東の熊見川（現在の千種川）、西の備前街道、南の瀬戸内海、北の山崎山・雄鷹台山に囲まれている。これは、四神相応の地であったともいえる。

本丸と二の丸の関係は輪郭式、二の丸と三の丸の関係は梯郭式であるが、三の丸の東・南・南西にある川と海を塁にみたてれば典型的な輪郭式となる。本丸は方形、二の丸・三の丸は円形を基調としている。軍学的には、やや攻勢を意識した縄張といえよう。

当時はすでに一国一城令の制下にあったから、どんなに防御を固めた城でも、後詰（援軍）が期待できなければ落城を待つよりほかはない。

攻勢
城から打って出る態勢。具体的には馬出など、相手に攻撃を仕掛けられる設備を指す。

一国一城令
一国（一藩）に城は原則一つしか持てないという江戸幕府の法律。

そこで、攻勢を意識した縄張にしたものと考えられる。

赤穂城は幸いにして戦火にまきこまれることがなかったため、軍学による縄張の真価は発揮されていない。なお、赤穂城の城主であった浅野氏は、赤穂城を築いた浅野長直の孫にあたる長矩が江戸城において吉良上野介に対する刃傷事件をおこしてしまう。浅野氏は改易処分を受けるものの、このとき、赤穂城に籠城しての徹底抗戦を主張する藩士が多かったことは、この城の縄張が相応に評価されていたということなのだろう。

軍学者による縄張を批判した徂徠の真意

縄張の依頼を受けた軍学者は、縄張の砂型を作成したらしい。砂型というのは鋳型を意味しているが、ここでは曲輪や堀・土塁の構造がわかるようにした立体的な模型のことを指していると思われる。実際、木で作られた縄張の模型は残されている。

荻生徂徠は、軍学者に縄張の砂型を依頼するのは、無意味だと主張している。確かに徂徠が言う通り、世の中に完璧な城など存在しない。城には必ず、一長一短がある。そして、状況が変われば長所が短所になることもあるし、短所が長所になることもある。築城当初に時間をかけて砂型を作ったとしても、時代の変化に追いつくことができなくなるかもしれない。むしろ、状況に応じた縄張に改変することが重要なのであろう。

また、城を改変する際にも、幕藩体制下においては、武家諸法度がある以上、制約があるのも事実である。武家諸法度は、元和元（一六一五）年に二代将軍・徳川秀忠の名で発布されてから、将軍の代替わりごとに改訂されている。

刃傷事件
いわゆる「松の廊下刃傷沙汰」であり、赤穂浪士の吉良邸討ち入りまでを含め、「赤穂事件」ともいう。なお、荻生徂徠は赤穂浪士の処遇について五代将軍・徳川綱吉から助言を求められ、切腹が相当と回答して採用されたという。

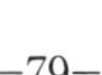

三代将軍・徳川家光によって発布された武家諸法度では、「新規の城郭構営は堅くこれを禁止す。居城の隍塁・石壁以下敗壊の時は、奉行所に達し、其の旨を受くべきなり。櫓・塀・門等の分は、先規のごとく修補すべき事」とある。つまり、幕府の許可がなければ、そもそも新規に城を築くことはできず、石垣・土塁の修復にも幕府の許可が必要だった。櫓・塀・門に関しては、元通りに修復するだけなら問題ないとしているのは、城の防御の根幹が、建物ではなく、石垣や土塁にあると考えられていたからにほかならない。だから、石垣や土塁の修復には幕府の許可が必要とされたのだった。

修復ですら幕府の許可が必要なのであるから、新たに石垣や土塁を構築して縄張を改変するというのは、事実上、不可能に近い。時間をかけて模型を作っても意味がないというのは、確かにその通りである。

荻生徂徠は、甲州流の軍学者に対して、かなり否定的である。無駄なことに費用を使わせていることを苦々しく思っていたのだろうか。ただ、かといって、北条流や山鹿流、越後流のいずれかに傾倒しているわけでもない。結局のところ、荻生徂徠自身は、諸流の説を取り上げているにすぎない。軍学の縄張には一長一短があるということを指摘したうえで、地形に合わせ、築城者・改修者が個々の判断で考えることを勧めているのである。

修復ですら幕府の許可が必要
実際に、家光の父・秀忠のころに有力大名の福島正則は、台風で崩落した石垣などを無断で行ったとして大幅な減封処分を受けている。

五、陰陽両方を備えた城が理想

北条流の縄張には、方円の縄、分数の縄（一城別郭・別郭一城・城陽郭陰・城陰郭陽）、陰陽和合の縄などがある。

方円の縄とは、城を真四角に張り出し、郭を丸く張り出した縄張をいう。これは自然の形であるため、方円神心の曲尺（かね）ともよばれている。

分数の縄とは、城の内側において、たとえば四つの曲輪に分割するような縄張を指す。このように分割した曲輪のそれぞれの働きにより、一城別郭・別郭一城・城陽郭陰・城陰郭陽といった縄張が生じる。

曲輪で四つに分割した場合、それぞれの曲輪は一城であっても別郭となる。これを一城別郭という。また、ただ単に四つに分割するだけでは、外から見透かされてしまうかもしれない。だから必然的に、外から見透かされないよう、堀に土塁を構える。それぞれの曲輪は別郭であるが、まとまれば一城である。これを別郭一城という。

城陽郭陰とは、本丸（城）が陽で、二の丸・三の丸（郭）を陰とする縄張をいう。二の丸・三の丸は本丸に従いやすいように配置する。

城と郭

現在では「城郭」とひとくくりにされているが、本丸などの中心部を「城」とし、それ以外の曲輪群を「郭」として区別している。

城陰郭陽とは、本丸（城）が陰で、二の丸・三の丸（郭）を陽とする縄張をいう。本丸は心のごとく静かにして二の丸・三の丸は四つ足のように働くことが重要である。

陰陽和合の縄とは、陰と陽が調和した縄張である。具体的には、外より城内が見えぬように堀・土塁を構築するような縄張のことをいう。

山鹿流では、本丸の堀へ二の丸の堀を掘り通し、二の丸・三の丸が一続きにならないように掘り切るのがよいとする。しかし、堀切を一文字にして陰陽の縄にならないときには、城内の様子が外から見透かされる。だから本丸の土塁を横に取り出し、二の丸の土塁を取り入れて内にかざし、本丸の曲輪のうちに見透かされることがなくなるときは、城内の様子は外から見透かされない。これを陰陽和合の縄という。

四つ足
足が四本あること。四足歩行の動物に対する総称。

解説

攻めるだけ、守るだけの城は不十分

北条流が、甲州流を創始した小幡景憲の門弟・北条氏長によって創始されたことはすでに述べた。この北条流は、とかく陰陽を重視した流派として知られる。

陰陽については、陽の山・陰の山でも触れたが、万物が陰と陽とで構成され、互いに補完しながら一つになるという考えである。こうした考えは、確かに城において重要ではないだろうか。

城は守勢だけでは防ぎきることはできず、かといって攻勢だけでは守りきることが難しい。だから、まったく守勢の城は存在しないし、まったく攻勢の城も存在しない。守勢（＝陰）と攻勢（＝陽）のバランスがとれてはじめて、城は城として機能するのである。

陰と陽とは、自然の原理であるから、手を加えるのではなく、それを生かすというのが、北条流の考えである。北条流では、「神心（かんごころ）により万物が方形と円形によって構成される」という考えから、これを方円神心と称し、城の縄張に生かすべきだとしている。

北条流の説くところによれば、内にあって守る陰の形が方形で、外に出て攻める陽の形が円形だという。そうした考えに基づき、方と円によって成立する縄張を、北条流では方円の縄とよぶ。すなわち、本丸を四角に、二の丸・三の丸を円形にする「方円の縄」こそ、自然の原理にかなった縄張だとしている。

軍学の手本となった田中城

ここで北条氏長が念頭においているのは、駿河国の田中城であろう。田中城は、戦国時代に駿河今川氏の支城として築かれたとみられる。しかし、桶狭間の戦いで今川義元が討ち死にすると、甲斐国の武田信玄が駿河国に侵入し、今川氏を滅ぼしてしまう。その後、田中城は武田氏の支城となり、甲州流の築城術を用いて改修された。

守勢
城に籠もって攻撃を凌ぐ態勢。具体的には石垣など、相手の攻撃を防ぐことに特化した設備を指す。

方形
四角形のこと。

田中城の概略図

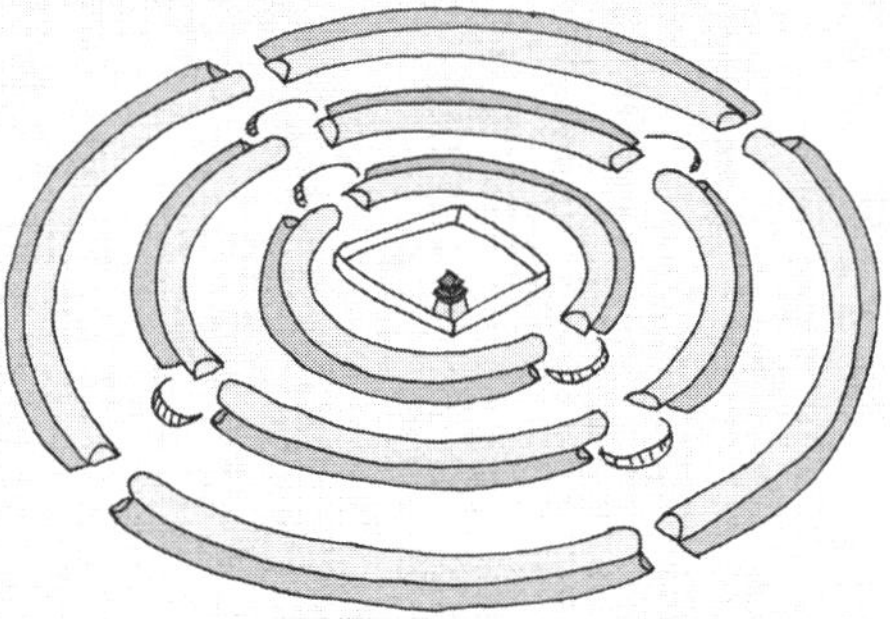

田中城は、本丸・二の丸・三の丸を同心円状に配置する輪郭式の縄張となっている。また、全体的に円形であることから、特に円郭式とよばれることもある。

しかし、厳密にみると、本丸は方形、二の丸・三の丸は円形である。これは、北条流の説く方円の縄に合致している。もともと北条氏長は甲州流を学んでいたこともあり、田中城を念頭において方円の縄の有効性を説いたのであろう。

ちなみに、その後田中城は、武田氏の滅亡後に徳川家康の支城となり、江戸時代には譜代大名が城主となった。近代化のなかで遺構の多くは失われてしまったが、水堀や石垣の一部が現存している。

一城別郭で難攻不落と化した高天神城

北条流ではまた、「分数の縄」というものを説いている。これは、城の中の曲輪を独立させ、別な働きを持たせる縄張を指す。この分数の縄によって導き出されたのが、「一城別郭」という概念である。

一城別郭とは、一つの城のなかに複数の曲輪群を設ける縄張をいう。全体は一つの城であっても、いくつかの曲輪ごとに区分されている。そのため、一つの曲輪が落とされても、残る曲輪を拠点に奪還することもできるような縄張のことをいうのである。

戦国時代の遠江国に、高天神城という山城があった。駿河国と遠江国の国境にも近い要衝で、駿河国を今川氏から奪った武田信玄と、三河国から遠江国に進出した徳川家康が争奪戦を繰り広げた城としても知られている。

この高天神城は、もとは今川氏の支城であったが、遠江国を制圧した徳川家康が奪取し、遠江支配の拠点とした。その後、徳川氏と武田氏が対立するようになり、家康は三方ヶ原の戦いで武田信玄に敗北してしまう。信玄は、この三方ヶ原の戦い直後に陣没するが、跡を継いだ子の武田勝頼がたびたび遠江国に侵入し、父の信玄でも落とせなかった高天神城を攻略したのである。

それまでの高天神城は、高天神山の東峰に曲輪を配していただけだった。しかし、このの ち、攻略した武田氏により西峰にも曲輪が設けられている。こうして、高天神城は、東峰と西峰にそれぞれ主郭を置く一城別郭の城となったのである。

ただ、最近の発掘調査によれば、戦闘の場として機能していたのは西峰のほうで、東峰は主に居住の場として機能していたことが判明している。そのようなわけなので、先に東峰が落とされた場合には、西峰を拠点に東峰を奪還することはできたろうが、先に西峰が落とされた場合には、東峰を拠点に西峰を奪い返すのは、ほぼ不可能だったのではないか。

それはともかく、武田氏の勢威が強い間、家康は高天神城には手も足も出せなかった。結局、家康が高天神城を取り戻したのは、長篠・設楽原の戦いに武田氏が敗れてからのことである。それだけ、一城別郭の高天神城は堅固だった。

信玄でも落とせなかった
三方ヶ原の戦いの直前、信玄が高天神城を落としていたとの説もある。

このほか、戦国時代の山城に一城別郭の縄張は多いものの、江戸時代にはほとんどみられない。というのも、江戸時代の平城では、本丸が一城の中心となっているため、そもそも一城別郭の縄張には向いていないためである。

なお、一城別郭を曲輪からみた場合、別々の曲輪によって一つの城にまとまっていることから、「別郭一城」ともいう。つまり、分数の縄でいうところの一城別郭と別郭一城とは、物事の表裏であり、実は同じことを指したものである。一城内の各曲輪が、相互に援護しあうというのが、一城別郭あるいは別郭一城の本意だった。

高天神城の概略図

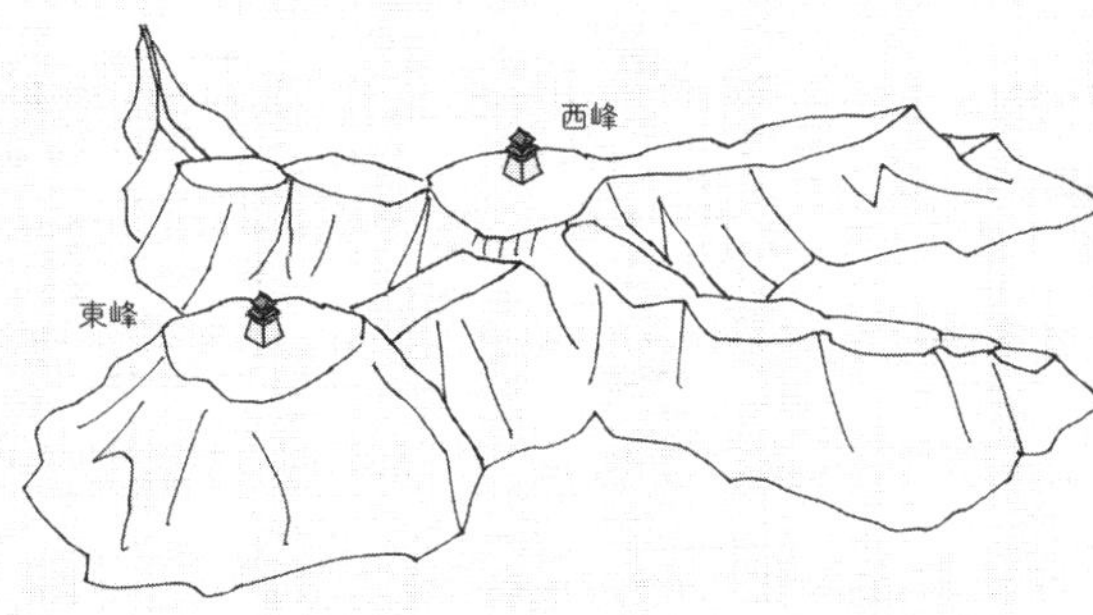

「城」と「郭」に陰陽の役割を分担

さらに、北条流では縄張の陽と陰を重視している。ここでいう、陽と陰というのは、守勢と攻勢のどちらを重視するかということである。また、主郭を中心とした曲輪を「城」といい、それ以外の曲輪を「郭」という。具体的には、本丸が「城」で、二の丸・

三の丸などは「郭」となる。合わせて、「城郭」ということになるが、江戸時代の軍学では「城」と「郭」を明確に分けている。

「城陽郭陰」といった場合、これは「城」すなわち本丸が攻勢優位で、二の丸・三の丸は守勢優位となる縄張を指す。二の丸・三の丸で防戦するが、仮に二の丸・三の丸を奪われても、本丸を拠点に奪還できるような縄張である。本丸には横矢がかり(⇓107ページ)を駆使するなどして、積極的に出撃できる縄張とする。

「城陰郭陽」といった場合、これは「城」すなわち本丸が守勢優位で、二の丸・三の丸が攻勢優位となる縄張を指す。本丸を堅固に守り、二の丸・三の丸を出撃しやすい縄張とする。

北条流の根底には、物事には必ず陽と陰があるという考えがある(⇓55ページ)。陰があれば必ず陽があり、陽があれば必ず陰がある。どちらかだけになることもないし、どちらもなくなることはない。結局、縄張というのは、陽と陰とのバランスで決めなければならないということになる。

こうした陽と陰のバランスがとれている縄張が、「陰陽和合の縄」である。この縄の重要な点は、北条流によれば城内を見透かされるか否かにあるという。山鹿流でも、城内を見透かされないようにした縄張のことを、陰陽和合の縄張としている。

六、最も効率的な縄張は小さな円

山鹿流では、丸く小さくするのが縄張の極意という。これが、防御に役立つためである。

なぜ小さくするのかといえば、それは、軍勢の数と関係してくる。分不相応な大きな城では、狭間（さま）や虎口（こぐち）にも必要以上に軍勢を割かなければならない。そうすると、結局、守備にあたる軍勢が少なくなるので、堅固にならない。だから、城はできる限り小さくするのがよいということになる。軍勢に余裕があれば、守備の方法にも選択肢が増える。

なぜ丸くするというのかといえば、それは、守備の面積と関係してくる。曲輪を四角くした場合と丸くした場合では、曲輪の面積は違う。たとえば、外周百間の城を築くとしよう。横十間で縦四十間とすれば、内側の坪数は四百坪である。真四角にするときは、一辺が二十五間ずつにて、内側は六百二十五坪である。これを丸くすると、内側の面積は七百八十八坪余となる。

そのうえ、四方に角が多い城は、城に邪折（ひずみ）・出桝形などを別に設けなければ、横矢を自由にかけることができない。この点、外周が丸いと、横矢は四方より

丸く
現代の言葉としては「円く」が適切であるが、ここは『鈴録』原文の表記に従った。

邪
ゆがみやちぢみにより整った形をしていないことを指す言葉だが、ここでは斜めの状態を指している。

横矢
攻めてくる相手の側面から矢を射かけること。その目的で造られた設備の詳細は108ページ参照。

入れ違いにかかる。
また、山鹿流では「丸く小さき心持ち」を重視している。「丸き心持ち」というのは、なにも無理に丸くするということではない。大角・大邪の曲輪も出隅を落とせば、横矢はよくかかる。これが「丸き心持ち」である。曲輪を小さくしておけば、軍勢の数によって、曲輪の取捨選択が自由となる。これが「小さき心持ち」である。

解説

計算された理想の形

甲州流がそうであったように、山鹿流でも、積極的に縄張を円く小さくすると説く。結局のところ、最少の軍勢で効率よく守ることができるのが、円く小さく形成された曲輪だからである。

城を守るときには、曲輪の周囲に設けられた狭間に軍勢を配置しなければならない。たとえば、百間の長さの外周の曲輪を設けるとしたとき、その百間の塀に設けられた狭間に軍勢を配置する。しかし、このとき、曲輪を四角にしようと円くしようと、守る軍勢の数は変わらない。

出隅
城郭の角の出っ張った部分。詳細は108ページ参照。

円い曲輪と邪

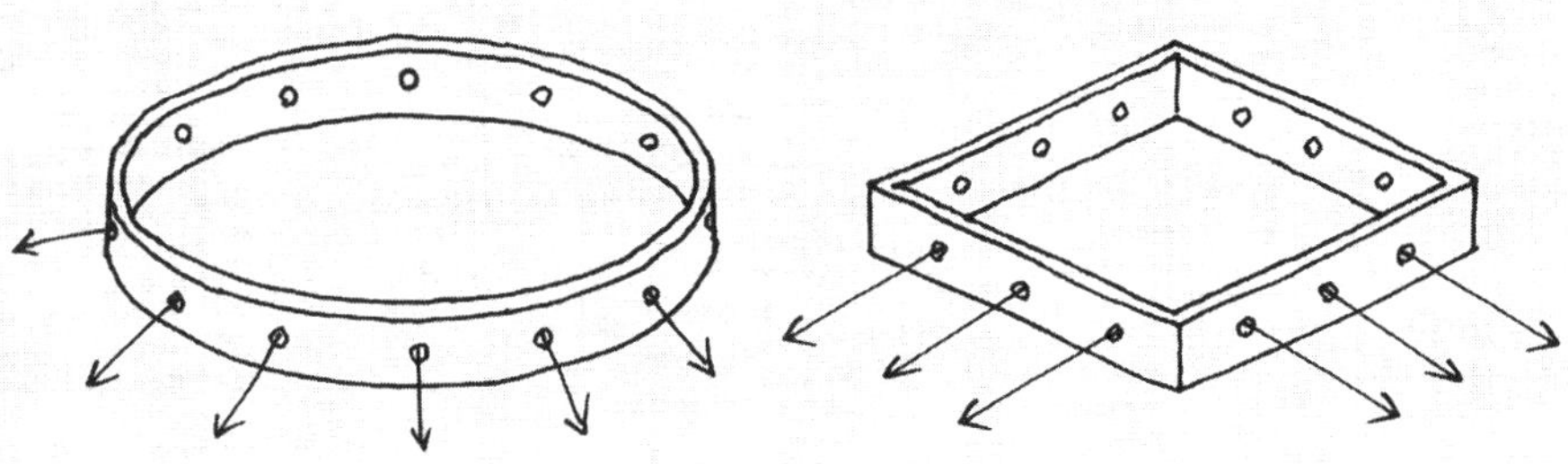

▲四角より円い曲輪のほうが広い範囲を射撃できる。

ここで例に挙げられている外周の長さが百間の城では、横十間で縦四十間とすれば、面積は四百坪にしかならない。真四角にしても、一辺が二十五間なので面積は六百二十五坪が限界である。しかし、円形にすれば面積は七百八十八坪余となる。

つまり、同じ塁線の距離でも、真四角より円形のほうが面積は大きくなる。だから、居住空間および戦闘空間を確保するためにも、曲輪は円いほうがよいということになる。

また、曲輪が円形であれば、いわゆる横矢がかりのうち、横矢邪が必然と生まれることになる。つまり、わざわざ横矢がかりを設けなくても、自然と横矢が入れ違いにかかることになる。その意味でも、円い曲輪は有利である。

とはいえ、現実的な問題として、必ずしも円形の縄張で築城できるとも限らない。土塁はともかく、石垣を円形に積むのは、至難の業である。だから、心持ちとして、円く小さくするのだという。四角い曲輪であったとしても、隅を欠くようにすれば円形に近づけることは可能である。

円形の計算

江戸時代は数学も盛んな学問であり、こうした計算が書物に出てくるのは不自然ではなかった。荻生徂徠の生きた同時代には、円周率や行列法の研究で著名な関孝和がいる。

七、とにかく本丸を守れ

山鹿流では「一二陰陽の心持ち」を重視している。これは、本丸を陽、二の丸・三の丸を陰にするという考えである。

具体的には、二の丸で本丸を囲み、本丸から二の丸・三の丸に出撃しやすくする。もし敵が三の丸に侵入した場合には三の丸から二の丸へ拠点を移し、さらに二の丸を奪われても本丸を拠点に反攻できるように考える縄張こそ、この「一二陰陽の心持ち」である。

二の丸に土塁を設ければ、二の丸の防御力はあがる。しかし、二の丸に土塁があることで、万が一にも二の丸を奪われた場合、逆に本丸から二の丸への攻撃に不利になる。こうした場合、あえて曲輪に土塁を設けない。軍勢が隠れたり溜まったりする場所がどこにもなく、横矢がかかるように配することが肝要である。

この「一二陰陽の心持ち」に関連して、越後流にも、「一二陰陽の心得」がある。ただし、越後流では、本丸を陰、二の丸・三の丸を陽とする。本丸は、守勢に主眼を置く曲輪とするため、陰にする。これに対し、二の丸は城兵が動きやすい曲輪とする。これがすなわち陽である。

茀（かざし）・蔀（しとみ）も、本丸と二の丸・三の丸とでは異なる。本丸は蔀、二の丸・三の丸は茀とするのが越後流である。蔀は、樹木などの上部をそのままにして下部を透かす。逆に茀は、樹木などの下部をそのままにして上部を透かす。

このように、越後流と山鹿流で、陰陽の指すことが異なる。そのため、述べていることが正反対と思われがちだが、実は、言わんとしていることに違いはない。

北条流や山鹿流では、本丸を主として、二の丸・三の丸は本丸に従うようにすると述べている。これは、越後流でいうところの「本城陽・二三陰」である。しかも越後流では、本丸を守備に最適な陰とし、二の丸・三の丸を出撃しやすい陽とする縄張を「本城陰・二三陽」といっている。これが山鹿流の「一二陰陽の心持ち」ということになる。

つまり、越後流の考えによれば、二の丸・三の丸を落とされたうえ、本丸から打って出て二の丸・三の丸を奪還することは、認められていないということである。三の丸は三の丸、二の丸は二の丸というように、それぞれの曲輪を堅守するべきであり、二の丸・三の丸を放棄して本丸に撤退することなどあり得ないというのが越後流の主意である。

解説

流派で異なる本丸の守り方

城に陰と陽があるように、曲輪にも陰と陽がある。守勢を重視している曲輪が陰で、攻勢を重視している曲輪が陽である。

それを踏まえた本丸と二の丸・三の丸との関係性は、本丸を陽、二の丸・三の丸を陰とする「本城陽・二三陰」と、本丸を陰、二の丸・三の丸を陽とする「本城陰・二三陽」の二つの類型に分かれる。

「本城陽・二三陰」は、本丸から出撃しやすい曲輪であり、二の丸・三の丸を守りやすくしている。万が一、敵に二の丸・三の丸を奪われても、本丸を拠点に奪い返すことができる縄張となる。山鹿流では、これを「一二陰陽の心持ち」として重視している。

これに対し、「本城陰・二三陽」は、敵が攻めてきた際、二の丸・三の丸から打って出やすい縄張となっている。そして、万が一、二の丸・三の丸を奪われた場合には、本丸を拠点に死守することとなる。越後流では、この「本城陰・二三陽」を重視している。

城は、二の丸・三の丸に敵が侵入したからといって、落城するわけではない。本丸を最後まで守り切れるかが重要である。「本城陽・二三陰」と「本城陰・二三陽」は、本丸を守るのに二つの類型があるというだけで、優劣をつけているものではない。

曲輪の陰陽で変わる遮蔽物

なお、曲輪を陽とするのか陰とするのか、それを分ける重要な構築物が蔀(かざし)・蔀(しとみ)である。蔀と蔀は、どちらも敵に城内を見透かされないようにする遮蔽物である。樹木などが一般的で、ここでも樹木が取り上げられているが、建物のこともあれば、土塁や塀などのこともある。

蔀と蔀の何が違うのかといえば、それは、城外に置くか城内に置くかだけの違いでしかない。ただ、軍学では、この違いを大きくとらえているため、区別しているのである。

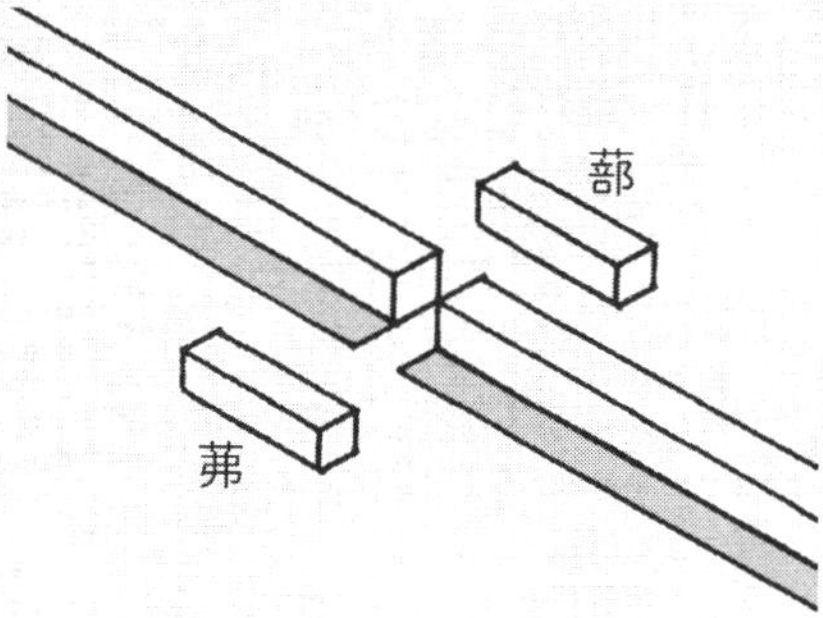

城外に設けられた遮蔽物が蔀である。樹木を置く場合、上部は敵の動きがわかるようにあえて透かしておく。これは、城外に出撃することを想定したものであることから、軍学では陽の性質としている。

これに対し、城内に設けられた遮蔽物が蔀である。樹木を置く場合、敵に反撃できるように下部をあえて透かしておく。これは、城内で敵を迎撃することを想定したものであることから、軍学では陰の性質としている。

蔀と蔀

蔀

蔀

八、近づかせない・見透かされない工夫を

山鹿流では、平城の曲輪は、それぞれに堀を設け、曲輪が繋がらないようにすべきという。曲輪が繋がっている場合、どこかの虎口が一カ所でも突破されたら、すべての曲輪が征圧されてしまう。だから、土塁・塀も、内側から外側へ、一郭切（いっかくぎり）にするべきである。仮に、二の丸に設けた土塁・塀を三の丸に繋げ、二の丸と三の丸で一緒に守ろうとしても難しい。虎口の一か所でも突破されたら、すべての曲輪が危険になる。

山城の場合は、地形に高低があるため、曲輪をつなげても問題ない。一郭切にしようとすれば、陰陽和合の縄を用いるのが難しくなり、普請にも手間がかかるため、曲輪はつなげてもよい。平城の場合でも、境目の城や小身の城の場合は、そもそも城が狭く曲輪をつなげないようにするのも難しいから、山城のように、曲輪をつなげてもよいという。

また、本丸は城外から見えない場所に置くのが本来の形であるものの、後方に沼や池、あるいは海などがあり、十町あるいは十四、五町も馬が近寄れない地形があるのなら、本丸が城外から見えていたとしても問題ない。

一郭切　それぞれの曲輪を独立させること。

かつて上杉謙信が武蔵国の騎西城を攻めたときのことである。この城は、後方に沼を抱いており、いわゆる後堅固であったため、本丸は城外からも見透かされるように築かれていた。この騎西城を包囲した謙信が現地を見て回ると、本丸から二の丸に繋がる廊下橋の橋板が簀の子になっており、堀の水に白い帷子が映っていた。謙信は、三度にわたって現地を見て回ったが、いずれの場合も同じだった。そのため、謙信は本丸に人質がいるのではないかと考え、家臣の柿崎景家に大手の虎口を攻めさせた。こうして、城兵が大手に集まってきて合戦になったころ、近隣の家を壊した木材で筏を組み、沼から本丸に攻め寄せた。そのため、本丸にいた人質の女性や子どもが二の丸に逃れようとすると、大手で戦っていた城兵は、城内で寝返りがおきたものと考え、自害あるいは降伏して、騎西城は落城したと伝わる。こうしたことも考えておく必要がある。

また、沼に面した城は、本丸から横道を設けたほうがよい。海ならば舟を置くべきである。海は、遠浅にて潮の満ち引きがあるのを上の要害とする。沼ならば水柵を設けて幅を狭くし、土塁を違えるのもよい。土塁の上に植物を植えれば、本丸も見通せなくなる。

帷子
夏に着るような薄手の着物のこと。これを見た謙信は、戦場に相応しくない服装＝非戦闘員の人質がいることを見抜いた。

人質
合戦中の裏切りの抑止を図るため、家臣や同盟相手の親族を自分の城に入れさせることが、当時行われていた。

解説

敵の移動を妨害する堀

平城の曲輪は、山鹿流ではすべて堀を設けるべきとする。曲輪というのは、本質的には堀で区画された平坦地のことを指すが、土塁や仕切塀などで区画されているだけの曲輪というものもある。しかし、このような曲輪は、虎口の一か所でも破られた場合、土塁と塀だけでは敵の侵入を防ぐことは困難となってしまう。そのため、曲輪の周囲に堀を設けるべきだとしているわけである。

これが山城になると、高低差を利用して曲輪が配置されているため、あえて曲輪の周囲に堀を設けることはしない。しかし、尾根伝いに敵が侵入してくることを阻むため、多くの城では堀切を設けている。なお、この堀切は、竪堀に繋がっていることも少なくない。

上杉謙信の慧眼による騎西城の教訓

究極的にいえば、城というのは、本丸を守るために存在していると言っても過言ではない。だから、原則として本丸は城外から見透かされないようにしなければならないのである。もし本丸の動きが敵に知られてしまうと、攻撃の場所・時間などの作戦を練られてしまう。

竪堀
斜面に沿って何列も造られた空堀。詳細は149ページ参照。

騎西城の土塁

▲周囲は埋め立てが進み土塁の一部が残る。

騎西城の概略図

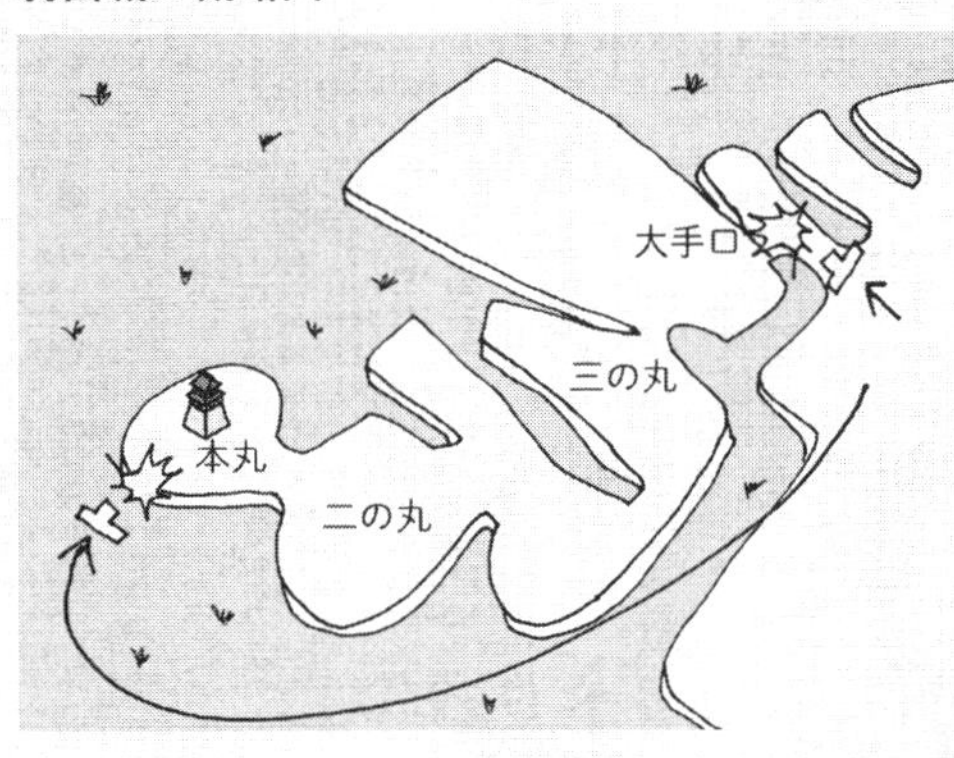

上杉謙信が武蔵国の騎西城で採用した戦術も、本丸の位置と内情を見透かされたことが問題となった例といえよう。騎西城は、戦国時代に上杉謙信と北条氏康が関東における覇を競っていた時代、北条氏の支城だったところである。

今では市街地化しており、まったく想像できないが、かつては湿地帯に築かれた典型的な沼城だった。おそらく、本丸は沼の最も奥に位置していたのだろう。こうした城を軍学では後堅固とよんでいる。背後が比較的安全であるため、本丸を最奥に配し、二の丸・三の丸などを陸地に近いほうに設けているわけである。

周囲が湿地であるから、本丸からは容易に近づけない。しかし、本丸に人質がいることを察した上杉謙信が、大手と本丸を同時に攻撃したという。そのため、大手で戦っている城兵が、本丸で寝返りがあったと思い、混乱した末、落城してしまったのである。もし、本丸が見透かされていなければ、騎西城は落城していなかったのかもしれない。

なお、騎西城は、豊臣秀吉の小田原攻め後に徳川家康の支城となり、江戸時代の初めに天領となったことで廃城となった。城跡からは障子堀が発掘されているほか、土塁が現存している。

水に近い城特有の問題点と対策

基本的に、沼に面している城というのは平城であることが多く、また自然林も少ないため、敵からの見透かしを防ぐことが難しい。だからこそ、荻生徂徠は、土塁の上に植物を植えるように述べているのである。江戸時代の城の土塁の上には、松・杉などが植えられているが、これは、敵に城内を見透かされないためにしていたものである。

また、荻生徂徠は、沼城であれば本丸からの道を整備しておき、万が一の際の脱出経路にするべきだという。海に面した城の場合も、脱出のため、舟入を設けるように言っているのも、そのためである。残念ながら沼城の舟入は現存していないが、三原城や福山城といった海城には舟入が設けられていた。

障子堀
歩道を障子の格子状になるように掘られた堀。詳細は１４６ページ参照。

九、自分の城を敵に利用させるな

軍学では、「城内くつろぎ」という考えを大切にしている。越後流では、「大・中・小のくつろぎ」があるといい、山鹿流では「三分の一のくつろぎ」といっている。

くつろぎというのは、城内における空間的な余裕のことである。城内の空間に余裕がなければ、敵に占拠された曲輪も奪還しにくくなってしまう。たとえば、境目の城であれば、敵が侵入してこないように空間に余裕をもたせないという選択もある。しかし、空間に余裕がなければ、敵に取られてしまった場合に奪還することができない。だから、城内には空間的な余裕が必要なのである。

越後流には、大城の小城、小城の大城という考えがある。千人の兵が籠もるべき城に三百の兵しか籠城しなくても広すぎず、また、二千ないし三千の兵が籠城しても狭すぎないような縄張がよいという。

城を守勢を主眼とする陰の縄張にする場合、くつろぎは少なくてよい。敵に足がかりとなるような空間を与えてはならないからである。城を守るには、捨曲輪・捨堀も機能的には優れている。

城は、奪われた際に取り返すことができるような縄張にしなければならない。山鹿流では、行き止まりの曲輪、行き止まりの虎口は、山城・平城ともに避けるように説いている。行き止まりの曲輪、行き止まりの虎口は、奪還する際、味方に不利となってしまうからである。

山城では腰曲輪を多用すべきだという。腰曲輪は、曲輪の横幅三間ばかりに細長く、本丸の腰の位置にあるような曲輪である。曲輪をつなげるときも、これを用いるとよい。二重の要害になるためである。

弓矢や鉄砲の狭間も、腰曲輪に設ける。もちろん、二の丸・三の丸を見下ろすようにするのがよい。このとき、曲輪の先端、虎口の下、そのほか横矢の先に意味のない溜まり場があると、敵を利することになってしまう。このような溜り場になるような空間は、なくしておかなければならない。

山鹿流では、境目の城は十中八九、山城にすべきという。軍勢が少なくても木や石などを落とし、地形を利用できるからである。もちろん、敵はこの逆で、地形を利用することができない。味方からすると、敵陣の様子もわかり、後詰の着陣も早く見つけることができるなど、利点は多い。

境目の城は、背後に山があり、前面に平地があるような土地に築くのがよい。河川があるとしたら、河川と城との間には、平地を残しておくべきである。敵が攻めてきた際に、決戦をする場所として確保しておくためである。

敵地から城までの街道に堅固の地形がなければ、さらに後退して城を築くべ

境目の城
国境沿いに築かれた城。

きである。敵が進撃してきた際には、それを街道で押さえがちであるが、そうすると二度も戦わなければならなくなってしまう。敵を引き込んで戦えば、一度ですむから、あえて道筋に城を構えなくても問題はないのである。もちろん、境目の城も、丸く小さく縄張することはいうまでもない。

解説

曲輪が落とされた後を想定する

城は大きければ大きいほうが有利ということはなく、小さければ小さいほど有利ということもない。守る軍勢よりも曲輪のほうが大きければ、城兵がまばらなところから侵入されてしまう。また、逆に守る軍勢よりも曲輪のほうが小さければ、曲輪内に城兵が密集して身動きが取れず、敵の侵入を許してしまうことになる。

敵が城を攻めてくるときは、曲輪を一つひとつ落とすわけである。最終的に、本丸が落ちれば、落城ということになる。そうならないために、曲輪を多く配置しているわけだが、その曲輪が敵を利することになってしまうというのは、皮肉なことである。

だから、城には、敵を利することがない捨曲輪が設けられていた。捨曲輪は、主郭の前面に設けた曲輪で、攻勢の際には出撃の拠点として利用するものの、守勢にまわった際に

は放棄する曲輪である。最初から、敵の手に渡ることを前提として設けられていた。だから、捨曲輪は主郭側に土塁・塀などの遮蔽物を設けていない。主郭側からも攻撃できるようにしているためである。近世城郭だと、三の丸には捨曲輪の機能がある。また、捨堀は、城から一、二町離れた場所に設けた堀で、防衛線として維持するのではなく、単に敵に対する障害物とした。

軍学で腰曲輪を推奨しているのも、敵の手に渡った時のことを考えてのことである。腰曲輪は主郭よりも一段低い曲輪で、人間にたとえれば腰の位置に置かれているため、そうよばれる。この腰曲輪が帯状に長くなると、帯曲輪という。いずれも、曲輪としては機能するものの、大軍を擁することはできない。だから、敵に奪われたとしても、奪還が容易な曲輪となる。

このように、曲輪は、守っているときのことだけを考えるのではなく、敵に制圧されたあと、奪還することも考えなければならない。これが軍学の基本的な考えである。

捨曲輪

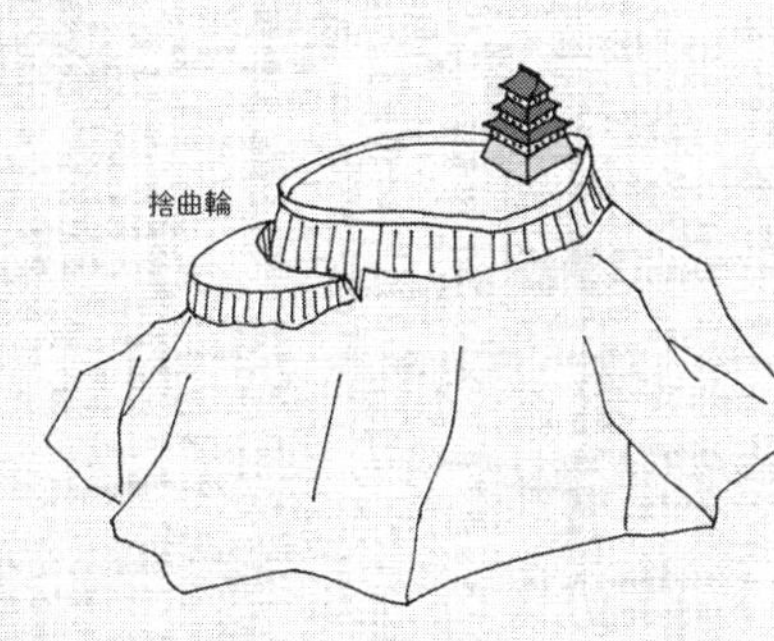

腰曲輪・帯曲輪

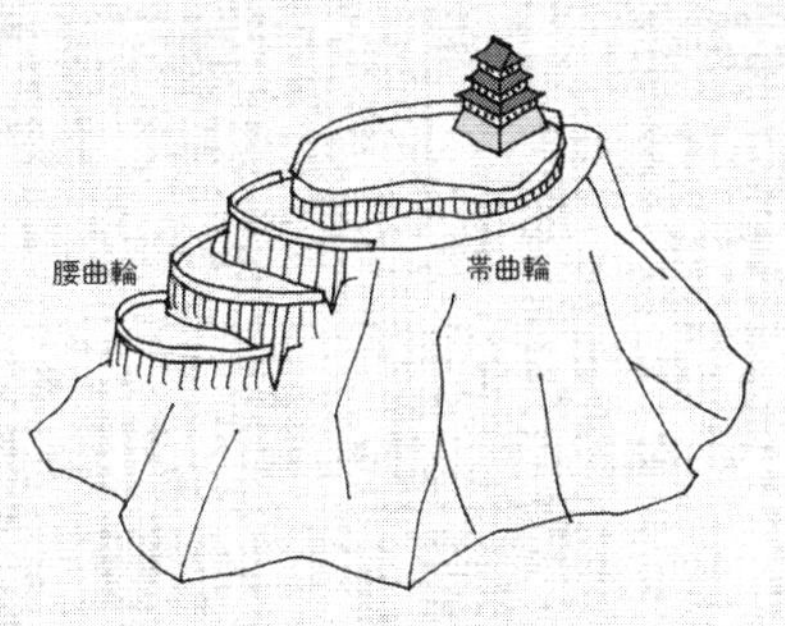

最後の手段・自焼

城は奪われそうになった段階で、自ら火をつけて逃亡することもある。これを「自焼」といい、城を離れる意味の「没落」と合わせ、「自焼没落」という。自らの城を焼き払うことで、降伏を否定し、敵に城を利用させない決意を伝えたのだった。

ただし、戦国武将の誰しもが、自らの城を焼いて逃亡していたわけではない。常陸国の小田城の城主だった小田氏治は、同じ常陸国の戦国大名・佐竹義重と、佐竹氏を支援する上杉謙信にたびたび小田城を攻められ、幾度か落城している。

しかし、小田氏治は、落城するたびに、自らの城を奪還しているのである。おそらく、自焼もしていなかったのだろう。また、自らの城であるから、攻略に有利な曲輪も熟知していたに違いない。

現在の小田城

▲広大な本丸を囲む土塁が残る。

小田城の落城

江戸時代の軍記物語によると、小田城は九度も落とされたことになっており、そのたびに小田氏治が取り戻したという。九回落城したという軍記物語の記述をにわかに信じることはできないが、たびたび落城しているのは事実である。

第四章 曲輪に設けられた軍備の数々

一、効果的な横矢をつくり出せ

横矢(よこや)は、曲折(かねおり)と同義である。曲輪の塁線などに折をつけ、攻めてくる敵を側射できるようにするのが横矢であり、横矢がかりともいう。横矢の基本は、出(で)隅(すみ)・入隅(いりすみ)・屏風折(びょうぶおり)・横矢枡形(ますがた)・横矢邪(ひずみ)・隅欠(すみかけ)・隅落(すみおとし)などである。

出隅は、横矢としてはかかりにくいが、櫓を建てれば横矢が効く。入隅は、櫓を建てて張り出し過ぎたところを入隅とするとよい。屏風折は、長く伸びた塁線に用いる。横矢枡形というのは、塁線に張り出した櫓台であり、城外に張り出したときには横矢が効く。横矢邪の邪とは傾斜のことで、このほか隅を欠いた隅欠(すみかけ)と、隅を削った隅落(すみおとし)がある。

なお、横矢には順と逆がある。攻め寄せる敵に対し、弓手(ゆんで)すなわち左側を見せないように射撃できるような横矢枡形・横矢邪が、順の横矢となる。これらは、城外からみて虎口や馬出の右側に配置するとよい。一方、左側に配置すると逆の横矢となる。

山鹿流によれば、屏風折は、百間も二百間も一文字に取るような縄張の劣る曲輪に用いるべきという。俄(にわ)か普請の場合、土塁は直線のまま、塀だけを屏風折にすることもあるが、これを塀折(へいおり)とよぶ。

桝形
敵を囲むため、箱形になるように造られた構造物。

解説

敵の撃退は横矢にかかっている

敵が城に近づいてきた際の防衛の主力は弓矢や鉄砲といった飛び道具であったため、それらの威力を効果的に発揮する工夫が求められた。横矢は曲折ともいい、土塁あるいは石垣の塁線に屈曲を設けることをいう。屈曲を設けることで攻め寄せる敵に対する死角をなくし、様々な方向に弓矢あるいは鉄砲で射撃することができるからである。基本的に、攻め寄せる敵に対して正面からのみ射撃していても、敵が楯をもって進撃してきたら、ほとんど損害を与えることはできない。しかし、正面ばかりでなく、側面からも射撃すれば、敵は楯で防ぎきることが難しくなるため、防御力は格段にあがる。このように、側面からの射撃を可能とするため、塁線に折れを設けたのが横矢であり、側面から射撃することを「横矢をかける」ともいう。

横矢には、出隅・入隅・雁行（がんこう）・隅落・隅欠・屏風折・合（あい）横矢・横矢桝形・横矢邪・横矢塵落（ちりおとし）などがあ

出隅

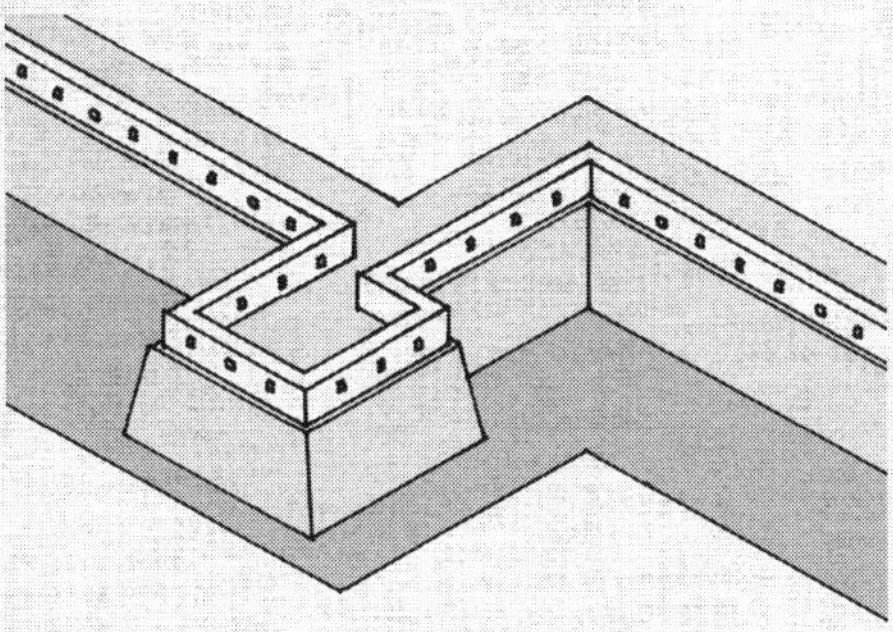

る。いずれも、塁線を屈曲させることで、横矢がかりの効果をねらっている。

このうち、もっとも一般的なのは出隅である。出隅は、文字通り、塁線を張り出したものので、その張り出した部分から、横矢をかける。塁線が張り出しただけでは横矢の効果は薄いが、ここに櫓、あるいは天守が建てられることで威力を発揮する。

入隅は、出隅とは逆に、内側に塁線を折り曲げることで、横矢がかりとしたものである。入隅の塁線には、塀がかけられた。

出隅と入隅を交互に繰り返すと、雁行になる。これは、空を飛ぶ雁の列のように斜めに並んでいる様子をいったものである。長大な塁線には、こうした雁行が用いられた。塁線の折れたところなどに櫓を建てれば、さらに効果は増す。

隅落は、出隅の一部を削ったものである。これにより、出隅よりも横矢がかかる方向が増える。ただし、出隅のように櫓などを建てることはできない。

隅欠は、入隅と同じように城内側に塁線を折り曲げることで横矢がかかるようにしている。ただし、入隅よりも規模が小さい。

屛風折は、塁線を屛風のような折を連続させたものである。石垣を屈曲せるのは困難であるため、土浦城のように土塁を屈曲させるのが一般的だった。ただし、塁線を屈曲させず、塀のみを屈曲させることもあり、山鹿流では「塀折」とよぶ。

合横矢は塁線に相対して横矢がかかるようにしたものである。一方は横曲輪のように直角に張り出し、もう一方は邪曲輪のように斜めに張り出すこともある。両方の間は、味方同士が相討ちにならないよう、七十間ほどあけるとされた。

合横矢は、塁線から引っ込む形となるが、逆に、塁線から張り出して桝形の空間を設け

櫓や天守で威力を発揮
射手を守りつつ高所から攻撃でき、視野も広くなるためである。

隅欠

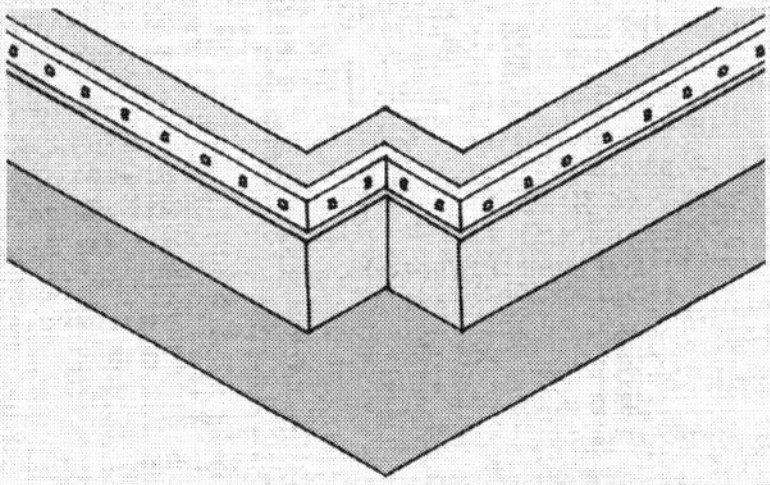

入隅

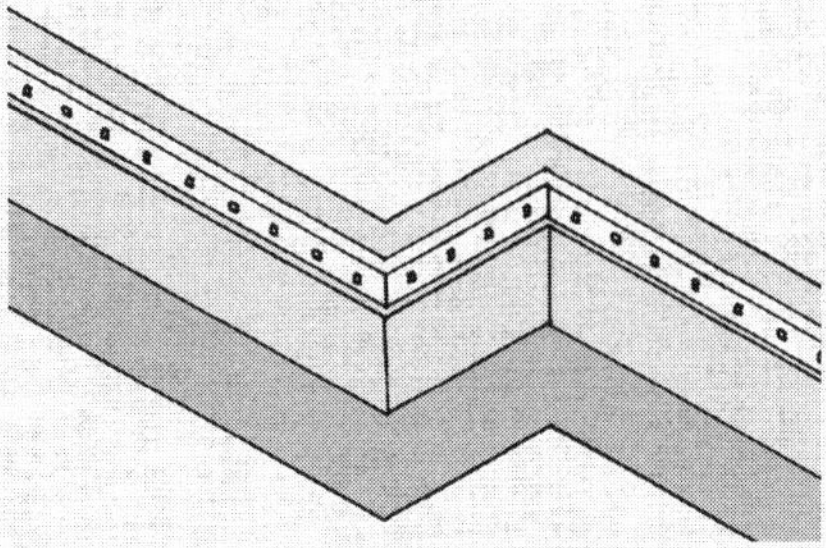

屏風折

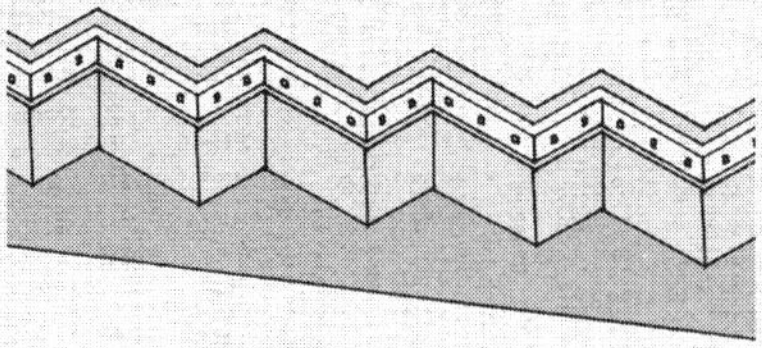

雁行

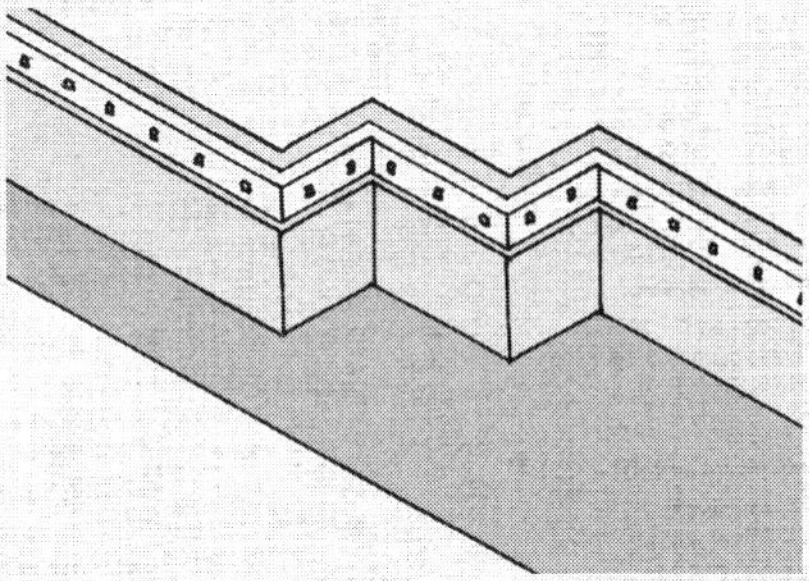

合横矢

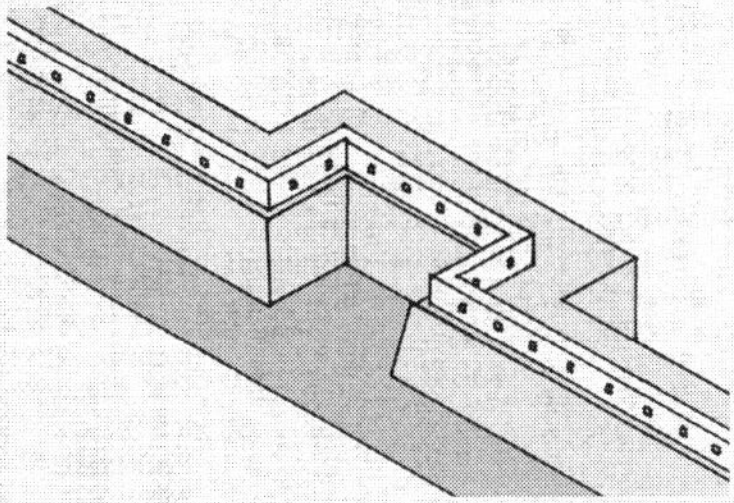

隅落

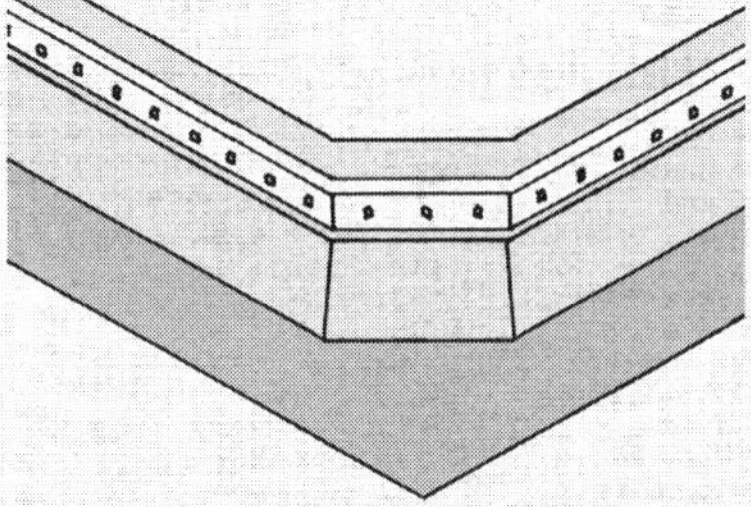

たのが、横矢桝形である。塁線に張り出しているため、塁線にとりつく敵に対しても側射することができた。

横矢邪は、曲がった塁線に塀をかけたものである。邪というのは、傾斜のことをいう。横矢邪では、塁線の傾斜に従い、あらゆる方向に側射することが可能となっていた。

横矢塵落の「塵落」というのは、城内に籠城した際、人馬の糞尿やゴミを城外に捨てるための施設で、堀の端を折り曲げて入れ込ませていた。堀まで階段が設けられており、船着き場になっていた城もある。この塵落は、ただのゴミ捨て場ではなく、横矢がかりの効果もねらっていたとみられる。

横矢桝形

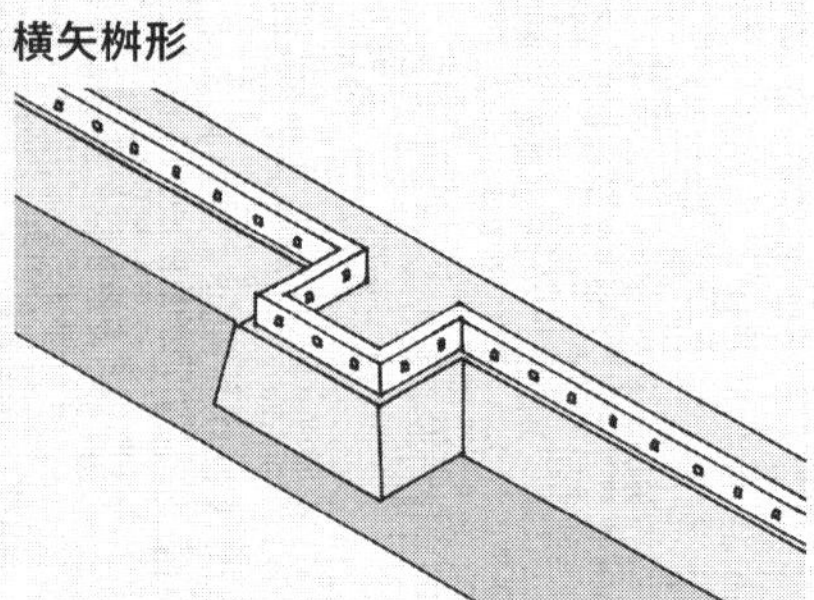

横矢邪

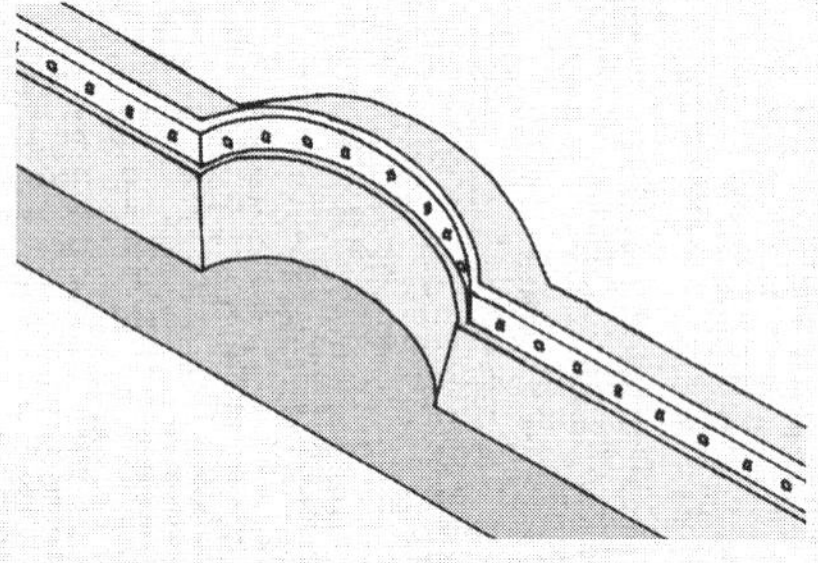

横矢塵落

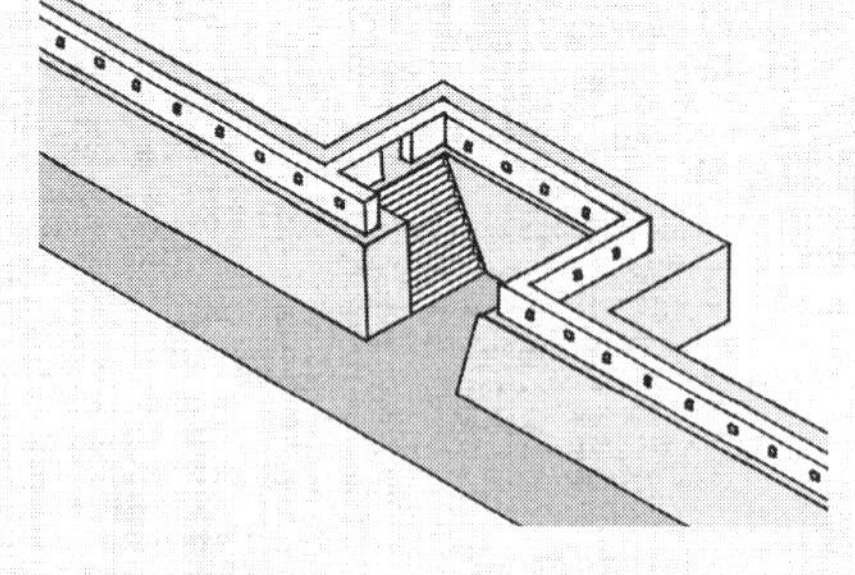

二、虎口は桝形にして強化する

虎口(こぐち)は、曲輪と曲輪との間に開かれた出入口である。虎口の必要な数は、曲輪によって異なる。本丸なら三、二の丸なら五、三の丸なら八、総曲輪なら十二というのが基本とされる。

虎口において、外門の内側に内門を設けてできた空間を桝形という。外門だけでは、門扉を開けたとき、一重なので城内がみえてしまう。外門を閉めて軍勢を桝形に出し、それから内門を閉めて外門を開けて軍勢を城外に出す。外門を一の門といい、内門を二の門という。

山鹿流では、山城の虎口は敵に見透かされないように喰違(くいちがい)虎口・向(むかい)虎口にすべきとしている。喰違虎口とは、土塁を築き、左右に入れ違いのようにしたもので、左勝手になっても右勝手になっても、横虎口にするものである。向虎口とは、曲輪・桝形に向かうように坂をつけ、低いところにおりてから外に出るようにするものである。

解説

出入口の悩みどころ

虎口とは、城の出入口のことである。守りに徹するなら、出入口はないほうがいい。敵が侵入する経路を閉ざすことになるからである。

しかし、出入口を完全に閉ざしてしまえば、城内から城外に出られなくなってしまう。それは単に、城外に脱出できないということを意味するだけではない。

籠城した場合、守りに徹していても、敵に完全に包囲されてしまえば、兵糧や弾薬を城内に運び込めなくなり、いずれ落城か開城になることは必至である。だから、城外に打って出て、敵に打撃を与えることをしなくてはならない。そのため、出入口をなくすわけにはいかず、できるだけ小さくしたのだ。

そうした城の出入口のことを小口といい、軍学者は、虎の歯牙にたとえて虎口と称したのである。『武家名目抄』によれば、「城郭陣営の尤も要会なる処を、猛虎の歯牙にたとへて虎口といふなり」とある。

武家名目抄
鎌倉幕府以降の武家に関する職掌、制度、衣服などを解説した書物。江戸時代後期の国学者、塙保己一が着手し、引き継がれつつ幕末ごろに完成した。武家制度に関する重要文献。

戦国時代に進化した虎口

戦国時代の城では、虎口に遮蔽物を構築することは一般的ではなかった。こうした虎口を「平虎口」といい、ここに門を建てていたのである。

もちろん、戦国時代の城は山城が多かったから、虎口そのものが無防備だったわけでもない。山城の場合、坂を上がった先に虎口を開く。これを「坂虎口」とよぶこともある。坂虎口は、直線的な坂よりは斜めの坂の方が防御の面からすると効果的だった。

しかし、城をめぐる攻防が激しくなるなか、城内における戦闘の最前線となる虎口は、堅固なものへと進化していく。最も基本的な虎口は、喰違虎口である。喰違虎口は、左右の土塁・石垣で喰違をつくった虎口で、虎口に侵入した敵は、喰違で左右いずれかに曲がらなければならない。敵の直進を阻むと同時に、城内を見透かされないようにすることも可能な虎口だった。

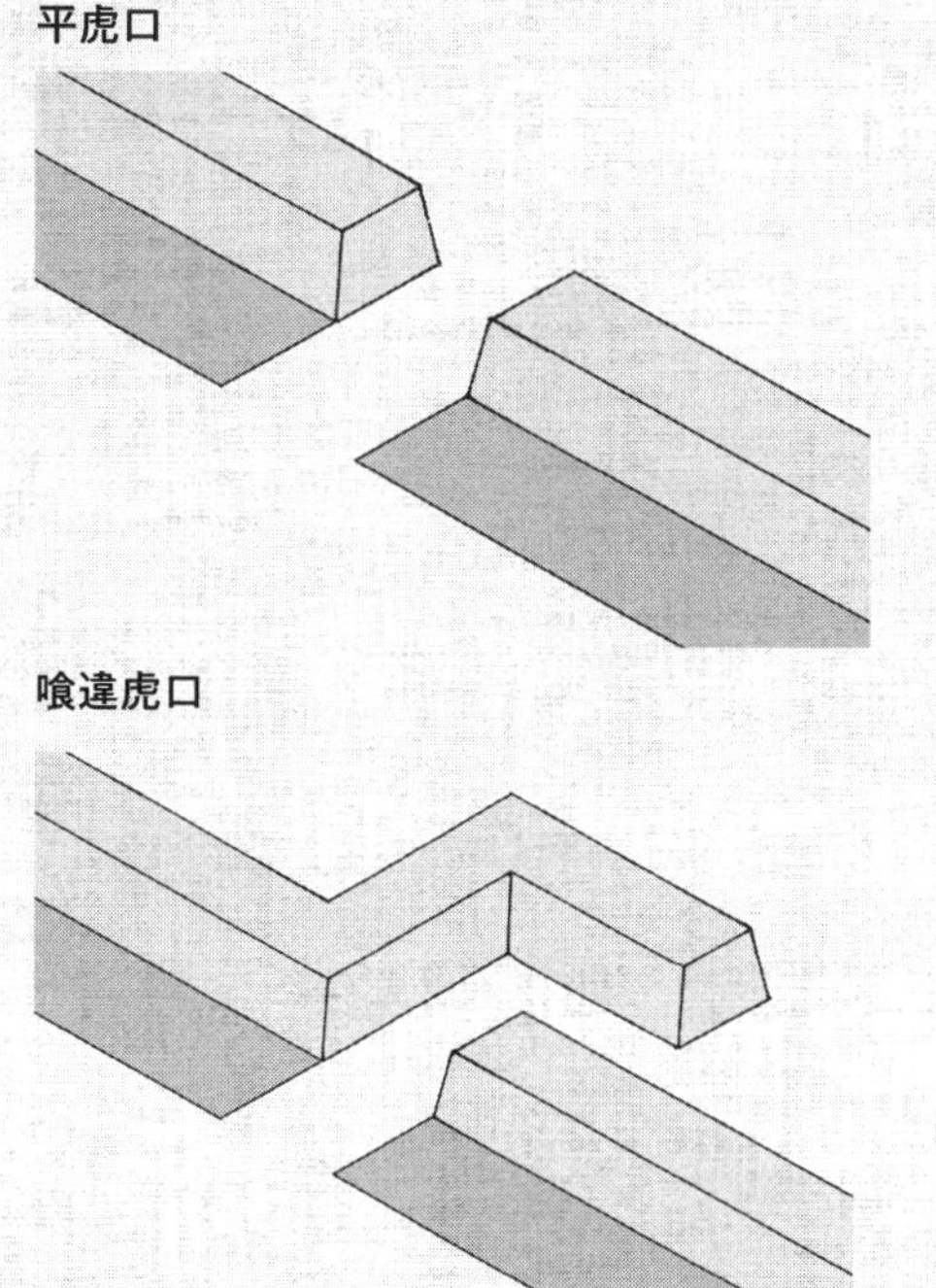

織田信長や豊臣秀吉が政権を樹立した安土・桃山時代になると、桝形虎口が普及する。桝形というのは、桝のように四角形に構築された虎口のことを指す。要するに、虎口の周囲を土塁や石垣で囲み、城外側と城内側の二か所に虎口を開いたのが桝形虎口ということになる。

桝形虎口において、城外側に設けられたのが外門、城内側に設けられたのが内門で、一般的に外門を一の門といい、内門を二の門という。ただし、名古屋城では城外側の外門を二の門とよび、城内側の内門を一の門とよんでいるので、城ごとに呼称は異なっていたとみられる。普通、外門には高麗門が用いられ、内門には櫓門が用いられた。

桝形虎口では、二つの城門が存在するため、同時に開門しない限り、城内を見透かされることはない。また、城外に打って出る場合にも、内門を開けて兵を桝形に入れる。そして、城外に打って出る場合には、内門を閉じて外門を開く。そうすれば、反撃した敵が外門を突破して桝形虎口の内部に侵入してきたとしても、内門は閉じているので城内には入らせないようにすることができた。

なお、軍学では桝形の大きさについて、「五八の曲尺(かね)」を推奨している。このため、「五八の桝形」ということもある。これは、桝形虎口の大きさを、縦五間・横八間にすることを意味する。

「五八の桝形」では、広さが四十坪となるため、一坪に徒武者(からむしゃ)が六人入るとすると二百四十人、一坪に騎馬武者が一騎入るとすると四十騎入ることができた。こうして人数を数えることができるとともに、不審者もあぶりだすこともできたのである。もっとも、「五八の桝形」というのは標準的な大きさであり、江戸城や大坂城の桝形虎口は、これよりもはるかに大きい。

高麗門・櫓門
門の種類についての詳細は176ページ参照。

また、桝形虎口には、城内に張り出した外桝形と、城内に食い込んだ内桝形がある。どちらも桝形虎口としての機能に違いはない。

外桝形は、城内の曲輪を有効に活用できるとともに、城外に打って出るための拠点としても活用できた。構造上、城外から城内へと直進するほかないが、城外から桝形に至る道と、桝形から城内に向かう道の導線を、わざとずらすのが一般的である。万が一にも外門を突破された際、勢いに乗じた敵が内門に直進しないようにするためであると同時に、二つの門を突破された場合でも、城内を見透かされないようにするためである。

内桝形は、曲輪内の空間を減らしてはしまうものの、塀ではなく多門櫓で囲むことにより、防御力を高めることができた。それとともに、左右どちらかに折れるようにして、わざと直進できないようにしている。

内桝形の左右どちらに折るべきかについて、軍学では「左前」を推奨している。「左前」とは、虎口から城外に出るとき、左に折れることをいう。逆に、右に折れて出ることを「右前」という。

軍学が「左前」を推奨しているのは、弓を射やすいためである。弓を引く際には左向きに構えるものだったから、「左前」のほうが敵を射撃しやすかった。これは、出撃する兵だけでなく、桝形を囲む塀ないしで迎え撃つ兵にとっても有効だったのである。

ただ、実際に「左前」にするか「右前」にするかは、地

外桝形

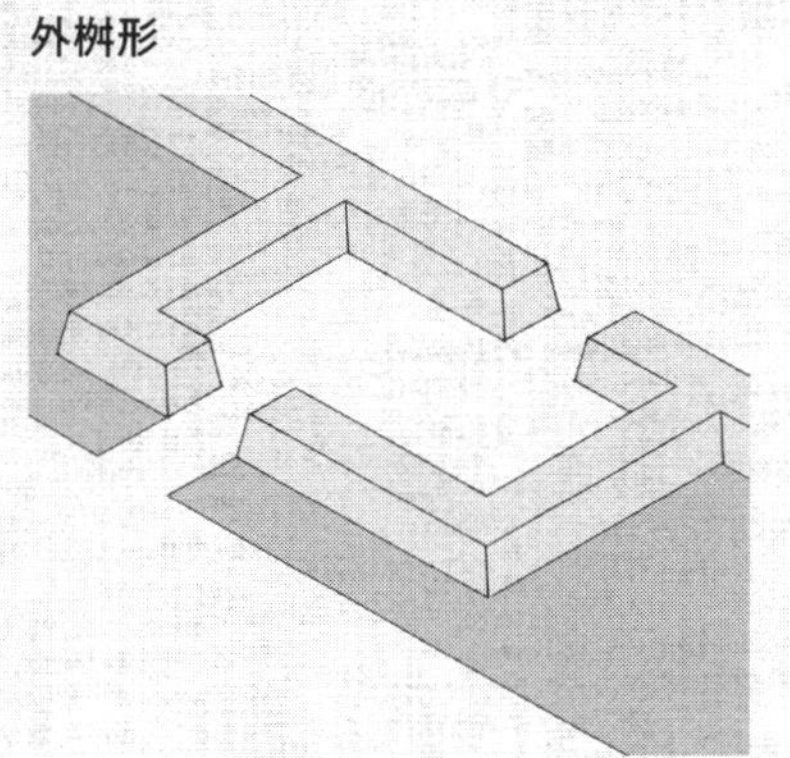

多門櫓
「多聞櫓」とも書く。詳細は185ページ参照。

左向きに構える
当時は右利きが絶対視されていたため、全員矢を右手で引いていた。このため、自分の右方向に体を向けて矢を射ることは至難であった。

形の制約や、ほかの虎口との係わりもあり、必ずしも「左前」と決まっていたわけではない。江戸時代の城でいえば、確かに「左前」のほうが数としては多いものの、「右前」としている虎口も存在している。

外桝形であれ内桝形であれ、桝形虎口は、虎口のなかでは最も防御力が高い。とはいえ、広大な空間を必要とするため、すべての城に有効というわけでもなかった。山鹿流では、山城の場合、喰違虎口や向虎口を推奨している。

向虎口とは、一般的には二つの虎口が向かい合っている虎口を指すが、ここで述べている向虎口というのは、桝形内に曲輪への上り坂を設けた桝形向虎口のことを指している。

虎口の数についても、軍学では、本丸に三、二の丸に五、三の丸に八、総曲輪に十二としているが、もちろん、城によって異なる。ただし、面積の小さい本丸が少なく、面積の大きい総曲輪が多いというのは、当然のことといえる。

内桝形（左前）

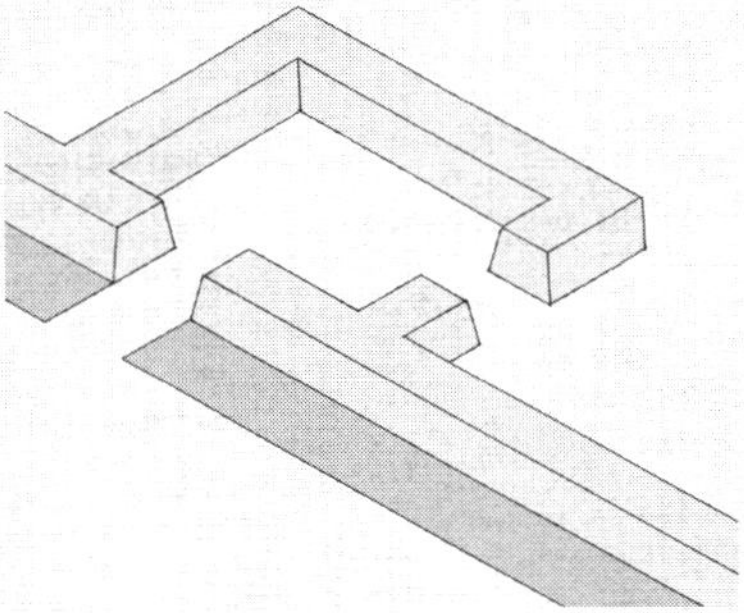

内桝形（右前）

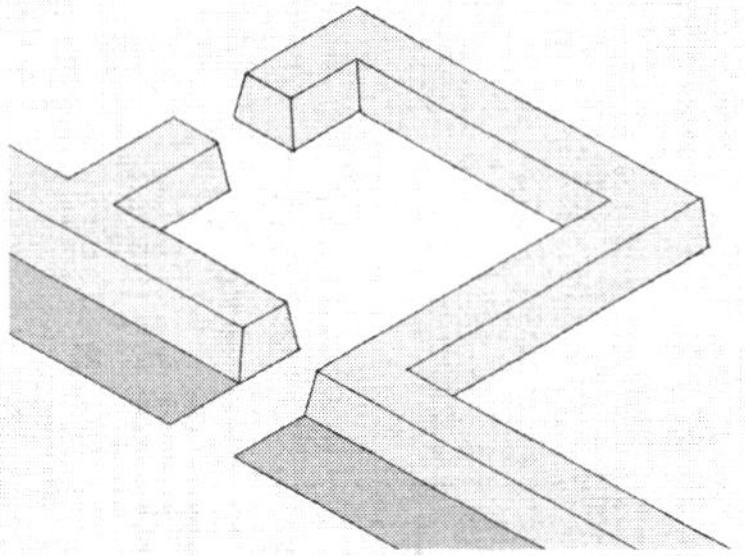

桝形向虎口

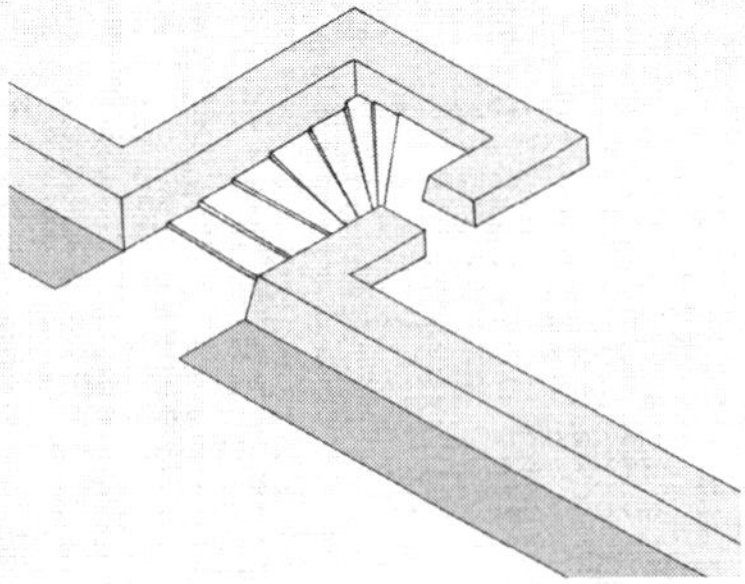

三、馬出は桝形虎口と併用する

馬出(うまだし)とは、虎口の城外側に配し、土塁を築き、堀を掘ったものを指す。北条流では、左右二十間、奥行十間の大きさとする。

馬出は、軍勢が出撃するところを敵に見せないために設けたものである。この馬出には、堅固なものから簡易なものまで真・行・草があり、越後流では草の馬出を用いる。

ちなみに、真の馬出とは土塁をつき、塀をかけ、矢狭間を切り、堀を掘ったものである。行の馬出は堀を掘らず、草の馬出はさらに簡易化している。総じて、馬出のある虎口は、必ず桝形虎口となっている。

馬出には、郭(くるわ)馬出というものもある。曲輪から城外に出るところが、地形が高く不便であれば、削平して曲輪としながらも、これを馬出に用いるのである。曲輪としては狭く、馬出としては広いから、郭馬出といい、また、大角馬出(おおかくうまだし)ともいう。

また、馬出を重ねる重(かさね)馬出もある。虎口の向かいに丸く土塁を二つ並べて左右に築き、その向かいにまた丸馬出を一つ設けることをいう。

矢狭間
単に「狭間」ともいう。城壁や櫓などの内側から外をうかがい、矢を射るためにあけた穴。詳細は192ページ参照。

なお、中国の城制に馬出はみえない。ただし、内門の外には甕城（おうじょう）というものが構築されている。

解説

城からの「攻撃」に欠かせない重要拠点

馬出とは、虎口の城外側に堀と土塁・石垣でつくられた構造物である。馬出の「馬」とは騎馬のことであり、もっといえば城兵を指す。すなわち、城兵が出撃するための拠点として虎口の前に設けられたのが馬出である。荻生徂徠も指摘しているように、その虎口は、総じて桝形虎口だった。

軍学では、馬出の存在理由を、敵に出撃している様子を察知されないようにするためだとする。確かに、そのような効果もあったろう。ただ、それ以上に、虎口に接近する敵に対し、横矢をかけるというのも重要な目的だった。

虎口の突破を試みる敵は、まず馬出を占拠しなければならない。しかし、馬出に入るためには塁線に近づく必要がある。こうして、やむを得ず塁線に近づいた敵に対し、虎口や周囲の塁線から、射撃することができるのである。

なんとか馬出に近づいても、馬出の内部には容易に入ることができない。一般的には、

直進を避けるために土塁や石垣が設けられており、また、門が建てられていることもあるからだ。それでも馬出に入らないと、虎口に到達することはできない。

もちろん、こうして敵が馬出の攻略に手間取っている間に、ほかの虎口から出撃した城兵が背後から攻めることもできる。これにより敵は、馬出で挟み撃ちにされ、進退を失うことになるのである。

もともと馬出は、虎口の前に設けられた的山（あづち）に始まるとされる。これを「的山馬出」という。虎口の前に土塁を一文字に配しただけの馬出で、より原初的である。土塁の城外側に堀を掘ったものもあるが、空間として囲んでいるわけではない。

こうした的山馬出は、やがて、堀と土塁・石垣により空間を設ける馬出へと進化した。この空間が半円形のものを「丸馬出」、長方形のものを「角馬出」という。馬出は基本的に

的山馬出

丸馬出

角馬出

的山
矢の的を立てかけるために土を盛り上げて築いた小山。

丸馬出
戦国時代には、主に甲斐国の武田氏によって築造された。

角馬出
戦国時代には、主に相模国の北条氏によって築造された。

は土塁で構築するが、軍学では、土塁の高さを本丸土塁の半分とする。

曲輪と同じく、馬出も円形に近い方が、より広い面積をより少勢で守ることができた。丸馬出は、土塁でも効果的に構築できたため、戦国時代に甲斐国の武田氏が関わっている城には、こうした丸馬出が用いられている。武田氏によって築城され、徳川氏によって改修された遠江国の諏訪原城は、馬出を多用していることでも知られている。

丸馬出は江戸時代でも、甲州流の軍学を中心に、その有用性が認められていた。松本城・川越城・土浦城・宇都宮城・松代城などにも、丸馬出は採用されている。一方、角馬出も、名古屋城・佐倉城・篠山城・弘前城などにみられる。石垣で構築する

諏訪原城の模式図

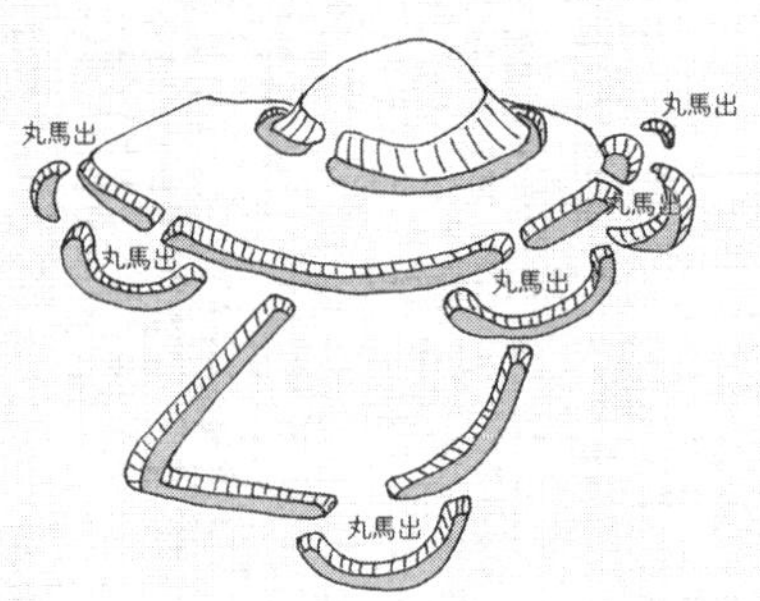

篠山城の模式図

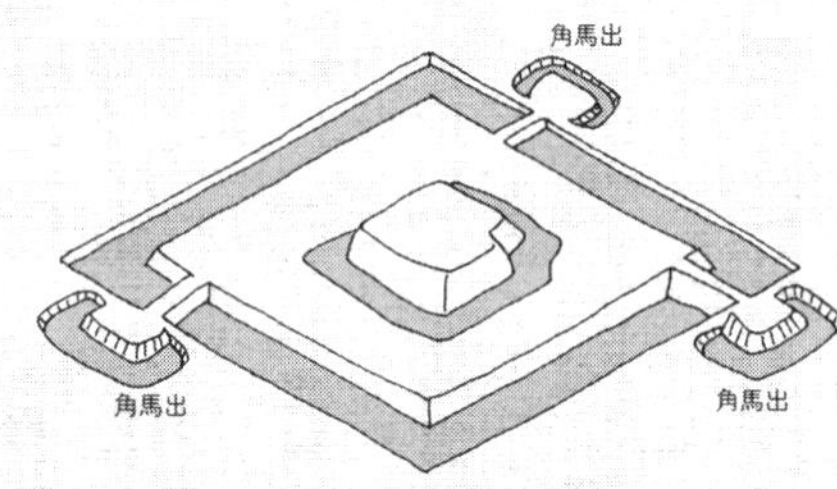

篠山城の馬出

▲城外側の三方には土塀が建てられていた。

場合には、角馬出のほうが、都合がよかった。

なお、軍学では、馬出を真・行・草の三つに区分している。真・行・草とは、複雑なものから簡易なものへと並べたもので、最も複雑な馬出が真の馬出となる。逆に、最も簡易な馬出が草の馬出で、その中間に位置するのが、行の馬出である。馬出には、丸馬出と角馬出があったから、つまるところ馬出は、真の丸馬出と真の角馬出、行の丸馬出と行の角馬出、草の丸馬出と草の角馬出の六種類に分けられることになる。

真の馬出とは、馬出の両袖に横曲輪を張り出させた馬出である。この横曲輪から馬出に対し、強烈な横矢がかかることになる。

真の丸馬出

真の角馬出

真の馬出は最も堅固であるといえるが、ほとんど用いられていない。というのも馬出は、万が一、敵に曲輪を落とされたときには、奪還のための拠点ともなりうる存在だったからである。あまりにも堅固にしすぎると、自らも奪還できなくなってしまう。一般的に採用

両袖
馬出や虎口の端に近い部分を折り曲げるなどしている構造。

されていたのは、草あるいは行の馬出であった。

また、馬出を重ねた「重馬出」もある。城内に内枡形を構築できないような城の場合、城外側に馬出を重ね、これを重馬出とよんだ。諏訪原城でもみられるように、丸馬出に丸馬出を重ねるというのが一般的であったようである。しかし、なかには、遠江国の小長谷(こながや)城のように、丸馬出に角馬出を重ねている場合もある。それはまた、丸馬出と角馬出による機能の差が認識されていたということを意味している。

一般的に馬出は、塁線が直線になっている場所に設けられた。しかし、塁線が直角になっている場所に設けられた特殊な馬出もある。それが曲尺(かね)馬出や辻馬出である。

曲尺馬出は、塁線が直角になった場所に開かれたひとつの虎口の城外側に設けたものを

重馬出

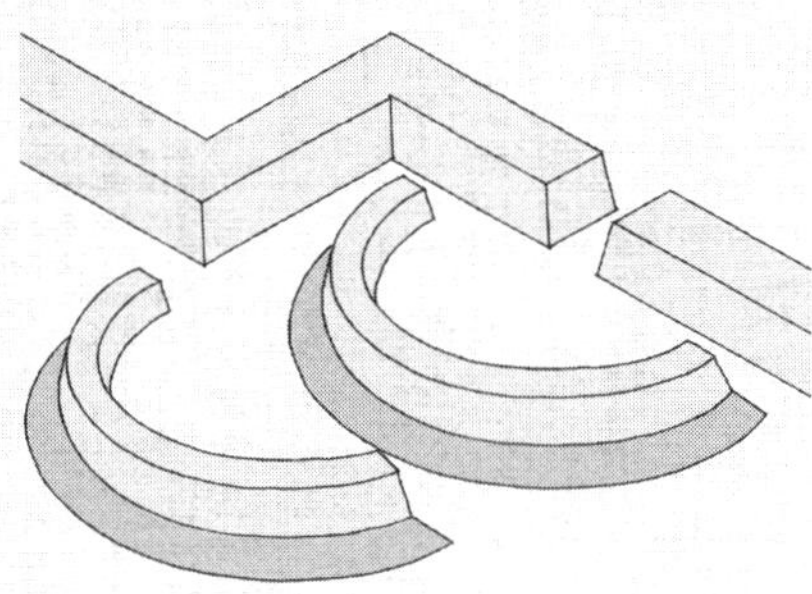

曲尺馬出

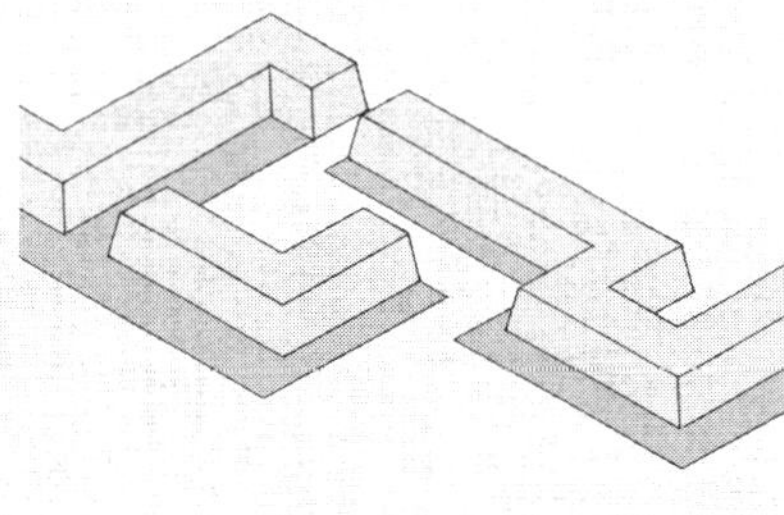

辻馬出

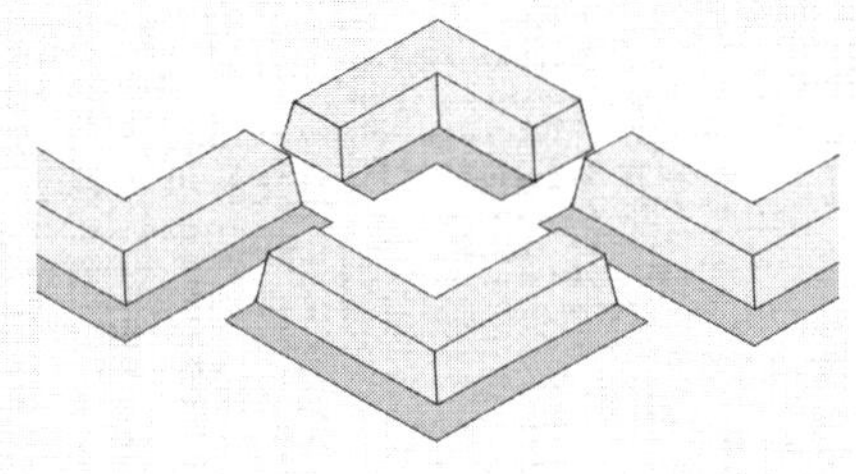

いう。複雑な構造にすることで、敵が城内に侵入することを阻んだ。馬出の虎口は小規模な横矢桝形で防御されており、これを坪桝形あるいは壺桝形などとよぶ。岡崎城では、この曲尺馬出に近い縄張がみられるが、あまり類例はない。

辻馬出は、塁線が直角になった場所において、二つの虎口が開いている場合に設けられた。二つの虎口を一つの馬出で守る形となる。直角に交差する道を辻といい、その辻に設けられた馬出であることから、そうよんだものである。江戸時代の城においては、実例を確認できない。

馬出のなかには、巨大化して曲輪と区別がつかないようなものもあった。馬出としては大きく、曲輪としては小さいため、軍学では、郭馬出あるいは大角馬出などとよぶ。会津若松城では馬出が出丸となって北出丸・東出丸とよばれ、広島城では本丸南側の馬出がひとつの曲輪として認識されて二の丸とよばれている。これほどまでに明確でなくても、曲輪が馬出の機能を想定して配されているような城は、少なくない。

会津若松城の縄張図

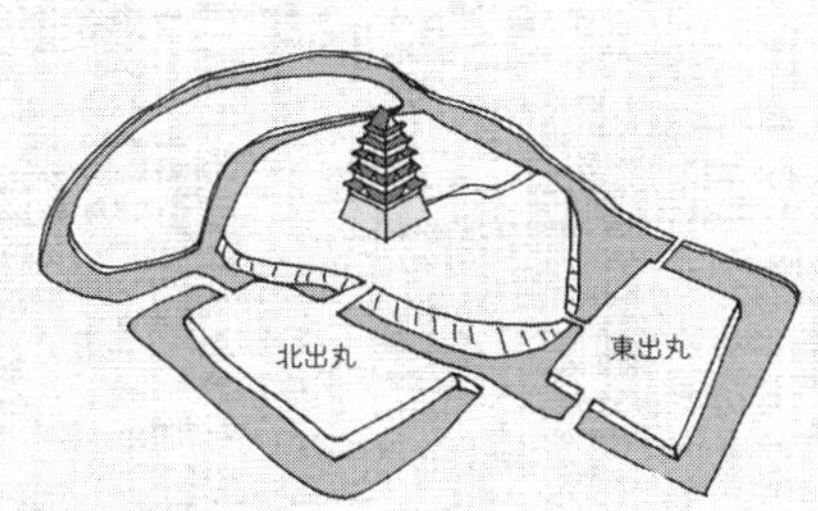

広島城の縄張図

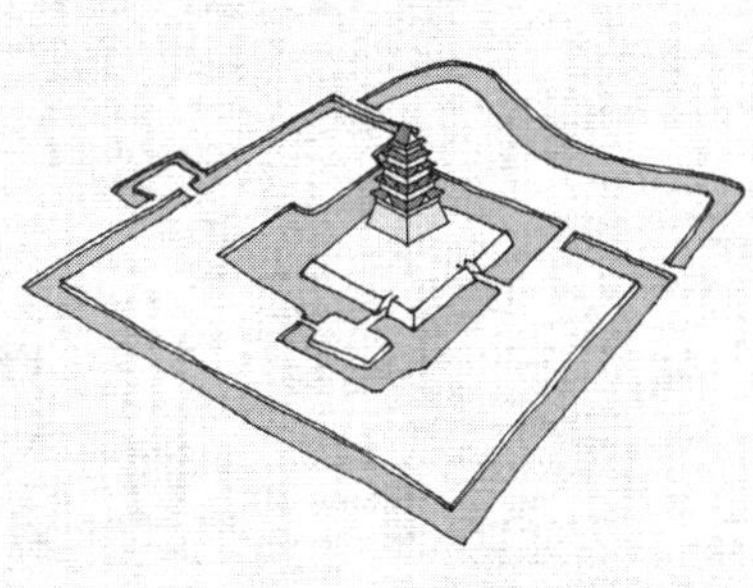

このように、馬出は江戸時代を通じて、城における重要な構築物であるとの認識に揺らぎはなかった。虎口の外側に設けられていたことから、近代になって破壊されてしまった馬出も少なくない。しかし、戦国時代から江戸時代にかけて、日本の城の象徴ともなっていたのが、馬出であった。

馬出が五稜郭の明暗を分けた？

幕末に築かれた五稜郭にも、実は馬出が採用されている。五稜郭は、開港した幕府の箱館（函館）奉行所として、元治元（一八六四）年に竣工、慶応二（一八六六）年に竣工した。それも、従来のような日本の城ではなく、ヨーロッパで発達していた稜堡式とよばれる形式が採用されている。縄張を担当したのも、甲州流をはじめとする日本の軍学者ではなく、蘭学者であった。

五稜郭の完成模式図

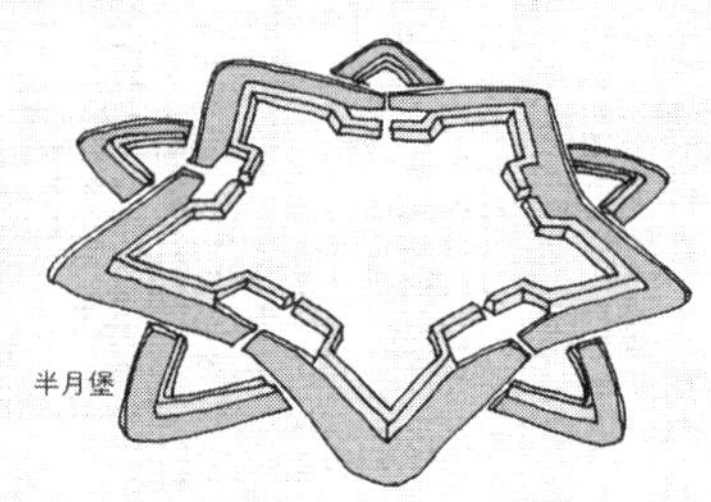

大手虎口からみた半月堡

▲馬出と同等の機能を有していた。

稜堡式の「稜堡」というのは、先端が尖った塁壁のことで、その先端には大砲が配置される。ヨーロッパでは、十六世紀以降のヨーロッパでは、大砲が戦争の主要な兵器となっていたこともあり、稜堡に据えた大砲で敵を迎え撃つため、稜堡をもつ城塞が盛んに築かれていた。

五稜郭とよばれるのは、稜堡が五つ構築されていたからである。稜堡と稜堡との間には半月堡とよばれる小さな曲輪が設けられており、これこそが実質的な馬出であった。時間と予算の都合で、この半月堡は箱館港に向けた一か所にしか造られなかったが、本来は、五か所に設けられる計画であったようである。もし、半月堡をすべて完成させていたら、より堅固になっていたのは間違いない。

五稜郭は、戊辰戦争に際し、旧幕府軍が籠城した末、新政府軍に攻略されている。そのため、軍学が役に立たなかった代名詞のようにいわれることもある。しかし、五稜郭が陥落したのは、陸路をすべて制圧されて孤立無援となったうえ、箱館港からの艦砲射撃を一方的に受けたためであり、もし、完成した状態で陸戦を迎えていたら、戦況は変わっていたかもしれない。

また、荻生徂徠が述べているように、中国の城に馬出は存在しておらず、日本で独自に進化したものといえる。ただし、中国には甕城とよばれるものが存在していた。甕城は、城門を守るため、城門の外側に城壁が円く構築されたもので、甕のようにみえることから甕城という。城内を見透かされないようにするとともに、進路を屈曲させて直進できないようにするものだった。

甕城

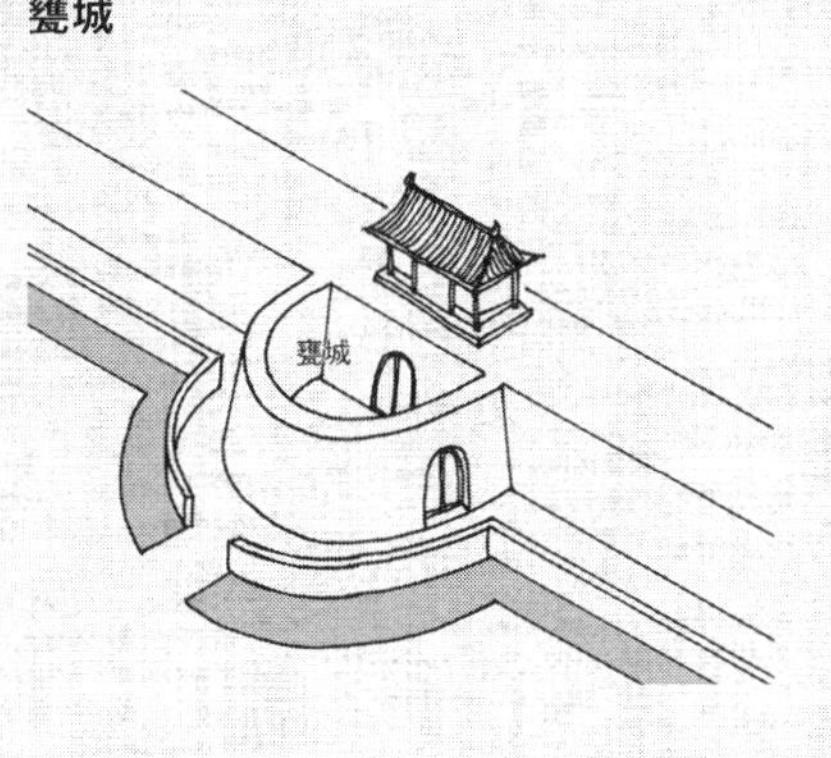

甕城
設計としては馬出だが、機能としては虎口に近いものかもしれない。

四、陰の虎口と陽の虎口

北条流には、防戦堅固・守城堅固という二つの考えがある。防戦堅固は城を打って出るのに最適な堅固性、守城堅固は城を守るのに最適な堅固性を示している。

城外に出撃して戦うのに適した土地は、防戦堅固の土地という。また、虎口に馬出をおき、横曲輪・邪曲輪（ひずみぐるわ）によって横矢をかけることができ、敵が攻めてきたら、後詰がなくても城外に打って出て敵を撃退できるような城を、防戦堅固の城という。防戦堅固の虎口に用いられるのは、陽の虎口である。陽の虎口としては、横虎口・並（ならび）虎口などが該当する。こうした城は、軍勢が少なければ守ることができない。だから大身の城に用いるものだった。

逆に、攻め入るには不向きで、また、城外に打って出るにも不自由な地を守城堅固の地という。虎口も曲折とし、陰の虎口を用いているのが守城堅固の城である。守城堅固の城は、境目の城や、少身が人質などをいれておく城などに用いるのを専らとする。基本的には、後詰があることを前提としているが、万が一籠城できない場合に備え、城から出て籠もることができるような要害の城を設けているのが普通である。

解説

守るための攻撃に使う陽の虎口

城は、籠城していれば必ず勝てるとは限らない。完全に包囲された場合、兵糧や弾薬が尽きてしまえば、落城あるいは開城が必至であることは前にも述べた。もし後詰が間に合えば、敵を挟み撃ちにすることは可能であるが、勝つためにはそれまで自力で凌ぐ必要がある。

だから、籠城した場合には、土地あるいは城で防ぐことが欠かせない。ただし、それ以上に、城から打って出て敵を迎え撃つことができる土地あるいは城が重要となる。

打って出るのに最適な堅固さをもつ城のことを「防戦堅固」という。防戦堅固の城には、出撃しやすい「陽の虎口」を用いる。

陽の虎口とは、機を見て城外に出撃するのが容易である虎口をいう。具体的には、並虎口、横虎口、桝形虎口、馬出虎口である。

並虎口は、虎口が並置されていることをいう。

横虎口・並虎口図

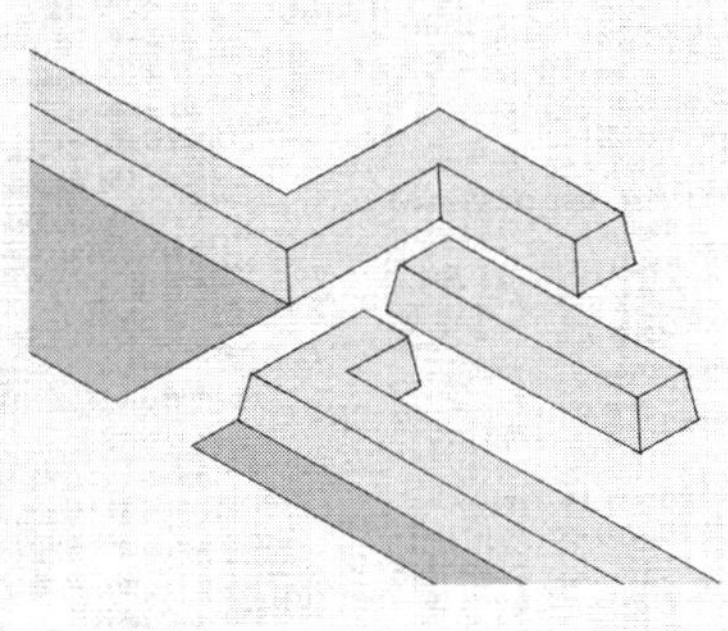

一方の虎口が攻められたとき、もう一方の虎口から出撃して敵を挟み撃ちにする。並虎口のうち、主要な虎口とそれに付随する虎口で構成されている場合には、付随している虎口を横虎口という。

陽の虎口では、さらに虎口の脇に横曲輪や邪曲輪を設けている。これにより、横矢がかかり、出撃する味方を援護射撃することができた。

横曲輪は、虎口の横に張り出して横矢を掛けることができるようにした曲輪である。小さいものは、横矢桝形と変わらない。横曲輪は、虎口の両袖に設けることもあるが、どちらか一方の場合は、城内からみて左側に配する。これを「左袖（ひだりそで）」という。弓を引くときは、必ず左向きに構えなければならない。当然、虎口に殺到する敵は、向かって右には弓を引きにくくなる。こうした状態の敵を牽制するため、左袖にするのである。

なお、横曲輪での横矢がかりをさらに強化するため、横曲輪の一角を欠いたのが邪曲輪である。邪曲輪からは、虎口に接近する敵に対し、より強固に牽制することができた。

左袖の横曲輪

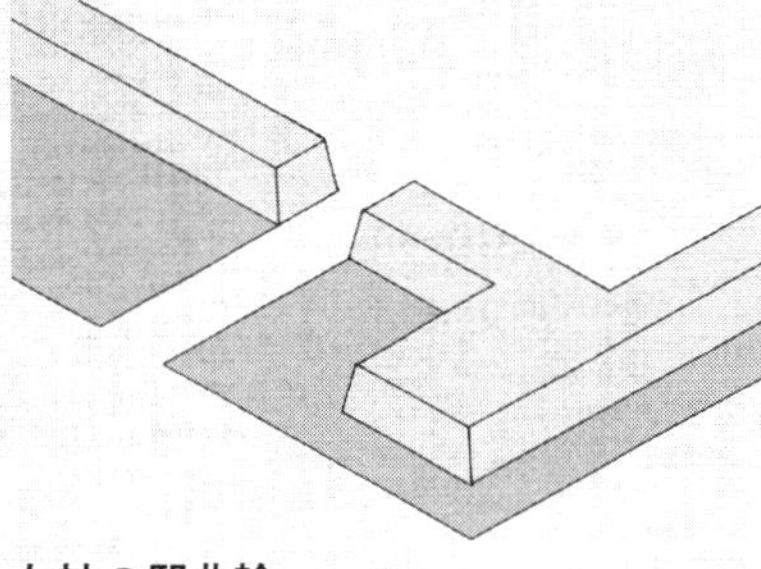

左袖の邪曲輪

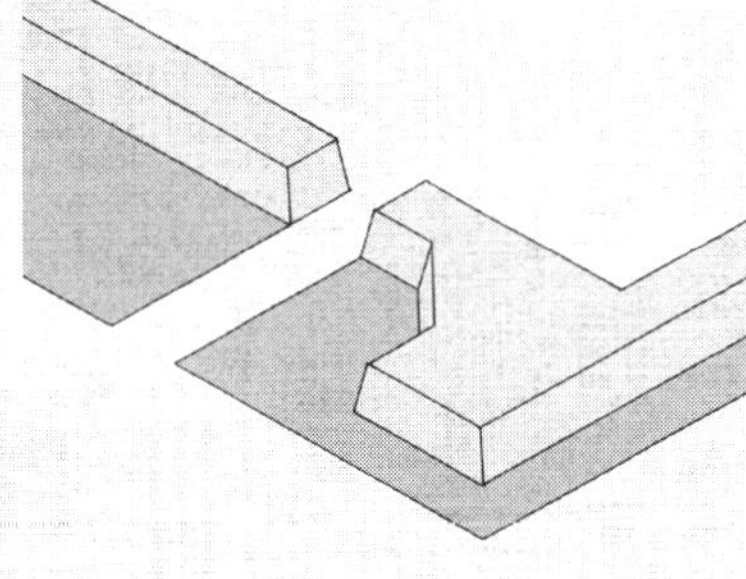

徹底的に敵を侵入させない陰の虎口

逆に、守るのに最適な堅固さをもつ城のことを「守城堅固」という。少勢で大軍を迎え撃たなければならない城に用いられ、戦国時代の山城や境目の城などに採用されている。

守城堅固の城に設けられているのは、「陰の虎口」である。陰の虎口とは、守勢を主眼とした虎口で、敵が侵入しにくいことだけを考慮して設けられている。そのため、城外から城内への侵入を防ぎやすい反面、城内から城外へは出撃しにくい。巴虎口や曲尺馬出が、陰の虎口に該当する。

巴虎口は巴の字のように曲がりくねった虎口である。伏見城の大手筋、津山城の本丸にみられる。

巴虎口

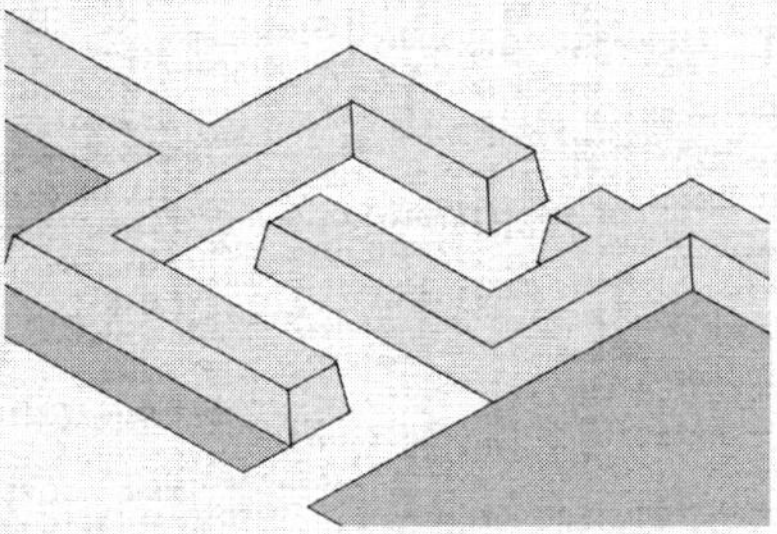

巴　同じ図形がからみ合うように円状に配置されたデザインのこと。

五、越後流がまとめた縄張集「五縄」

越後流には、五つの模範となる縄張がある。その縄張とは、次の五つをいう。

縢縄(ちぎりなわ)
大和縄(やまと)
沈籠縄(ちんりゅう)
現籠縄(げんりゅう)
満字縄(まんじ)

縢縄とは、虎口の蔀(しとみ)に特徴のある縄張である。虎口の蔀とは、的山馬出・草の丸馬出・草の角馬出・桝形向虎口・蔀土居(どい)・馬出無(なしの)虎口・左袖の様子のことなどである。

大和縄は、横矢を重視した縄張に特徴がある。このような縄張になっているのは、すべて横矢がかりのためである。弓は三十間より内側、鉄砲は一町より内側、大砲は七、八町十町の間、これを横矢が十文字にきくようにする。具体的には、出隅・入隅・屏風折・横矢桝形・横矢邪・隅欠・隅落が相当する。

沈籠縄は、内曲輪に採用する縄張で陰の縄張となる。具体的には、両袖の虎口・馬出のない虎口・折長橋に特徴がある。

現籠縄とは、動静を兼ねたもので、陽の縄張となる。こうした縄張は、外曲輪に用いる。真の丸馬出・横曲輪・辻の馬出・真の角馬出・両袖の桝形・四方正面・満字の馬出がこれにあたる。

満字縄は、卍のような形の曲輪を繋げる縄張である。

解説

縄張の見本

越後流の五縄は、縄張の教科書のようなものである。一般的な虎口、横矢、陰の縄張、陽の縄張という主題をもとに縄張の要素を入れ込んだ滕縄・大和縄・沈籠縄・現籠縄の四縄に、それら四縄を応用した満字縄を加えて「五縄」とよぶ。

この五縄は、主題をもとにした手本としてつくりあげられた縄張であり、このような縄張の城が実在するわけではない。

滕縄

滕縄は、もっとも一般的な虎口を説いたものである。的山馬出・草の丸馬出・草の角馬出・桝形向虎口、蔀土居、馬出無虎口、左袖の様子をいう。

馬出無虎口とは、馬出を設けていない虎口である。ただし、単に馬出がない虎口というのではなく、横矢の効く両袖桝形・大横曲輪・邪曲輪などを用いて堅固に守られている。

左袖の様子というのは、城内側からみて虎口の左袖のことである。軍学では、虎口に殺到する敵に対し、左袖から射撃することが推奨されていた。なぜなら、弓を射る際、射手の左側が弱点となるためである。だから、左袖にはとかく注意を払わなければならない。

滕縄図

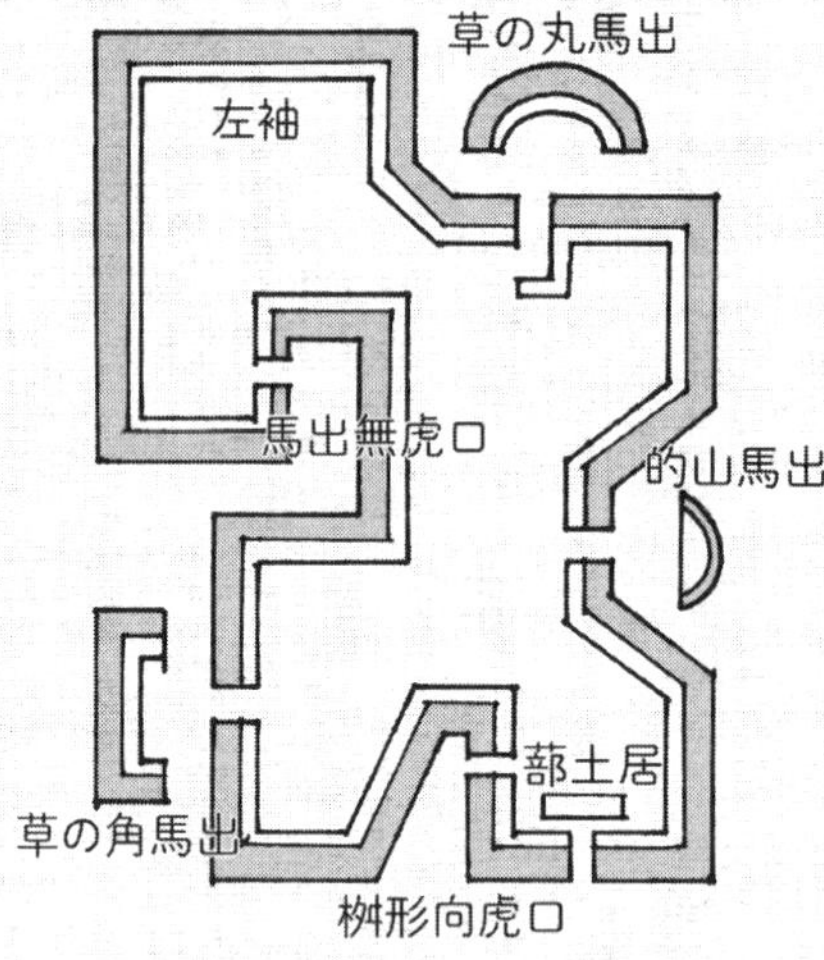

大和縄図

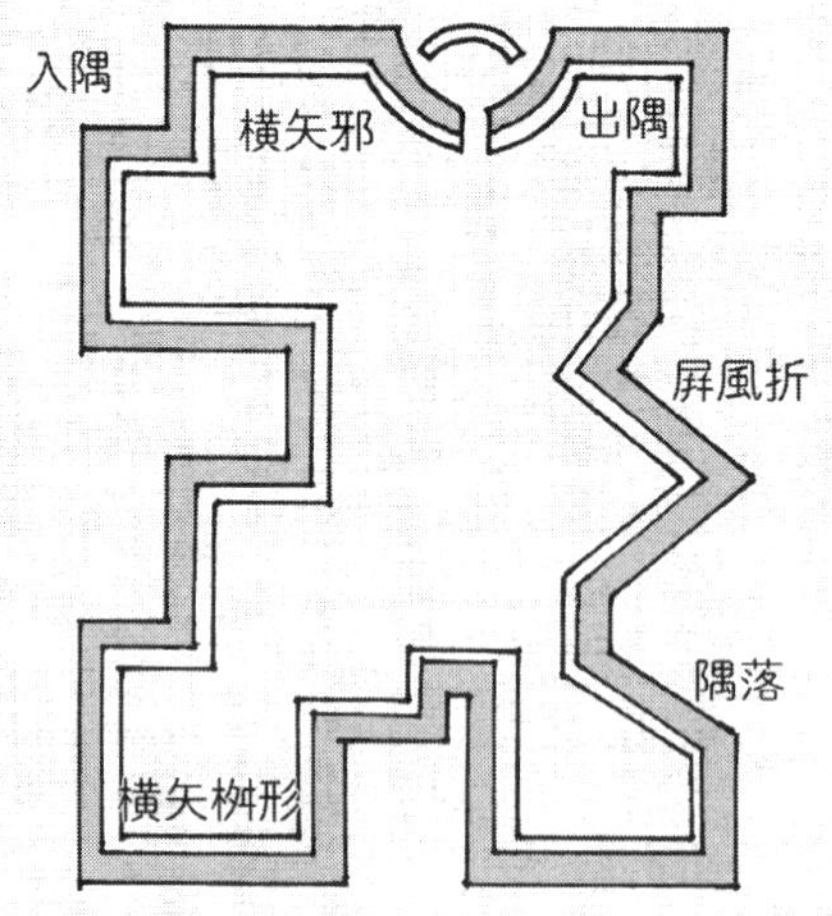

大和縄

大和縄は、横矢に関する縄張を説いたものである。具体的には、出隅・入隅・屏風折・横矢桝形・横矢邪・隅欠・隅落を示す。

沈籠縄

沈籠縄は、陰の縄張を説いたものである。陰の縄張とは、敵が城内に侵入しにくいように設計されたもので、虎口から虎口までの経路が紆余曲折している。具体的には、繰り返しの曲輪、水撚（みずひねり）、両袖の虎口、隠曲輪、喰違虎口、折長橋を示す。

沈籠縄図

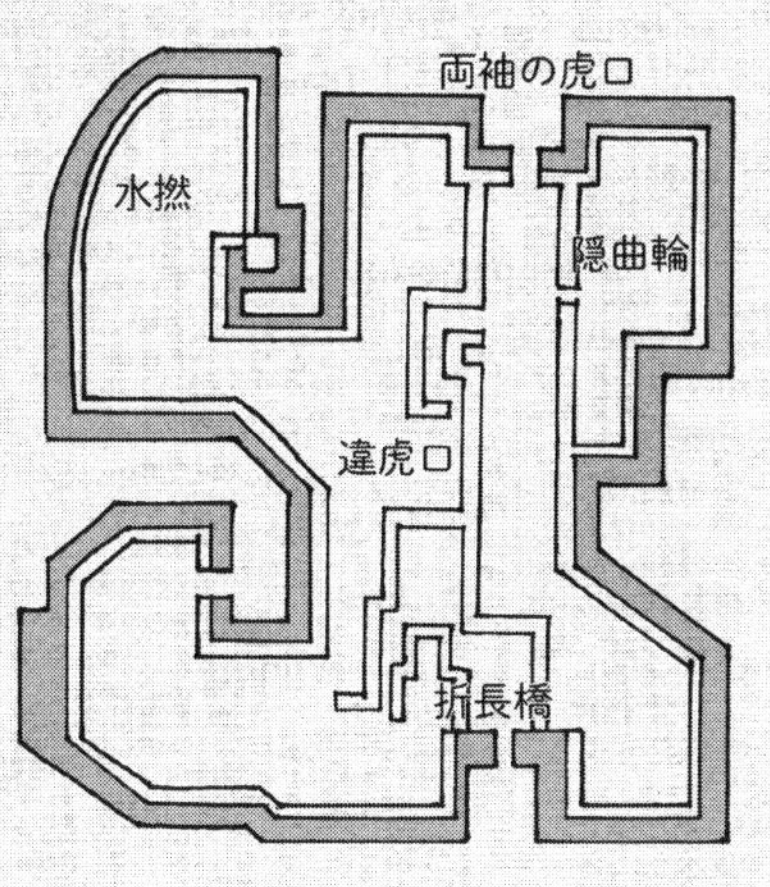

繰り返しの曲輪というのは、わざと曲輪を連続させているものをいう。

水撚は、城内側の堀端が、城外側の堀端とは平行せず、四角く内側に入っていることをいう。

両袖の虎口は、虎口の両側を張り出したものである。これが城内からみて右側にあれば右袖、左側にあれば左袖、両側にあれば両袖という。大和縄では、両袖とすることで、虎口に殺到する敵を、両側から射撃する縄張としている。

隠曲輪は、曲輪の存在を隠したもので、万が一、敵が城内に侵入しても、曲輪の存在には気がつかない。そこで、この隠曲輪に潜んでいた城兵が出撃することになる。そのための城兵を潜ませているのに用いられた。

喰違虎口は、喰違の土塁によって守っている虎口である。敵が城内に侵入したとしても、その先を見通せないうえ、直進を阻まれてしまう。

折長橋は、土橋や木橋をわざと長く、かつ途中で折れをつけたものである。敵は渡っている時間も長くなるうえ、直進ができないため進軍速度は落ちる。ここを城兵が狙うのである。

現籠縄図

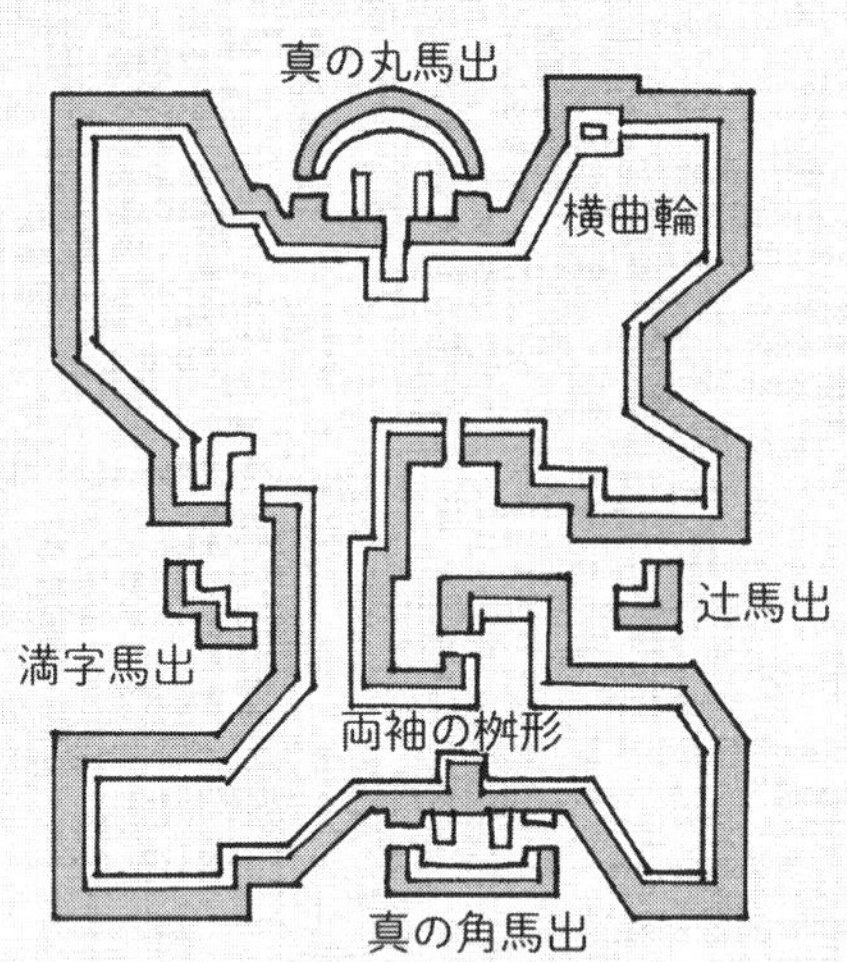

現籠縄

現籠縄は、陽の縄張を説いたものである。こちらは、陰の縄張を説く沈籠縄とは逆に、出撃するのに有利な縄張となる。具体的には、真の丸馬出、真の角馬出、辻馬出、満字馬出、両袖の桝形、横曲輪、四方正面を指す。

満字馬出は、虎口の前に堀と土塁を設

け、あたかも卍の形のようにした馬出である。
両袖の桝形は、虎口の両袖に横矢桝形を設けたもので、横矢桝形ではなく、それが曲輪であれば横曲輪となる。

満字縄

満字縄は、ほかの四縄を応用した異色の縄張である。主郭の周囲が卍の形に連続している縄張のため、満字縄という。虎口と横矢を説いたもので、具体的には真の丸馬出、並虎口、馬出無虎口などがあげられている。

重ねて言うが、これら五種の縄張は、理想の縄張を示したものではない。それぞれ主眼とする仕掛けを取り入れた教科書的な縄張である。そのため、これら五種の縄張をそのまま採用した城が存在するというわけではないので、改めて注意が必要である。

満字縄図

第五章 城郭を形づくる基礎

一、堀は縄張に適した幅と深さにすべし

越後流によると、堀幅は、城の規模によって変えるべきだという。越後流でいうところの城の規模というのは、将軍や数十万石規模の大大名の城が大城、十万石から二十万石程度の中大名の城が中城、一万石から二万石程度の小大名の城が小城である。

具体的には、大城だと本丸は二十二間半、二の丸・三の丸は二十七間半、総曲輪は十九間半とする。中城だと、本丸は十五間、二の丸・三の丸は二十間、総曲輪は十二間とする。小城だと、本丸は十二間半、二の丸・三の丸は十七間半、総曲輪は九間半である。

古法では「矢がかり十五間」といい、曲輪幅と堀幅を十五間より広くすることはなかった。しかし、軍学ではこの数値を採用していない。山鹿流では、大名の居城は十五間が上、二十間が中、二十五間が下という。ただし、虎口脇などの堀は、堀口広さ十間を上とし、十五間を中とし、二十間を下とする。また、ここでは、上・中・下としているが、縄張が悪い城であれば、堀幅が広くても問題はない。縄張がよい城は、堀幅が広いと支障がある。というのも、堀幅が

広いと、外から見透かされやすくなるし、横矢も効かなくなるからである。

総曲輪の堀ならびに空堀は、片薬研堀（かたやげんぼり）とする。これは、手前を深く、さらに堀幅を狭くするためである。

堀の傾斜についていえば、上のほうは急にして、下のほうは緩くすべきという。これは、城外側をなだらかにして、城内側を急にするということである。敵が堀を渡ろうとしても、進めば進むほど急傾斜に阻まれる。

堀の深さは、大城は三間半、中城は二間半、小城は二間である。堀を掘った土で土塁を築く。ただし、土地の高さに従うべきという。

また、堀底には、みえないように、縦横に畝（うね）を設けるとよい。かつまた、堀には水鳥を放っておくと有効である。沼に続く堀は、深く掘ってはいけない。沼の水が浅くなってしまうからである。

端折（つまおり）は横曲輪に用いる。そのほかの曲輪は、みな、端不知（つましらず）としたほうがよい。端折とは、曲輪の塁線に沿って堀を掘ることをいう。堀の線と塁線が合っていないのが端不知である。

水戸違（みとちがい）を設けるのは、不浄を防ぐためである。水戸違とは、外曲輪の堀の内曲輪へ続くところを土塁にして仕切り、土橋にすることをいう。土橋にならない場所であれば、板橋にして、下を土塁にして細かく仕切り、内側を用水に用いる。

北条流では、内堀・外堀との区別がある。内堀とは、山城などにおいて、塀の内側に、内虎落（うちもがり）の代わりに堀を掘ったものをいう。腰曲輪の内側にも掘れば、

内堀と外堀
一般的に用いる内堀と外堀は、本丸の外側の内堀、さらにその外側の外堀を指すが、ここでは曲輪の内側の内堀と曲輪の外側の外堀を意味している。

なお効果的である。外堀は、城のほうの土塁の水際を急勾配にし、水敲（みずたたき）は切りたてるのがよい。空堀は、城内の通路にもなる。

塵取（ちりとり）は、堀向かいに雁木（がんぎ）をすることで、横矢の効かないところに用いるのがよい。その向かいの塀に切戸を設け、大砲を使えるようにするべきである。敵は、横矢がないところなので、埋め草を用いて仕寄（しより）をするにちがいない。これを大砲により打ちひしぐ。

城から出撃する際に堀に落ちてしまうような危険な場所には土塁を設ける。これを塵防（ちりふせぎ）という。高さは足の三里丈、すなわち膝の少し下くらいの高さがよい。上の幅は三尺である。

堀には、万が一のときのことを考え、不浄捨（ふじょうすて）を設けておく。これは、敵からはみえない堀で、城外に脱出するための舟を係留しておくことができる。

また、山城には竪堀というものもある。山城では、理想的な横堀を掘ることは難しいため、竪堀を用いて敵の勢を分かつ。なお、山鹿流にも同様のことが述べられている。

水敲
水叩とも書く。土塁の下に水堀と接する部分だけを石垣としたもの。

雁木
階段状にした建築物。

解説

堀の基本は薬研堀

堀は、城内への敵の侵入を防ぐため、人工的に表土を穿ったものである。荻生徂徠も述べているように、古法では「矢がかり十五間」としていた。つまり、堀と城外側の曲輪の幅を合わせて十五間ほどにするのがよいという。それは、弓矢の有効射程距離が十五間ほどであったためである。有効射程距離とは、甲冑を着ている敵に対して損傷を与えることができる距離を指す。敵をこの距離以内に囲い込み、城内から狙うのが効果的と考えられていた。実際、戦国時代の初めでは、堀幅を五間ほどとし、城外側に十間ほどの曲輪を設けている。

このころの堀は、薬研堀だった。薬研堀とは、漢方薬の薬種を砕く器具のように、底がV字形になっている堀のことをいう。堀の傾斜は、上のほうを急に、下のほうを緩くする。幅は狭くても傾斜がきつく、堀底も狭いため容易に歩くことはできない。現在でも、山城では薬研堀をみることができる。ただし、土砂の堆積により堀底が埋まっ

片薬研堀

十五間
およそ二十七メートル強。

薬研の実物

撮影：240Pikaru／PIXTA（ピクスタ）

ているため、堀底がV字のまま残っていることはない。それはともかく、薬研堀は、敵が堀底に降り、さらに堀底を進撃路として用いることを阻止する効果があった。

薬研堀の弱点は、城内側と城外側をともにきつい傾斜にすると、幅が狭くなってしまうことにある。敵からの射撃を受けやすいうえ、橋を架けられてしまう可能性もあるためである。そこで、薬研堀とはいっても、城外側の傾斜を緩くして、城内側の片側のみ傾斜をきつくするのが一般的であった。これが片薬研堀である。ちなみに、城外側の傾斜も急にした堀は、諸（もろ）薬研堀という。

鉄砲が変えた堀の常識

戦国時代初めのころの城では、ほとんどが薬研堀だったとみられる。しかし、戦国時代の半ばに鉄砲が普及すると、堀幅も大きく変わることとなった。というのも、鉄砲の有効射程距離は三十間ほどと弓矢と比べて倍増しており、その分、堀幅も広くせざるを得なくなったのである。「矢がかり十五間」の古法のままでは、逆に、城外からの射撃により、城兵に被害が及ぶおそれが

毛抜堀

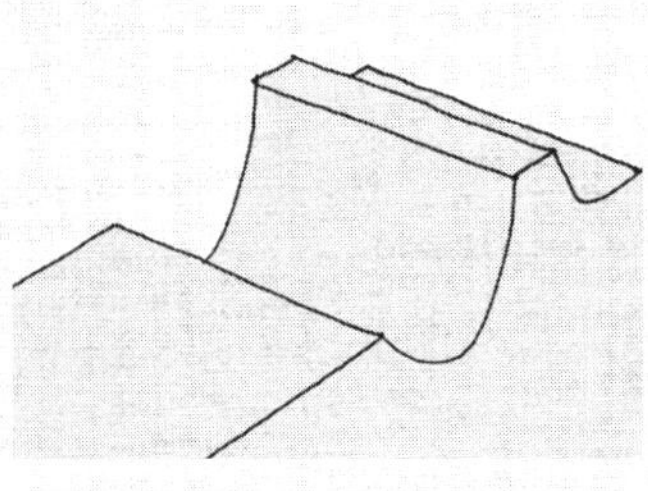

箱堀

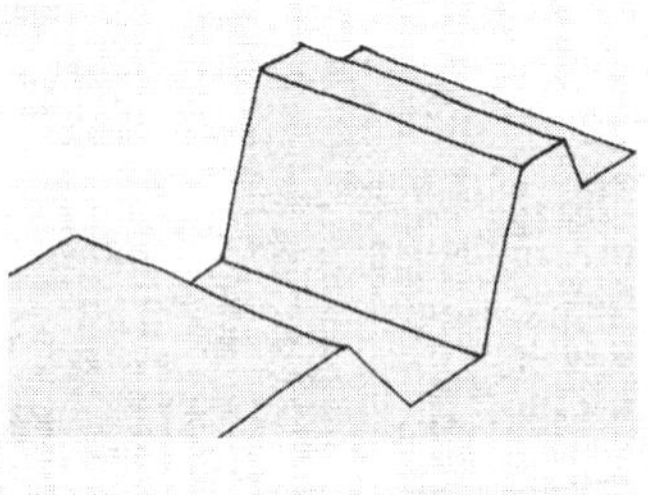

あった。そうした経緯もあり、鉄砲が普及するようになると、堀底を円く毛抜きのような形にした毛抜堀、堀底を平坦にした箱堀が広がっていく。薬研堀とは異なり、堀幅が広くなったことにより、堀底を通路にすることができる反面、敵の侵入経路ともなった。そのため、堀に対しても、横矢がかけられるようになっている。

越後流では、この堀の幅は大城・中城・小城によって異なっており、区別しているという。ちなみに、大城は将軍・大大名クラスの城、中城は中大名クラスの城、小城は小大名クラスの城である。

堀幅は、大城だと本丸の堀幅は二十二間半（約四一メートル）、二の丸・三の丸の堀幅は二十七間半（約四九メートル）、総曲輪の堀幅は十九間半（約三五メートル）とする。以下、堀幅を表にすると次のようになる。

推奨する堀幅については、諸流で異なる。山鹿流では、大名クラスの城であれば、十五間が上、二十間（約三十六メートル）が中、二十五間（約四十五メートル）が下とする。ただし、虎口脇などの堀幅は十間（約十八メートル）を上とし、十五間を中とし、二十間を下としている。虎口の堀幅を狭くしているのは、虎口の堀幅を広く取ると、橋を長くしなければならないからである。橋が長

大城・中城・小城の堀幅の表

	本丸	二・三の丸	総構	堀深
大城	二二間半（約41m）	二七間半（約50m）	一九間半（約35m）	三間半（約6.4m）
中城	一五間（約27m）	二〇間（約36m）	一二間（約22m）	二間半（約4.5m）
小城	一二間半（約23m）	一七間半（約32m）	九間半（約17m）	二間（約3.6m）

いと、城兵が出撃する際に不利になってしまう。そのため、虎口の堀幅を、一般的な堀幅よりも狭く想定しているのである。

このように堀幅は、必ずしも広ければ広い方がよいというわけではない。堀が広ければ、それだけ城内を見透かされてしまうし、横矢も効かないからである。総構の堀などは、堀幅の狭い薬研堀だった。

堀の深さについては、越後流で、大城は三間半、中城は二間半、小城は二間とする。ただ、適切な深さは土地によるということなので、この数値についてはあまり意味がないかもしれない。

水堀が空堀よりもよいとは限らない

堀には、水堀と空堀がある。水をひいた堀が水堀で、水をひいていない堀が空堀である。

堀の水は、湧水の場合もあるが、基本的には暗渠によって川や海から引く。もっとも、すべての水堀が最初から想定されたものというわけではなく、空堀に水が溜まって水堀と化している場合も少なくない。なお、水堀は「濠」、空堀は「壕」と表記されることもある。

江戸時代の平城や平山城に設けられている堀は、ほとんどが水堀である。しかしこれは、水堀のほうが優れ、空堀のほうが劣っていることを意味するものではない。

水堀のほうが城に接近しにくいのは確かである。甲冑を着たまま水堀を渡るのは不可能であり、堀を渡るための舟を用意しなければならない。仮に、舟を用意できたとしても、堀底に障害物が置かれていることもあり、簡単には舟でも渡ることができない可能性がある。ま

名古屋城の水堀(上)と空堀(下)

大坂城の水堀(上)と空堀(下)

た、水鳥などを飼っているような城では、水鳥が異変に驚いて騒いでしまう。『孫子』には、「鳥起つは、伏なり」とあり、鳥が騒げば、敵がいるものと心得るように説いている。現在でも、水堀に現在でも水鳥が飼われていることもあるが、これは軍学で推奨していることでもあった。

水堀にしていると、確かに敵の侵入を阻むことはできる。ただし、味方も城外に打って出ることは難しい。そこで、一つの城でも、水堀と空堀が併用されている。大坂城や名古屋城など、江戸幕府が総力を結集して築いた城にも、水堀と空堀は混在する。それぞれの堀の長所と短所を合わせ、防御に活用していたのである。

鳥が騒げば、敵がいる

鳥によって敵勢を察知することは古くからの定番であったようで、後三年の役で源義家が「雁行の乱れ」で伏兵を見破った逸話や、『平家物語』においては、富士川の戦いで夜襲しようとした源氏の軍勢に驚いた水鳥が一斉に飛び立ち、平氏方が大いに動揺したことが描かれている。

掘っていない部分がより障害となる畝堀

軍学では、堀底の縦横に畝を設けるべきだという。実際、戦国時代以降の堀底には、堀を掘った際に掘り残した状態の畝が設けられていることもあり、これを畝堀という。畝堀は、畝が衝立(ついたて)障子のようにみえることから、障子堀ともよばれている。小田原城を本拠とした北条氏が多用したことでも知られているが、日本各地に現存する。豊臣秀吉も、自らが築いた大坂城に障子堀を取り入れていた。

障子堀の畝は、パターン化されてはおらず、不規則である。山中城では、遺構を保護するために土が盛られているが、当時は、畝の先端が細くなっており、当然のことながら、歩いて渡ることなどできない。畝は、堀を掘るときに掘り残したものであるが、これにより、敵の前後・左右への移動を阻んだのである。

なお、堀底の障害物

畝堀

山中城の畝堀

は、現況では空堀でしかみることができない。しかし、水堀の底にも、実際には設けられていた。

曲輪や土塁との相乗効果

北条流では内堀の効用を説いている。一般的に内堀とは、主郭の周囲に掘られた堀である。しかし、ここで述べている堀は、山城などにおいて重要な曲輪の塀を突破されてしまった際、さらに防戦できるよう、塀の内側にあらかじめ掘った堀のことをいう。二重に設けているので二重堀ともいい、城外側は緩傾斜に、城内側を急傾斜に掘るべきだとされる。

横曲輪は、曲輪に沿って堀を設ける端折とする。そのほかの曲輪は、曲輪には沿わない端不知とする。端折は、堀と曲輪の塁線が同じであるから、堀の形状をみれば城外からでも曲輪の構造がわかってしまう。そのため、わざと堀と曲輪の塁線を合わせないのである。これを端不知といい、堀と曲輪の塁線が合わないことで、敵に察知されない、いわゆる隠曲輪が生じることになる。

隠曲輪とは、城外側からは存在がわからないようにした曲輪を指す。敵が城内に侵入してきたときに伏兵

水戸違

城外側は緩斜面～敵は塀を越えても内堀の緩斜面側に降りることになり、急斜面の内堀と対峙せざるを得なくなる。

不浄物が用水に入り込まないように基本的に井戸が設けられていた（⇒58ページ）ものの、糞尿をはじめとした下水は城外に排水しないと不衛生により城内で病気が蔓延する恐れがあったため、このような措置が取られた。

を潜ませ、敵の背後にまわらせることもできる。あるいは、敵を追い込んで殲滅することもできた。

堀と堀の間に土塁を設け、堀を区切ることを水戸違という。たとえば、外曲輪から内曲輪に繋がる堀を土塁で区切るのが水戸違である。水戸違にするのは、軍事的にいえば、舟や筏で敵が入ってこないようにするためである。しかし、それだけではなく、城外からの不浄物が用水に入り込まないようにするためでもあり、外曲輪と内曲輪の間の水位に高低差があれば、水戸違を設けることで水位の調節も可能だった。また、水戸違に利用する土塁は、そのまま土橋として活用することもでき、土橋にすると都合がよくない場所であれば木橋にして、橋の下を幅の狭い土塁で仕切る。水戸違は、弘前城、江戸城、松本城などでみることができる。

塵取・塵防

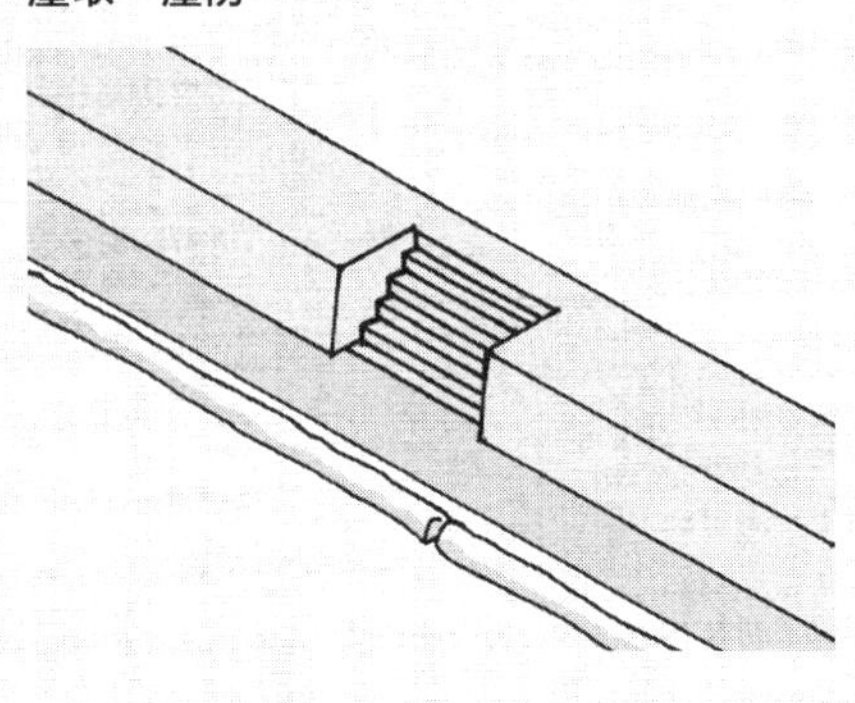

堀に溜まったゴミを拾うため、堀に降りる雁木を設けているのが塵取である。舟を係留させておけば、城外との連絡や脱出にも使うことができた。もちろん、敵からすれば城内に入るための経路になり得る。城内で最も防御に劣るところなので、通常は横矢がかかるようにしておく。しかし、わざと横矢がかからないようにしておくのもよい、というのが軍学の考えだった。堀の城内側に雁木を設け、塀には一部に開き戸をつけた切戸を設ける。敵が大軍でこの塵取に近づいてきた

皆川城の竪堀

▲竪堀を山麓から山上に仰ぎ見る。

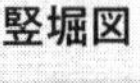
竪堀図

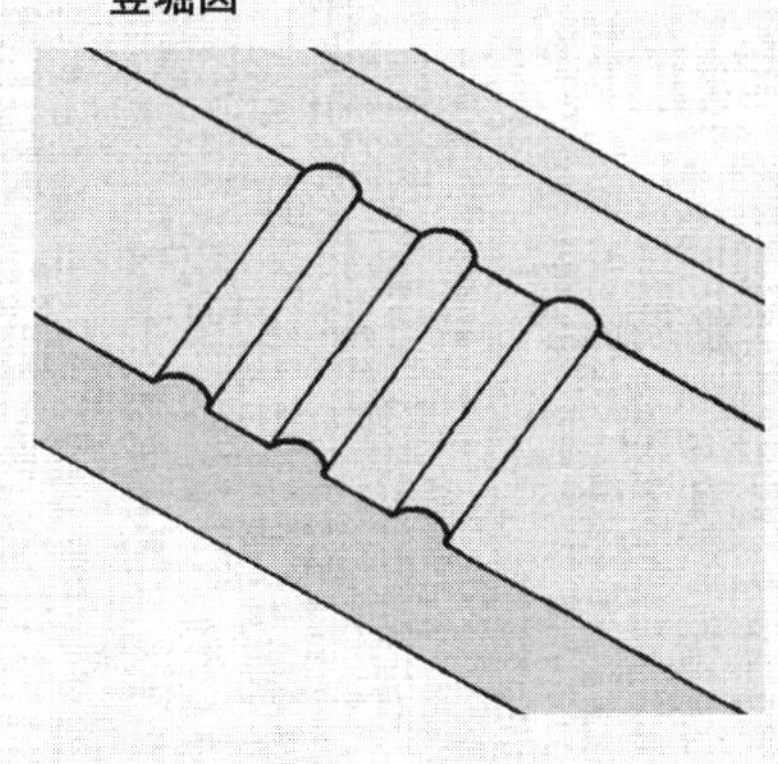

ら、切戸を開いて大砲を放つのだという。

また、堀端に設けるきわめて低い土手のことを塵防といった。幅は三尺で、高さは足の三里丈、すなわち膝の少し下くらいの高さがよいという。およそ六、七寸となる。塵防を設ける目的は、ひとつには雨天時に堀端の道から土砂が堀に流れ込まないようにするためであるが、戦時に味方が堀に落ちないようにする目的もあった。これより高くすると、堀に接近した敵が身を隠すことができてしまうので、逆効果となる。

並行ではなく垂直に掘られた竪堀

以上みてきた堀は、いずれも横に掘られた横堀である。しかし、堀には、横堀と竪堀という分け方もあり、「竪堀」という堀も存在した。

竪堀は、山城のように横堀を構築しにくい場面で用いられた堀である。特に山城の場合、斜面が緩やかだと、敵が平行移動をしてしまう。そこで、山上から山麓に向けて堀を竪に掘った。これが竪堀である。連続した竪堀と土塁を設けたものを「畝状竪堀」という。

竪堀
江戸時代の軍学でも竪堀の概念は存在していた。しかし、畝状竪堀については近代の縄張研究によって可視化された。

二、海外の堀について学ぶ

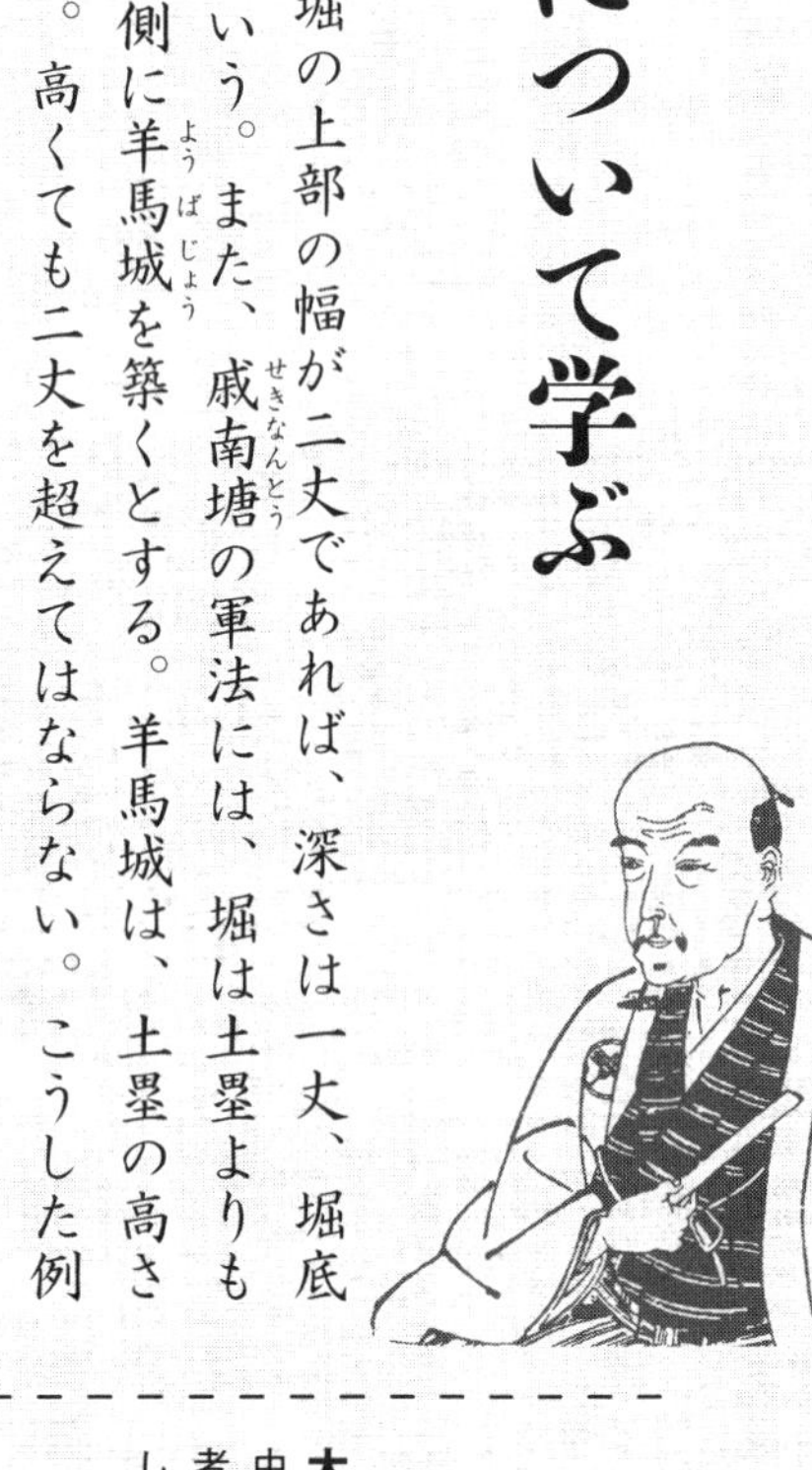

中国の『太白陰経』には、堀の上部の幅が二丈であれば、深さは一丈、堀底の幅は一丈にするのがよいという。また、戚南塘（せきなんとう）の軍法には、堀は土塁よりも十間ほど外側に掘り、堀の内側に羊馬城（ようばじょう）を築くとする。羊馬城は、土塁の高さが一丈以下、八尺以上である。高くても二丈を超えてはならない。こうした例は、日本にはない。

日本の城では、帯曲輪（おびぐるわ）の塁線に沿った土塁上から弓矢や鉄砲で射撃はできるが、これだと、手前が死角になりやすいので近いところでは役に立たない。そういう意味からしても、この羊馬城は、弓矢・鉄砲による射撃には有効である。しかも、二重の要害になるから、城も攻め落とされにくい。

この羊馬城は、磚（せん）であっても、石であっても、土であっても三合土であってもかまわない。堀の幅は、沿い程度も三丈五尺あるとよい。深さは一丈五尺から二丈程にすると、ちょうどよいとされる。

堀には、水があるのが第一である。しかし、水がなくても堀は設けるべきである。水深が深く、泥があるとなおよい。合戦になった際、水中に障害物を植えることができる。

太白陰経
中国の唐の道士・学者であった李筌が著したとされる兵書。

磚
煉瓦のこと。

三合土
石灰・砂・粘土を混ぜ合わせて水でこねた、乾燥させると固くなる建築材料。現在のセメントのイメージに近い。

呂坤の『実政録』には、堀の深さ三丈、上部の幅十丈、底部の幅三丈がよいという。堀の両岸は馬藺（ばりん）・茅（かや）・蘆（あし）・香附（こうぶし）・麦門冬（ばくもんどう）などの植物を植える。植物を植えることにより、土が崩れにくくなる。

解説

中国での堀の基準と保全方法

中国の『太白陰経』では、堀の上面で二丈、底で一丈とし、深さも一丈にするという。一丈は約三メートルなので、堀幅は上で六メートル、底で三メートル、深さが三メートルとなる。

一方、『実政録』では、堀の上面で三丈、底で三丈、深さ三丈としており、『太白陰経』の三倍の規模を推奨している。堀の幅や深さについては、城の規模により異なるであろう。また、馬藺・茅・蘆・香附・麦門冬などの植物を植えるように推奨されている。こうした植物が根を張り、堀際が崩れにくくなるためである。

呂坤
中国明代の儒学者。学問が実用的であることを重視した。『実政録』は彼が政治家として活動していた際に著した地方政治に関する記述をまとめた書物。

馬藺・茅・蘆・香附・麦門冬
いずれも水場近くで繁殖しやすい植物とその総称。茅などは建材、香附や麦門冬は薬用として現在も利用されている。

日本にも存在した？羊馬城

なお、中国の都城では、こうした堀の内側に「羊馬城」とよばれる構造物を築くことがある。これは、平時に羊や馬などの家畜を囲い、戦時には、都城を守るための施設になったことから名づけられたもので、「羊馬墻」ともいう。明代に倭寇の追討に活躍した戚南塘の軍法では、羊馬城は、土塁の高さ一丈以下、八尺以上とし、二丈を超えてはならないとする。

荻生徂徠は、羊馬城について、日本には存在していないと述べている。確かに、戦国時代や江戸時代の城から、羊馬城のような遺構は見つかっていない。しかし、古代の東北地方に築かれた城柵には、羊馬城が構築されていた可能性がある。岩手県盛岡市に遺る志波城跡では、羊馬城に類似した遺構が検出されている。

古代の日本では、中国の城制を取り入れていたから、羊馬城も導入していた可能性は高いのではないだろうか。

羊馬城

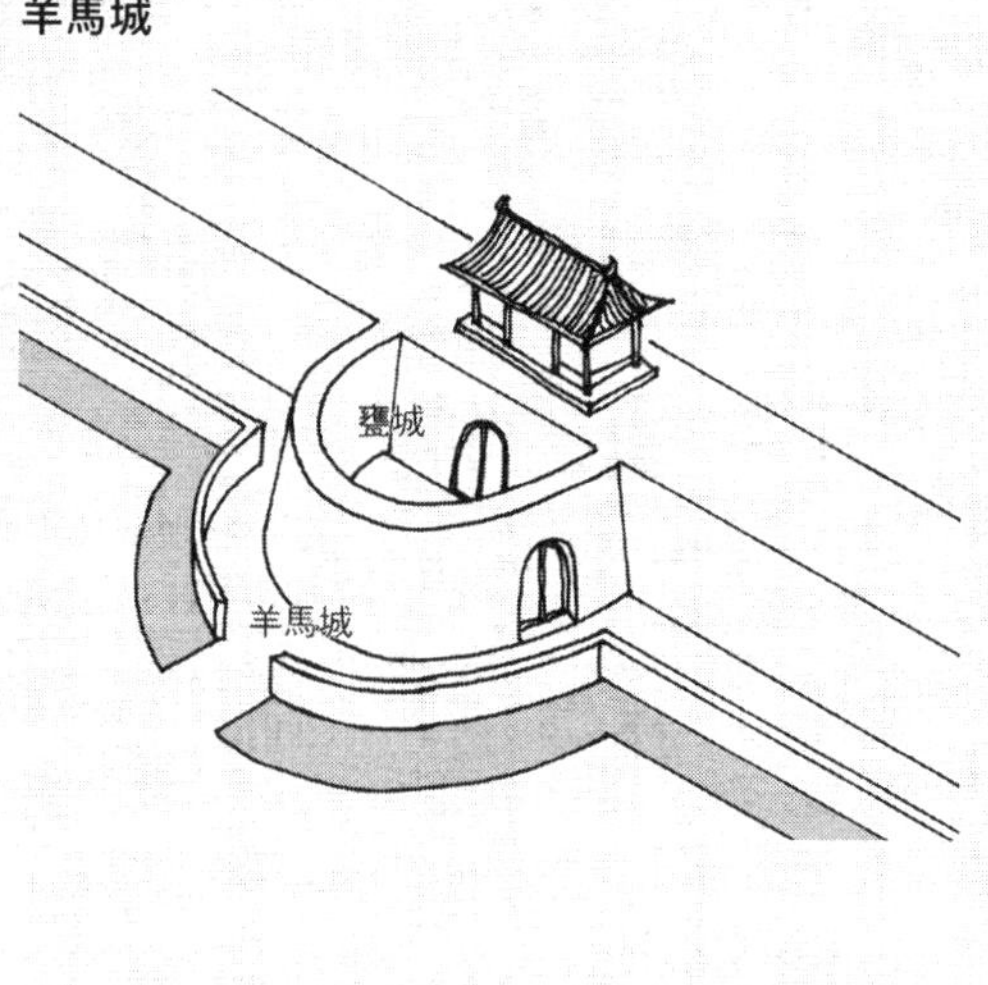

三、すべてを石垣で造るのは難しい

石垣の積み方は、切込接（きりこみはぎ）、打込接（うちこみはぎ）、野面積（のづらづみ）の三種に分類される。切込接は、たがねをもってすりあわせることをいい、円の十二割、すなわち平地から八十度の傾斜となる。打込接は、槌にて角を打ちひしぎ、つきあわせることをいい、円の十割、すなわち平地から五十四度の傾斜となる。野面積というのは、ありのままの石を用いた石垣で、円の八つ割、すなわち平地から四十五度の傾斜となる。

石垣の天端の部分が垂直な状態を雨落（あめおとし）という。雨落の下は、勾配となっている。石垣の積み方で、雨落の割合は異なり、切込接は四分の一、打込接は五分の一、野面積は上部だけを雨落にする。

土塁の上に石垣を築くこともあり、こうした石垣は鉢巻石垣とよぶ。土塁の上に構築されているため、石垣そのものは、必ずしも前述のような勾配にはならない。その場合は、状況に応じるべきである。

総じて、石垣というのは、いろいろ困難がともなうものなので、不要なところにあえて用いることはしない。門脇など、広くならない場所には石垣を用いるべきである。

石垣を築く名人として知られているのが加藤清正である。加藤家の家臣に、飯田覚兵衛・三宅角左衛門の二人がいて、合わせて「両かく」とよぶ。加藤家では、石垣を築くときに幕を張り、関係者以外には見せないようにしていたという。清正の築いた名古屋城や熊本城の石垣は今も残る。ただし、昨今では石垣の構築は町人の職となり、武士はその技術を忘れてしまったようである。

それはともかく、石垣というものは、石材一つが抜けると、みな崩れてしまう。だから、石垣を絶対視しないことである。石垣ではなく、土塁に竹を植えたほうが優れている場合もあるかもしれない。

解説

石垣の六つの定型

石垣は、盛り土または既存の斜面を利用して石を積んだものである。単に石を積んだものは石積あるいは石塁などとして区別されることもある。

石垣は、表面にみえているものよりも奥に長く、表面ではなく奥で石同士が合わさる。そして、最も奥に飼石（かいいし）をはめて、石材同士を固定している。さらに盛り土あるいは既存の斜面との間は、大量の裏込石（うらごめいし）で埋める。こうすることによって、水はけをよくしていた。

本文の「今」
ここでは荻生徂徠の生きた江戸時代中期を指す。

飼石
積み石の配置を調整・固定するために、石垣の奥にできる石の隙間にはめ込む石。

石垣の積み方は、いくつかの種類があるが、荻生徂徠は野面積、打込接、切込接の三種類を紹介している。ちなみに、現在でもこの分類が用いられている。

ほとんど加工していない自然に近い石を野面石といい、こうした野面石を使用して積んだのが野面積である。見た目は粗野であるが、排水機能に優れているため、崩落の危険も少ない。ただし、急傾斜に、あるいは高く積むことはできなかった。

打込接は、槌（つち）を用いて石を加工している。ただし、完全な加工を施しているわけではないため、接点の部分に空間が生じる。石垣に隙間があると、敵が隙間に手をかけて登ってきてしまう。そのため、こうした空間を間石で埋める。

切込接は、加工しやすい石材を、ほぼ平面になるまで槌で加工した石材を用いる。石と石との間に隙間がないため、敵が石垣の隙間に手をかけて登ってくることを阻む。また、傾斜を急にすることもできて、かつ、高く積むこともできる。ただ、排水機能には劣るため、崩落する危険もあった。

さらに、現在では、これに乱積（らんづみ）と布積（ぬのづみ）という類型も加わる。乱積は、石の形を生かしながら積んでいくもので、布積は、上の石の重みが下の石二個に分散するように積んだものである。この結果、布積は横目地が水平に通るが、乱積は横目地が水平に通らない。

以上の分類から、切込接乱積と切込接布積、打込接乱積と切込接布積、野面積乱積と野面積布積の六種に分類できる。

石垣を亀の甲羅のような形に加工して積む亀甲積（きっこうづみ）、すべての石を斜めに落とし込んで積む落積（おとしづみ）（谷積）など、特殊な積み方も存在するものの、おおまかにいって、以上の六種類の石垣が定型である。

裏込石
裏込栗石ともいい、土ではなく石を埋めることで水の通る隙間を作り出した。

崩落の危機
石垣の奥は盛り土や土の斜面であるため、排水ができないとぬかるんでしまい、石垣を支えられなくなる危険性が高まる。

間石
間詰石ともいい、大きな石の隙間を埋めるために使われる小さめの石。

野面積乱積

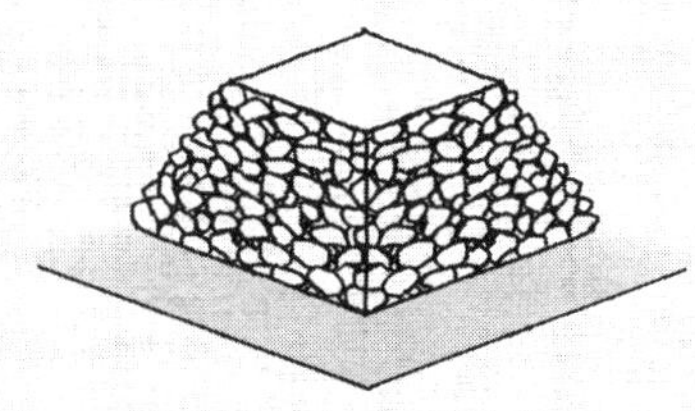

野面積布積

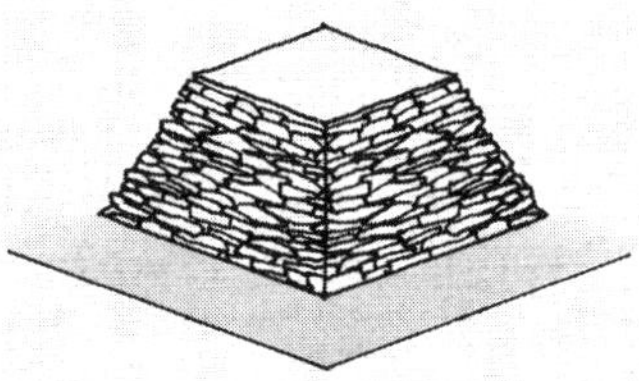

打込接乱積

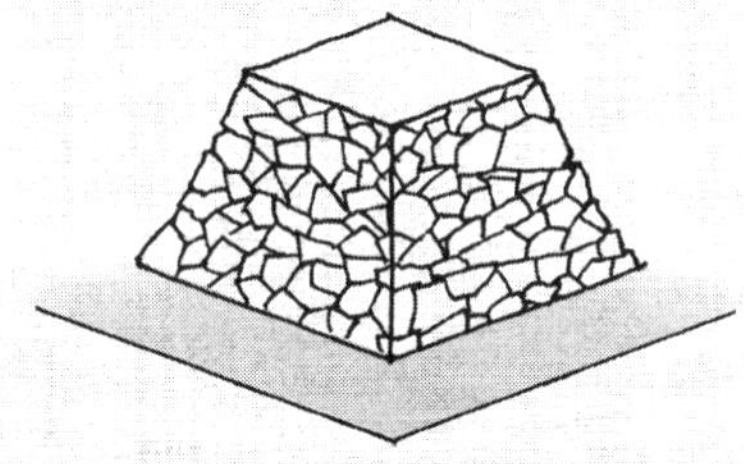

打込接布積

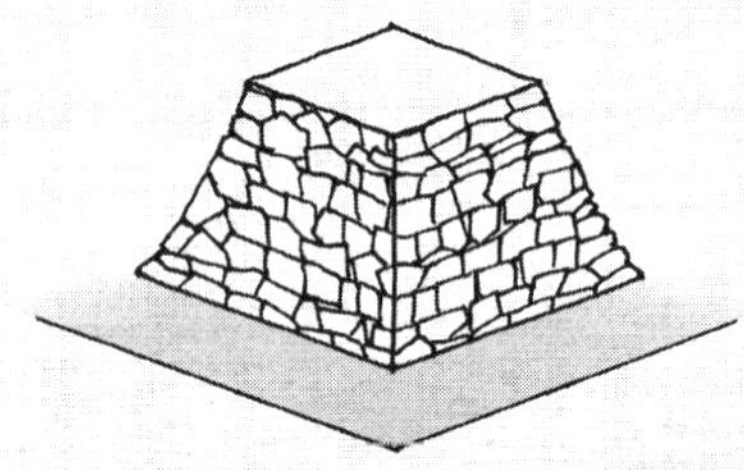

切込接乱積

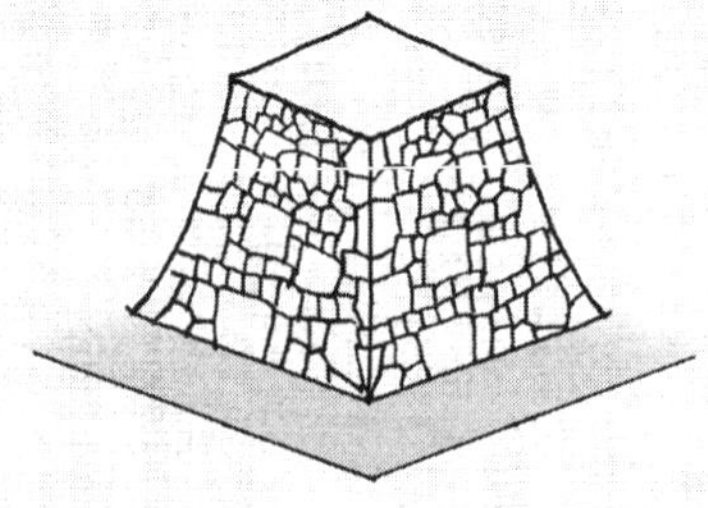

切込接布積

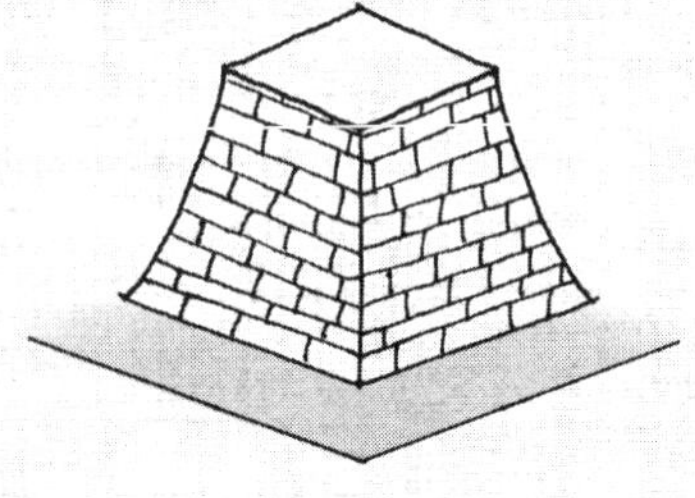

築城名人の代名詞・穴太衆

戦国時代に一般的だったのは、野面積である。石垣の構築に時間と労力をかけることができないという時代的な背景もあった。それが、安土・桃山時代になって大名権力が強まると、遠方の石切場からの運搬も可能となり、打込接による石積みが行われるようになる。そして、関ヶ原の戦いから江戸時代には、切込接の石垣もみられるようになった。そのため、同じ城のなかにも、複数の積み方が共存している。それは、石垣が積まれた時代が異なるということを示している。

石垣の積み方としては、野面積から打込接、打込接から切込接へと進化していった。ただし、現状の石垣から築造された時代を明らかにすることはできない。安土・桃山時代や江戸時代であっても、古様として野面積を採用する場合もあった。

さて、こうした石垣を積んだのは石工である。なかでも、穴太衆（あのう）という石工の集団が著名で、いまや石工の代名詞ともなっている。穴太衆は、もともと比叡山の東麓にあたる近江国の穴太を本拠とした石工の集団である。古くから、延暦寺において伽藍（がらん）・参道・井戸などの石積みを請け負っていたとみられる。この穴太衆が得意としていたのが、俗に穴太積とよばれる野面積の一種だった。穴太積は、一般的な野面積とは異なり、横長の石を多用するとともに、布積により一つの石を下に位置する二つの石で支えているのが特徴である。この積み方が堅固であると評判をよび、穴太衆は各地の築城工事に駆り出された。

穴太衆が関わった城は、江戸時代の初期までに四〇城ほどが知られている。もっとも、

伽藍
僧が集まって仏道修行する清浄で閑静な場所。転じて寺院の建築物を指すようにもなった。

伊賀上野城の宮勾配

熊本城の寺勾配

穴太衆が集団として招かれたというわけではなく、石工の棟梁が穴太から招かれ、現地の石工らを統括したというのが実情だった。

石垣でも問題となった安全面と労力と時間

石垣の天端面に載る石より下方の垂直になった部分を「雨落」というが、この雨落の長さも、石垣の積み方で異なり、切込接は四分の一、打込接は五分の一、野面積積は上部だけを雨落にするという。ちなみに、雨落の下に反りがあるものを寺勾配、雨落が浅いか存在しないものを宮勾配あるいは扇の勾配という。寺勾配は寺院の屋根の形、宮勾配は神社の屋根の形に由来するものである。

高く積んだ石垣のことを高石垣という。加藤清正の熊本城や藤堂高虎の伊賀上野城などが高石垣の城として有名である。しかし石垣は、高く積めば高く積んだだけよいというわけではない。高く積めば、崩れやすくなるからである。

石垣の構築には労力もかかるし、なにより時間が

雨落の割合

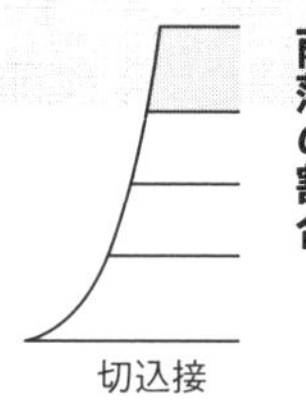

かかる。だから、城内のすべてを石垣にすればよいというものでもなかった。軍学では、虎口といった重点を中心に、場所を選ぶべきという。

石垣をそのまま立ち上げず、土塁と併用する石垣もある。土塁の上部を石垣としている場合、頭に巻く鉢巻のようなものだということで「鉢巻石垣」、土塁の下部を石垣としている場合、これを「腰巻石垣」という。この二つを併用している場合には、「鉢巻腰巻石垣」といった。

鉢巻石垣は、土塁の上に多門櫓や塀を建てるために用いられたものである。塁線の天端ぎりぎりまで建物を建てるには、石垣が最適である。というのも土塁の場合は、大雨などで塁線が崩れる可能性があるため、天端ぎりぎりに建物を建てることはできなかった。建物を天端ぎりぎりに建てることができれば、敵に城内へ侵入する足がかりを与えずにすむため、防御には有利となる。

鉢巻石垣

腰巻石垣

鉢巻腰巻石垣

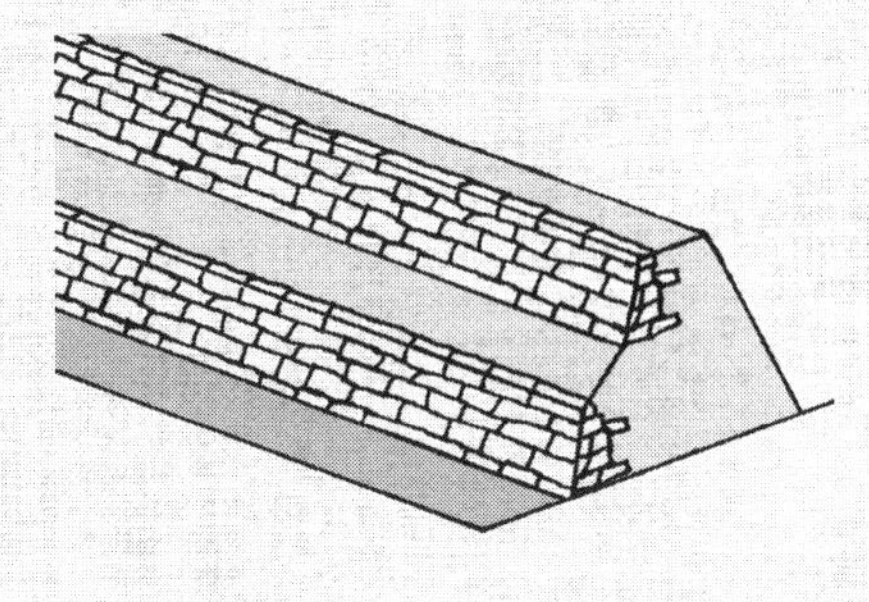

腰巻石垣は土塁の土砂が流出しないようにするために下部にのみ石垣を用いたものである。石垣は、どこか一か所の石垣が崩れれば、崩落する危険がある。だから、あえて土塁にすることもあった。特に、土塁の場合は水に弱いため、水堀の水際には石垣を用いることも少なくない。ただし、このような石垣は、腰巻石垣とはよばず、特に水敲(みずたたき)石垣とよばれている。

鉢巻石垣・腰巻石垣は、ただ単に、石垣を構築する労力と時間を減らすために構築されたわけではない。それは、江戸城や彦根城といった天下普請、すなわち幕府の命令によって築かれた城に採用されていることでも明らかである。石垣には石垣の利点があり、土塁には土塁の利点がある。そのいいとこ取りをしたのが、鉢巻石垣・腰巻石垣であった。

江戸城の鉢巻石垣

▲土塁の上に石垣が構築されている。

石垣造りに係わらなくなっていった武士

戦国時代から江戸時代の初期において、石垣を積む工事を指揮していたのは武士だった。石垣の構築には、命を懸けていたと言えるかもしれない。荻生徂徠もエピソードに取り上げているように、名古屋城では加藤清正が本丸天守台石垣の構築を任されていたが、その技術の流出を避けるため、幕を張って作業したという。現在も、名古屋城の天守台石垣には、「加

藤肥後守内小代下総」の文字が刻まれている。つまり、加藤清正の家臣である小代下総守が、この石垣を担当していたということである。

しかし、天下泰平の世になると、石垣の構築は石工に任されるようになった。すでに戦争のない時代であり、石垣に命を預けるという覚悟はなくなっていたのかもしれない。昨今の地震では、築城当時の石垣は損傷がなく、一方で後世に積み直された石垣が崩落していることもある。

名古屋城の天守石垣に刻まれた銘

▲縦書きで「加藤肥後守 内小代下総」とある。

後世に積み直された～

2016年に発生した熊本地震の被害においても、熊本城は加藤清正の時代に築かれた石垣部分は崩落を免れ、加藤家改易以降に修築された石垣の多くは崩落したことが話題となった。

四、土塁は必ず土壌を見極めよ

越後流の土塁では、勾配に扇の矩（かね）を用いている。これは、円を三に割ったときの傾斜であり、三十度である。この角度にすれば崩れにくいが、ただし、土壌の性質によっても変わるので注意しなければならない。

北条流には、土を敲（たた）いて土塁にするという、敲土居（たたきどい）の手法がある。敲土居の場合、高さは三間で、上部の褶（ひらみ）が二間、底部の内敷と外敷が三間ずつの合わせて八間となる。なお、芝を重ねて土塁にすることを芝土居という。芝土居の場合、高さ三間で上部の褶を二間とすると、内敷と外敷が二間ずつの合わせて六間となる。

土塁の高さについては、敷の幅に応じるとともに、構築場所によっても変わる。たとえば、本丸の土塁が高さ三間に敷八間だったとすると、馬出の土塁は高さ二間に敷六間とするのが妥当である。

土塁上には塀があり、その塀の城内側を武者走（むしゃばしり）という。武者走は、人が一人通ることができるようにすべきである。また、土塁を登る坂道には、雁木坂などを用いる。ちなみに、塀の城外側、堀に面したほうを平らにした空間は犬走（いぬばしり）という。

土塁
原文では「土居」としている。

矩
角度を指す。

扇の矩

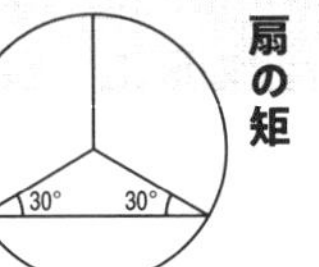

解説

単に土を盛ればできるものではない

土塁は、土居とよばれることもある。土を塁線としたものである。堀の排土を盛るのが一般的だが、切土して掘り残すこともあった。

土を盛った土塁は、崩れやすい。そのため、雨が降っても斜面が崩れないように保護する必要がある。その保護の方法によって、土塁は「敲土居」と「芝土居」の二種類に区分されている。

敲土居は、粘土や礫（つぶて）を土に混ぜて突き固める版築（はんちく）という方法で構築された土居である。粘土と礫を混ぜたものを層状に盛り上げるか、あるいは粘土と礫の層を交互に重ねていく。古代から塀に用いられていた技法で、乾燥すると崩れにくい。堅固ではあるが、その分、労力と時間がかかる。敲土居の場合、高さは三間で、上部の褶が二間、底部の内敷と外敷が三間ずつの合わせて八間（約十四・五メートル）となる。斜面の角度は、四十五度が定法だった。

芝土居は、斜面に芝を植えた土居である。芝が根を張

敲土居

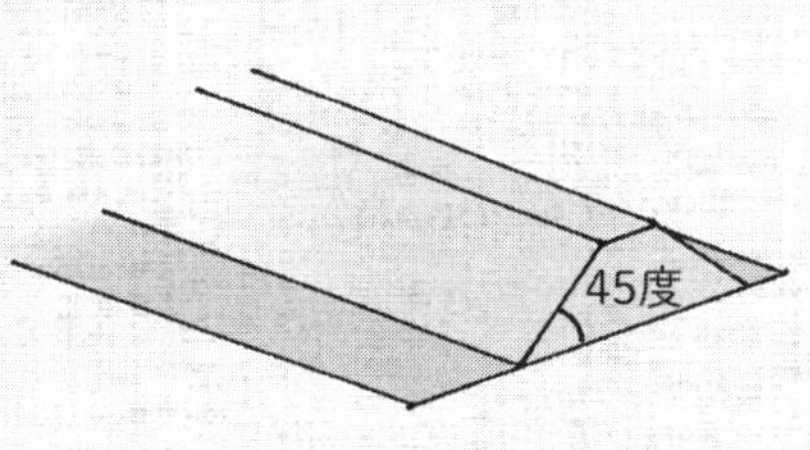

礫　砂利や小石のこと。

芝土居

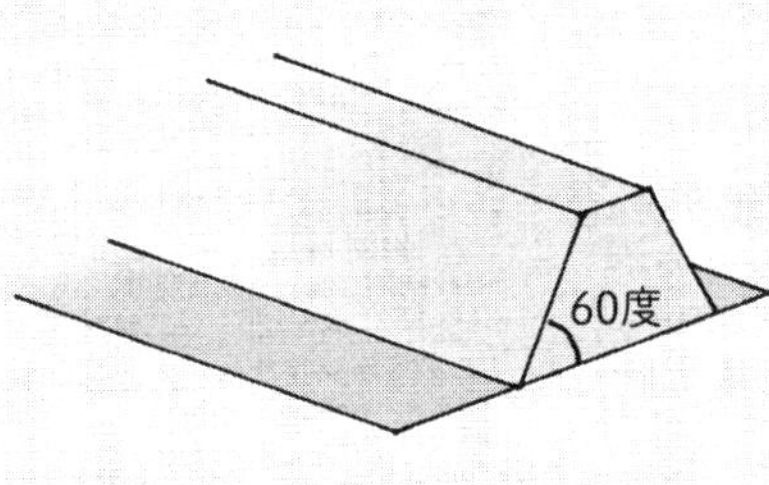

るため、斜面が崩れにくくなっていた。芝土居の場合、高さ三間で上部の褶を二間とすると、内敷と外敷が二間ずつの合わせて六間（約十一メートル）となる。斜面の角度は六十度が定法とされた。

石垣ではほぼ垂直に構築されるものもあったが、土塁は四十五度を基準としており、最も急斜面で構築された芝土居であっても、六十度を超えることはなかった。六十度を超えると、崩れやすくなってしまうからである。

城のなかには、土塁が現存していることも少なくない。ただし、現存している土塁は、基本的には長い年月のなかで、自然に削られている可能性もある。土塁の高さは六間で、その上に塀が建てられるものだった。当時の槍は、最大で三間半もあったから、こうした槍をもった城兵の動きを敵に知られないようにするのも、土塁の役割だった。

また、現在、遺構としてみることのできる土塁には、草木が植えられていることもある。しかし、草木は敵が土塁を登るときに利用する恐れがあるため、芝土居の芝も含め、当時は短く刈り取られているものだった。

石垣は、天端ぎりぎりまで建物を建てることができるが、土塁は崩れやすいため、天端ぎりぎりまで建物を建てることができない。これが最大のデメリットとなっている。

土塁の上部のことを「褶」というが、ここには通常、塀がかけられた。ただし、天端ぎりぎりに立てると、崩落する可能性が高い。そのため、やや内側に塀を掛けた。このとき、

松代城の土塁

▲発掘調査に基づいて復元された。

褶に空間が生じるが、城外側は犬走、城内側は武者走という。犬走は犬が通行できるくらいの幅、武者走は武士が通行できるくらいの幅をいう。当然、犬走よりも武者走のほうが幅は広い。武者走では、実際、塀に隠れ、狭間から敵を射撃することができた。

五、移動用の坂はあえて使いにくくする

石垣や土塁の城内側には、坂道があった。上り下りするためである。この坂は、箱段(はこだん)のように石段を重ねているため雁木坂(がんぎざか)という。

雁木坂は、斜面が急なところでも設けることできる。だから、こうした雁木坂を、桝形や馬出の内側といった狭い場所に設けるのはよい。ただし、敵が塀を越えて侵入してきた際には反撃しにくいから、軍学では一般な場所に採用するのは避けるべきだとする。

雁木坂のうち、二つの坂を対にして、斜面に対して斜めにつけたのが合い坂である。ただし、味方同士がぶつかり合うおそれがあるので、二つの坂が土塁の下で合流するような合い坂は避けた方がよい。

軍学上は、重ね坂を最善とする。重ね坂は、合い坂とは異なり平行につけられているので、ぶつからないからである。

このように、土塁に設ける坂にも、利害がある。いずれにしても、敵が城内に侵入してきた際の防御の点から、考えなければならない。

箱段
積み上げると階段状になる細長い収納箱。江戸時代に家具兼階段として用いられた。

解説

理想は敵に利用されない坂だが……

石垣や土塁の上には塀が建てられた。この塀には狭間が切られており、射撃することができた。当然、城兵は石垣や土塁に上がる必要があり、そこには坂がつけられていた。これを「雁木坂」という。

雁木とは、雁が斜めに並んで飛ぶ形につくられた階段で、この階段を利用した坂が雁木坂である。雁木坂は、斜めにつけることができず、まっすぐに上り下りする。そのため、傾斜はどうしても急になってしまう。幅が広いので大勢が一度に上り下りするのには適しているが、敵が石垣や土塁をよじ登ってきたときには、一気に制圧される危険性もあった。そのため、軍学では、桝形や馬出の内側など狭い場所に坂をつけたいときに限るとしている。

城内から石垣・土塁に上り下りできるようにつけられた雁木坂のうち、石垣・土塁の上あるいは下で合わさるものを「合い坂」という。ただし、多数の城兵が

合い坂図

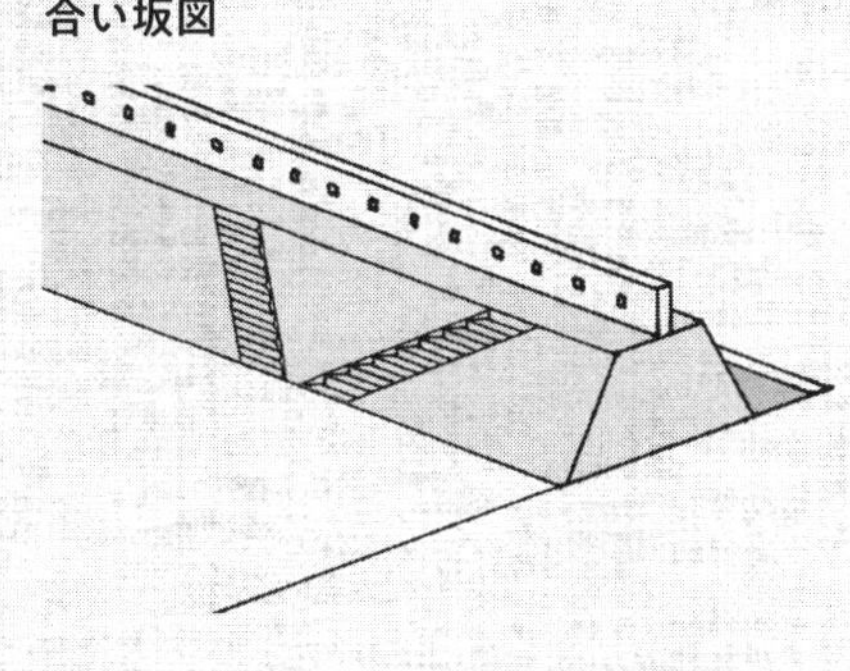

重ね坂

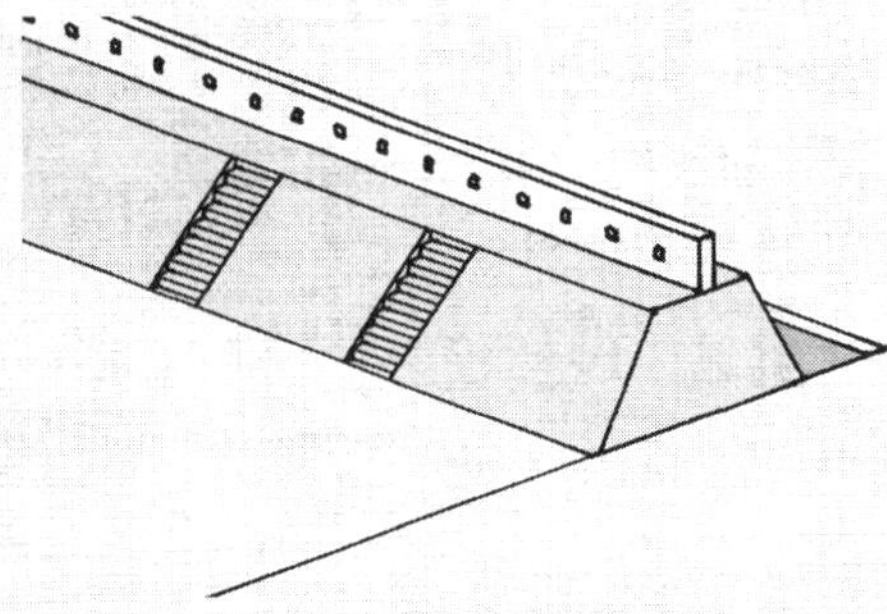

会津若松城の合い坂

▲石段が左右に分かれている。

一度に上り下りすると、ぶつかり合って混雑してしまう。そのため、軍学ではこのような合い坂は避けるべきだとしている。

これに対し、二つ以上の坂を並行につけているのが重ね坂である。石垣・土塁の内側に余裕がある場合、あるいは、傾斜が緩い場合などに推奨されている。傾斜がゆるければ上り下りはきつくないうえ、並行しているのでぶつからない。どちらかを上り専用、どちらかを下り専用とすれば、より効果的だともいう。

軍学では、合い坂よりも重ね坂を推奨している。重ね坂の優位性は、前述のように、どちらかを上り専用、どちらかを下り専用とすれば、上る城兵と下る城兵がぶつからないということにある。もちろん、理論上はそうしたことも考え得るが、戦時にそのような統率がとれるとは限らなかった。そのようなわけで、江戸時代の城において、典型的な重ね坂の実例を確認することはできない。むしろ、二つ以上の雁木を平行につけるのではなく、斜面すべてを幅広の雁木坂として用いている。

幅広の雁木坂
軍学者の主張を無視した形だが、泰平の世になったことで敵を想定した城造りより平時の利便性が優先されてしまった結果なのかもしれない。

彦根城の雁木坂

▲坂そのものが石段となっている。

なお、城壁に上り下りするための雁木が残されていない城もある。こうした城では、雁木を用いて城壁に上り下りすることはできないため、石垣あるいは土塁に建てられていた櫓や櫓門に木製の階段をつけ、上り下りをしていたと考えられる。もちろん、その櫓ないし櫓門を焼き払われたら、城壁に上り下りすることはできなくなってしまう。

六、中国の築城術を知る

中国の築城術では、城壁の下部の幅は高さの半分で、上部の幅は下部の幅のさらに半分とする。これが、古法である。たとえば、城壁の高さが五丈なら、下部の幅は二丈五尺、上部の幅は一丈二尺五寸となる。

さて、この城壁を築くのに、どれだけの人員が必要になるのか。一尺の長さでは、一日あたり四十六人が必要とされる。一尺の長さで四十六人が必要なのだから、これが一間の長さなると二百七十八人、百間の長さになると二万七千八百二十五人、一里の長さにすると十万一百七十人である。このように見積もるべきだと『太白陰経』には記される。『武経総要』も同じである。

また、一説に、下部の幅一丈なら上部の幅を四尺とし、城壁の高さが五丈なら下部の幅も五丈、上の幅を二丈とするのが最も堅固だという。

戚南塘の軍法では、大規模な城の城壁そのものの高さは必ず四丈、あるいは三丈五尺がよいとする。この高さはというのは平地までの距離を測ったものであり、地表には土や砂を山形に盛った垜（あずち）が設けられることもある。上部の幅は二丈五尺、下部の幅は六丈である。中規模の城なら、高さ二丈五尺、上部の幅二丈、下部の幅五丈、小規模の城ならば高さ二丈、上部の幅一丈五尺、下部の

武経総要
北宋皇帝の仁宗が、臣下の曾公亮、丁度らに編纂させた勅撰の兵書。

垜
的山（119ページ参照）のこと。

幅四丈で、これが最低限の幅となる。無論、幅はこれより広いのがよい。高さも重要であり、城壁の高さが一丈五尺では、とても籠城することはできない。

城壁は、磚を第一、石を第二、土を第三とする。石が最善と思われがちであるが、残念ながら石は火災に弱い。だから磚を第一にするという。

呂坤の『実政録』では、大規模の城なら下部の幅五丈、上部の幅二丈五尺、小規模の城ならば下部の幅三丈、上部の幅一丈五尺とし、高さはそれぞれ三丈五尺が基本で、三丈よりも低くては不可とする。

明代の尹畊（いんこう）が説く「郷約」にも、城は大きければ大きいほうが優れているというわけではないとある。軍勢の数が少なければ、むしろ、小さい城のほうが堅固であった。城の規模は、守る軍勢の数に合わせて考えなければならない。

また、直線的な城は、曲線を用いた城よりも、防御力に劣るという。曲線を多用した城のほうが、守りやすく、かつ横矢が効きやすいからである。

中国の城は、城壁ばかりで塀をかけることをしない。これが日本だと、塁線の上に塀をかけるから、土塁は低いままである。しかし、塀は、乗り越えられやすいから、その得失を考える必要があるだろう。

郷約
中国の郷村における、儒教思想に基づいた相互扶助規約。村民ら組織の構成員らで共有され、組織活動の基準にしたという。恐らくここでは「大きい村だからといって守りを怠ってはならない」という教訓として示しているものと思われる。

解説

徂徠にとっての理想の城

ここで荻生徂徠は、中国の城を紹介している。中国の城は、都市そのものを城壁で囲む羅城（⇒26ページ）である。

羅城は、城壁の下部の幅は高さの半分で、上部の幅は下部の幅のさらに半分というのが古法で、城壁の高さが五丈なら、下部の幅は二丈五尺、上部の幅は一丈二尺五寸となる。そして、『太白陰経』や『武経総要』といった兵法書によれば、一里の城壁を築くには、十万人を動員する必要があると見積もられていた。

戚南塘の軍法では、大規模の城の城壁の高さは三丈五尺から四丈で、上部の幅は二丈五尺、下部の幅は六丈を基準とする。中規模の城なら、高さ二丈五尺、上部の幅二丈、下部の幅五丈、小規模の城ならば高さ二丈、上部の幅一丈五尺、下部の幅四丈である。

このように、大・中・小の城によって規模が異なるのは、当然だが城壁の築造には多大な労働力が必要になるからである。また、軍勢の数が少なければ、大きな城も守ることはできなくなってしまう。守る城兵の数に応じた城の規模にすることも大事なことだった。

中国の城と日本の城の違いは、徂徠が述べているように、塀を必要としているかどうかということになる。日本の城は土塁や石垣の上に塀をかけていたから、それほど高くはならず、敵が乗り越えやすい。そういう意味でも、徂徠は、中国の羅城を重視していた。

第六章 攻防に活躍する建築物

一、戦で役立つ工夫を門にも凝らす

城の虎口に建てられたのが門である。特に、桝形虎口は堅固にするため、門も頑丈に建てられた。桝形というのは、虎口に二つの門を設けた間の空間をいう。城外側の門が蹴出門（けだしもん）とよばれる門で、城内側の門を大門という。一般的に、蹴出門を一の門といい、大門を二の門という。虎口に門が一つしかなければ、門扉を開けたとき、一重なので城内を見透かされてしまう。一の門を閉めて軍勢を桝形に出し、それから二の門を閉めてるとともに一の門を開けて軍勢を城外に出す。

越後流では、桝形虎口の城内側に設ける二の門は、櫓門とする。このとき、櫓門の冠木（かぶき）からさらに城外へと張り出したところに石落（いしおとし）を設ける。この石落は、普段は蓋（ふた）をして隠しておくが、敵が門に取りついたさい、蓋をあけて敵を撃退する。なお、櫓門の門台には、石垣を用いるのが一般的である。

櫓門は、幅を三間とし、扉は七、八尺である。櫓門には、大門のほか、脇に小門をつけ、馬が自由に出入りできるようにしておいたほうがよい。

桝形の外側に設ける一の門は、軍学では蹴出門という。桝形虎口から城外に

一の門・二の門
一般的に城外側の門を一の門、城内側の門を二の門といい、ここでもそのように扱われている。ただし、逆によんでいる城もある。

冠木
門柱の上部にわたす横木。

出るところに位置する門である。この一の門は、扉を切って潜り戸を設けておく。

番所は、二の門の城内側にある。合戦のときには、士大将(さむらいだいしょう)などが詰める。門番となる足軽などが詰めている戸守は、門の戸際にある。

これに対し、桝形の内部におかれたのが見付番所であり、見付番所は、一の門の向かいにあり、ここには侍のほか、足軽・中間が待機する。

なお、桝形虎口には門が一つだけ建てられることもある。これは、城外側の一の門がない桝形門のことである。陰の曲輪との境に用いる。

重要な城門の扉を、板だけにすることはない。必ず角木を用いるべきである。扉の下は、人がくぐれないくらいに開け、透かし門にするのがよい。門に取りつく敵を払うことができる。透かし門は、総じて敵が取りつきやすい場所に用いるべきである。

山鹿流では、一の門は透かし門、二の門は櫓門また多門にするべきという。縦五間・横八間の「五八の曲尺(かね)」を用いたとすると、桝形は、当然のことながら、縦五間、横八間となる。縦に三間の二の門を配置すれば二間空くことになり、横に五間の二の門を配置すれば三間空くことになる。五間の二の門は、扉が三間で、両側に一間ずつ空けることができる。

士大将
侍大将のこと。部隊指揮官に相当する。

中間
最下級の武士。小者ともよばれ、主君の雑務などに従事した。

解説

門が合戦の勝敗に直結する

門は、虎口に設けられた建物である。虎口がないところに、門は存在していない。

枡形虎口は、城外側の外門と、城内側の内門で構成されている。一般的な城では、外門を「一の門」といい、内門を「二の門」と称する。しかし、名古屋城のように、内門を一の門、外門を二の門とすることもあった。

越後流では、枡形虎口の内門は、櫓門にすべきという。櫓門は二階建ての門であり、階下を門とし、階上を櫓とする。単体で建てられる場合には、土塁や塀と接続する。最も堅固な櫓門は、石垣の上に建てられた櫓門である。門の両側ともに石垣の上に建てられることもあれば、門の片側だけが石垣の上に建てられることもある。

日本の城において、最も堅固だったのがこの櫓門である。階上の櫓部分には、石落も設けられており、櫓門を押し通ろうとする敵に対し、頭上から鉄砲で射撃したり、

櫓門

高麗門

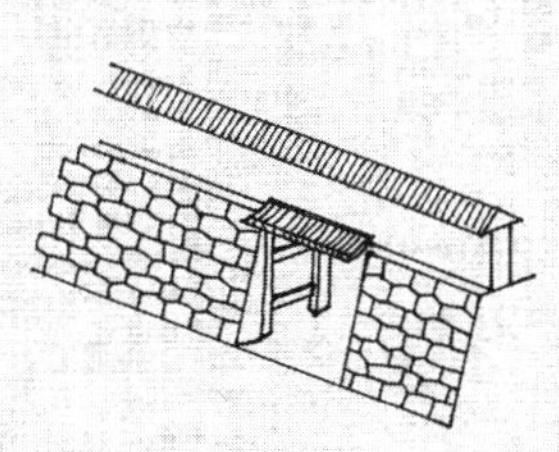

埋門

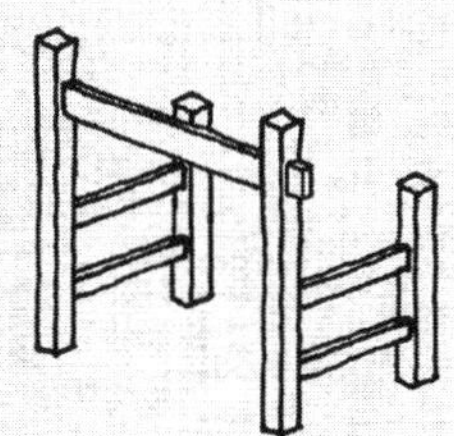

冠木門

薬医門

実際に石を落としたりすることもできた。

なお、桝形の城内側には内番所（大番所）があり、通行人を平時から監視していた。また、桝形の中にも外番所があり、足軽・中間が待機していたとされる。桝形門でないときには、門内に大番所だけがおかれた。

桝形虎口の外門として建てられたのが、高麗門である。高麗とは朝鮮のことであるが、高麗門は朝鮮とは何ら関係ない。城の御殿には、中国風の唐門が建てられていたから、江戸時代の初期から普及するようになった城門を、同じく海外風という意味合いで「高麗門」とよんだのである。

高麗門は、きわめて小さくできている。それは、敵が桝形虎口に取りついた際、敵の遮蔽物にされないようにしているためである。門の屋根は最小限の大きさであり、門を開けたときに雨が掛からないよう、控柱の上に小さな屋根を設けている。これにより、門全体を覆うような大きな屋根が不要となった。なお、城によっては、桝形虎口に高麗門を設けないこともある。

このほか、城には薬医門・冠木門・埋門などがあった。薬医門は、古くから武士の居館における最高の格式をも

薬医門
他の特徴として、イラストのように本柱が屋根の重心からずらすように配置されていることが多い。なお、名前の由来は定かではない。

つ門である。しかし、屋根が大きく、敵が遮蔽物として利用してしまう可能性があり、城内でも格式を求めるような虎口に使われるだけだった。

冠木門は屋根のない門で、これはあまり重要ではないところに用いられた。最も単純な構造の門である。屋根がないために風雨にさらされることとなり、耐久性は低い。そのため、戦国時代はもちろん、江戸時代の冠木門も現存していない。

埋門は、石垣・土塁のなかに門を設けたものである。文字通り、埋まっている形状から、正式な門としては採用されていない。しかし、堅固であったことから、裏門などとして使用されている。

このように、門にはいくつかの様式がある。ただし、門としての基本的な構造はどれも変わらない。屋根をどう置くのか、あるいは、上層に櫓を建てるのかどうかといった違いがあるだけである。

門は、城外から敵が侵入することを阻むと同時に、味方が城外へ打って出やすいように考えられている。そのため軍学では、門の上下に隙間を空けた透かし門も有効という。

一般的に、門には外側に開く外開きと、内側に開く内開きが存在する。しかし、城の門は、必ず内開きだった。というのも、外開きにすると、敵に開門を妨害される恐れがあったためである。万が一、城門が開かないようにされた状況で火攻めにされたら、城内の兵は逃げ場を失ってしまう。

二、天守・櫓への言及は少ない荻生徂徠

城には、多くの櫓が建てられている。越後流では、櫓を二階建てにするか三階建てにするかは地形次第とする。櫓は四方正面を用いるべきだが、ただし、すべての櫓を四方正面とはしない。天守は見せ櫓ともいい、八方正面する。

山鹿流では、櫓台は古来、五間に八間を基本とするが、下の敷が狭いと二重櫓になりにくい。そのため、九間に七間、八間に六間がよいとする。

塁線に建てられるのは、一般的な櫓だけではない。長屋塀を建てることもある。長屋塀というのは多門のことで、北条流では、渡櫓（わたり）という。

なお、中国では、櫓のことを戦棚ともいい、また、敵台ともいう。弩（ど）を発射する台ということから、弩台とよぶこともある。

解説

櫓の名称のあれこれ

弩

「おおゆみ」「いしゆみ」ともよばれる、機械仕掛けの弓矢。兵士が持ち運ぶタイプと拠点に固定するタイプがあり、ここでは後者を指すものと思われる。

櫓

櫓とは、もともとは「矢倉」あるいは「矢蔵」と書く。戦時に矢を射ることができるようにしていた建造物だった。もちろん、鉄砲が普及してからは、鉄砲での射撃もできるようになる。実際、櫓の壁面には、弓矢や鉄砲による射撃を可能とするために、狭間という穴が切られていた。

櫓は、敵に方位を察知させないように、四方向からの外観を同じにすべきだという。こうした櫓を、四方正面とよんでいる。ただ、実際には四方向から見て同じというわけではなく、城外側から見たときに同じにみえるということを意味している。櫓には、城外から見える部分に装飾が施されたが、城内からしか見えない部分に装飾は施されていない。

屋根の数を「重」というが、江戸時代の城で一般的だったのは、屋根が二重の二重櫓だった。このほか、屋根が一重の平櫓、屋根が三重の三重櫓もある。

櫓の構造はすべて同じであり、かつ外観も共通しているとなると、なかなか区別がしにくい。そのため、城ごとに、様々な名前でよばれている。

一般的なのは、城内の方位にちなむ名前である。基本的に隅櫓であれば、城の四隅に建てられており、東南の巽(辰巳)櫓・南西の坤(未申)櫓・西北の乾(戌亥)櫓・北東の艮(丑寅)櫓というのが、よくある名前といえる。

このほか、一番櫓・二番櫓などと番号を振った名前、いの櫓・ろの櫓など仮名でつけた名前などもある。また、江戸時代の櫓は倉庫になっていたから、弓櫓・鉄砲櫓・槍櫓・武具櫓・調度櫓など、納められていた物

二重櫓

重
「○重」は、あくまで屋根の数によってよばれ、実際の階層とは無関係である。例えば三重櫓で五階という櫓も少なくない。

調度
日用品、身のまわりの道具類のこと。

の名前にちなむ場合もある。あるいは、花見櫓・月見櫓・雪見櫓・富士見櫓などのように、目的を表している櫓もある。

城で最も大きい櫓＝天守

櫓のなかでも、城の象徴となったのが天守である。天守櫓などとよばれることもある。近代になってから「天守閣」と表記されるが、もともとは単に「天守」といった。

天守の起源については不明な部分も多いが、御殿の屋上に物見のための望楼（ぼうろう）を載せて「殿守（てんしゅ）」とよばれるようになったのが始まりとされる。天守と櫓との間に、構造上の違いはない。櫓のなかで最大のものを天守とよんでいたのである。

なお、元和元（一六一五）年に武家諸法度が公布されたことにより、我が国では新規の築城が原則として認められなくなった。そのため、それまでに天守が存在していた城では、改築しても天守と称されたが、新たに建築された場合には櫓と称されている。それでも、特別な櫓ということで、「御三階（ごさんかい）」とよばれたのだった。

実際、戦国時代から安土・桃山時代に建てられた天守は、下層の建物に望楼が載った形状をしており、こ

富士見
地名などにもつけられることが多い富士見とは、「富士山が見える場所」を示している。

れを「望楼型天守」という。望楼型天守には構造上の一貫性がなかったため、高層に建てることはできなかった。犬山城・丸岡城・松江城・高知城・姫路城・彦根城に現存し、かつては安土城・岡山城・広島城・萩城などに存在していた。

その後、江戸時代になると、下層から一定の逓減率で建物が建てられる層塔型の天守が普及する。層塔型天守は、構造上の一貫性を得ることで、望楼型よりもさらに高層の天守を建てることができるようになった。松本城・丸亀城・宇和島城・弘前城・伊予松山城・備中松山城に現存し、かつては江戸城・大坂城・名古屋城・和歌山城・水戸城・福山城・大垣城・会津若松城・松前城などに存在していた。

このような天守の発達経緯からすると、望楼型天守のほうが層塔型天守よりも古いことになる。ただし、現存している天守が望楼型だからといって、戦国時代あるいは安土・桃山時代に建てられたとも限らない。江戸時代になって、古様に再建された可能性もある。

最大の櫓・天守でも単独では脆い

天守は、最後に籠もるための櫓であるから、敵の侵入を阻む構造となっていた。天守が単独で建てられているものもあれば、小天守あるいは櫓など複数の建造物で構成されるものもあり、独立式・複合式・連結式・連立式の四つに分類されている。

天守が単独で建てられていれば、分類上は独立式と

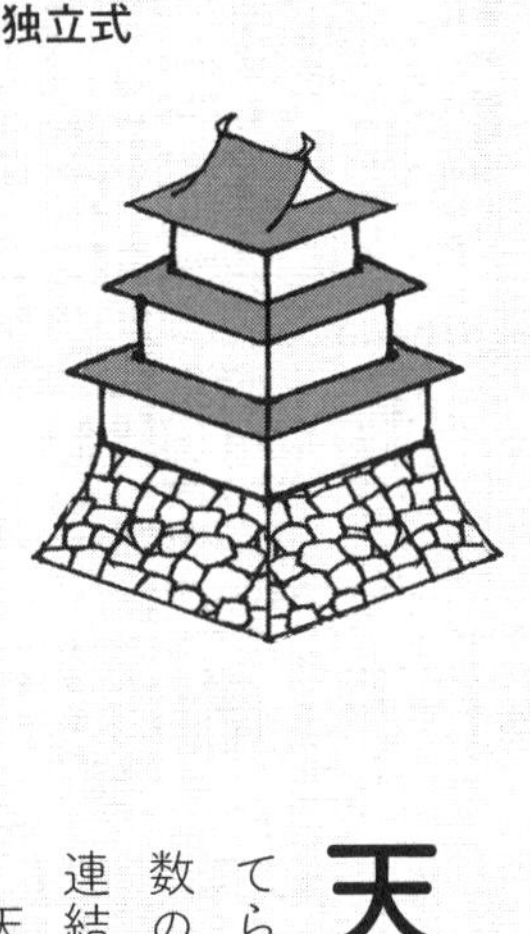

独立式

逓減率
一定の割合で徐々に減っていくこと。建築においては、一つの建物で初層に対する最上層の幅の割合を指す。例えば三重櫓で逓減率が0・5とあれば、下の屋根の幅を1とすると、真ん中は0・75倍、上の屋根は0・5倍の幅となっていることを表している。

連立式

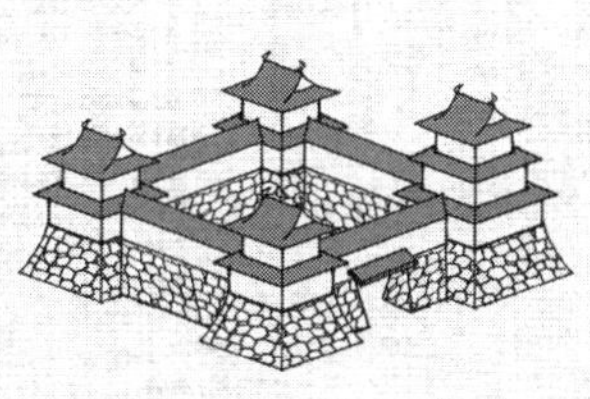

連結式

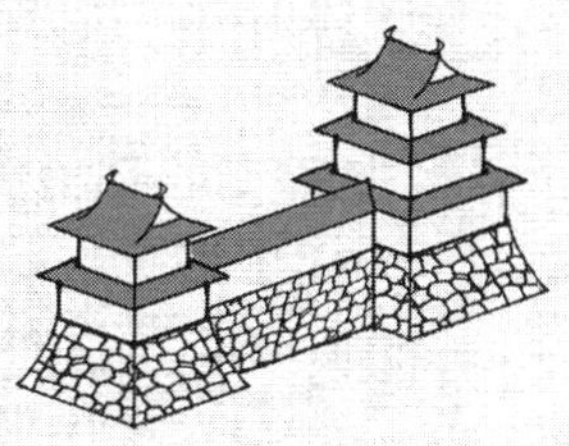

複合式

なる。ただし、単独で建てられている天守は、敵に包囲されたら侵入を阻む手段はなくなってしまう。そのため、戦国時代には、基本的に存在しなかった天守の形式である。現在、弘前城・丸亀城・備中松山城の天守などが独立式に分類されているが、かつては渡櫓などと繋がっていたから、まったくの独立式とはいえない。渡櫓などが消失しているため、現在では独立式天守のようにみえているだけである。

天守に付(つけ)櫓がついていれば、それは「複合式」という。基本的に、付櫓が天守への出入口となっている。敵が天守に侵入しようと思えば、まず付櫓を占拠しなくてはならない。当然、付櫓をめぐる攻防戦が起きるため、独立式天守よりは堅固だった。彦根城、松江城などが複合式天守である。

大天守と小天守が渡櫓などで連結している形式の天守を「連結式」という。大天守に小天守一基を繋げている連結式の典型例が名古屋城である。小天守は、大天守を守るために建てられているものだから、小天守を占拠しない限り、敵は大天守に入ることはできない。なお、大天守一基に小天守二基を繋げた天守を「複合連結式」という。現在、広島城の天守は単独で復元されているが、本来は、小天守二基を繋げた複合連結式の天守だった。

大天守一基と小天守あるいは櫓三基によって囲んだ天守群のことを「連立式」という。それぞれの天守間は、渡櫓で繋がっている。そのうえ、天守に入るには、大天守と小天守・櫓で囲まれた四角い空間に入らなければならない。しかし、その時点で、周囲の天守や小天守・櫓だけでなく、渡櫓から斉射されることになる。城兵は、渡櫓を利用することで往来が自由なだけでなく、雨天でも鉄砲を活用することができた。この連立式天守は、最も堅固な天守の形式であり、姫路城や伊予松山城に残り、徳川家康が創建した最初の江戸城天守も、この連立式であったとみられている。

戦火によって壁の材質が変化した？

天守や櫓の外壁は、大別すると、下見板張（したみいたばり）にしている場合と、塗籠（ぬりごめ）にしている場合の二種類がある。外壁工事の方法によって、外壁の色も異なる。

下見板張は、長い板材を横に用い、下端がその下の板の上端に少し重なるように張る方法である。松本城のように板材を漆塗りにしており、外壁の色は黒い。漆塗りなので風水災には強いものの、板材がむきだしであるため、火災には弱かった。また、外壁すべてを下見板張にしているわけではなく、屋根の下の部分など風雨の影響が及ばないところは塗籠となっている。

塗籠は、外壁の表面を漆喰で仕上げる方法である。漆喰は、石灰にふのり・粘土などを配合したもので、土蔵などにも用いられていることから明らかなように、風水災に対してはともかく、火災には強かった。

安土・桃山時代の城は下見板張が多く、江戸時代の城は塗籠が多い。そのため、黒色の外壁をしている城を「豊臣の城」、白色の外壁をしている城を「徳川の城」とよぶこともある。ただし、豊臣秀吉が下見板張を推奨し、徳川家康が塗籠を推奨していたというわけではない。下見板張と塗籠の特徴をどのように生かすのかという考えが、工法の違いになっていたと思われる。慶長五（一六〇〇）年の関ヶ原の戦いでは、豊臣秀吉が築いた伏見城が落城、焼失した。そうしたこともあり、火災に強い塗籠が江戸時代になって評価されるようになったのかもしれない。

なお、このほか外壁には海鼠壁（なまこ）というものもある。外壁に平瓦を並べて張り「目地（継ぎ目）」に漆喰を厚く塗る方法で、新発田城など寒冷地で見受けられる。

当時の最新式・多門櫓

江戸時代の城に存在する特徴的な櫓が多門櫓である。多門とは「長屋」を意味しており、城の塁線を囲む長屋状の櫓を多門櫓といった。多門櫓は、「多聞櫓」と表記されることもある。多聞櫓と表記されるのは松永久秀の多聞城で最初に建てられたからとか、仏教の守護神である多聞天（毘沙門天）を祀っていたためともいうが、史実とは断定できず、どちらも推測の域を出ない。

戦国時代から安土・桃山時代にかけての城は、縄張を複雑にし、塁線の屈曲も折れを多

多聞城
「多聞山城」ともよばれる。日本で最初に瓦葺きの屋根を採用した城とされ、その先進的なイメージから多門櫓の由来と考えられているのかもしれない。

用していた。これにより、敵の侵入を阻もうとしていたのである。縄張も複雑で、かつ、折れも多用されているような曲輪の周囲には、多門櫓を構築することはできなかった。こうした塁線には、ふつう、塀が用いられている。

しかし、江戸時代になると、塁線の折れを多用しない縄張が広まっていく。そのため、塁線上に塀ではなく多門櫓を構築することが可能となった。例えば、曲輪の四隅に天守や隅櫓を設け、天守・隅櫓と隅櫓の間を、多門櫓で囲むということもできるわけである。

このような縄張では、多門櫓が塀の代わりとなっており、塀に比べてもはるかに防御力は高い。塀は、敵が乗り越えてくることも想定されるが、多門櫓は長屋一棟分の高さと幅があるため、敵も乗り越えることは難しい。また、多門櫓には屋根があるので、城兵が籠もることもできるうえ、天候に関わらず鉄砲を用いることもできた。

そういう意味からすれば、江戸時代の城の堅固性というものは、この多門櫓によって高められていたと言っても過言ではない。

多門櫓

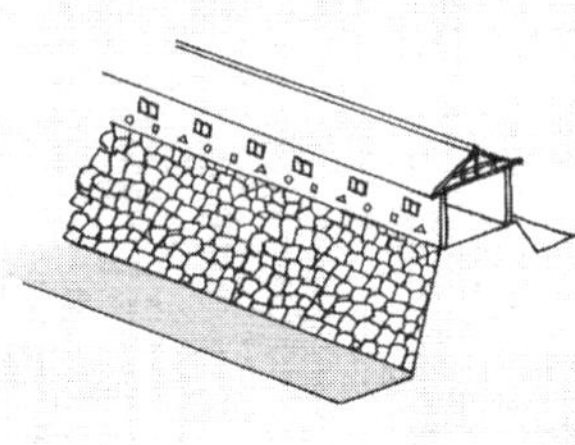

多門櫓で囲む模式図

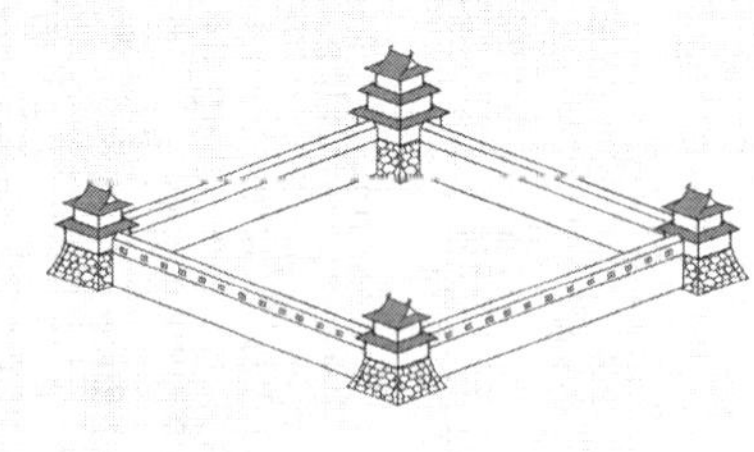

三、塀は決して倒れないように

塁線上にかけられているのが塀であった。一般的には土塀だが、雪が降らず、土がよいところでは、築地塀を用いる。北国などのように、築地塀にできない地域では、二重塀とする。また、あまり堅固でないところは、一般的な土塀ではなく、多門櫓にすべきである。

塀に必要な高さは、地形によって異なる。越後流では、山城の塀には三段あるという。高い地形では、塀の高さは五尺にする。これは、風があたらないように低いのがよい。人の高さと同じくらいだが、地形が高いので見透かされる心配もない。中くらいの地形では七尺、低い地形では八尺とする。

山鹿流では、山城の塀の高さは五尺五寸という。塀には一二三段というものがあり、本丸・二の丸・三の丸の塀は、曲輪によって違う。すなわち、本丸の塀より二の丸は低く、二の丸より三の丸は低くする。平城においても、そうした意識を持つことが必要である。平城における塀の高さは、六尺五寸がよいとする。

塁線が土塁の場合、崩落する恐れがあるため、犬走を設ける。塀と武者走との間は二間、犬走との間は二尺がよいという。なお、土塁が急斜面である場合

には、犬走を設けずに、塀をかけてもよい。敵を払うのに有利だからである。

山城・平城ともに、主郭の塀は、堅固にしておかなければならない。塀の柱の建て方は、六尺の間に柱三本が基本である。柱の間が空きすぎると、柱を打ち破られてしまう。また、自立しない塀であれば、控柱も必要である。太い角柱を控柱として、塀を支える。

控柱には、二つの方法がある。一つは、控柱を建てて貫（ぬき）で塀を支える方法と、控柱で塀を突っ張る方法である。貫で支える場合、貫に板を渡せば、戦時には鉄砲や弓矢で射撃する棚として使用することもできる。これを石打棚という。石打棚は、塀の棟（むね）の上から上半身が見えるほどの高さにする。ただ、石打棚は、敵が塀を乗り越えてきた場合には、踏み台にされてしまう。突っ張りで支えている控柱であれば、その心配がない。

解説

風や敵の圧力に負けない補強

土塁や石垣の上に、多門櫓をめぐらせないのであれば、塀をかける。山城における塀の高さについて、越後流では三段階あるという。まず、山頂に近い場所では敵から

主郭
本丸のこと。

貫
状態を安定させるため、構造物の間に挟む用材。つっかえ棒。

見透かされることはなく、また風圧を避けるため五尺とする。これが山も低い場所になると、敵から見透かされないという効果が低くなるため、中腹くらいのところなら七尺、山麓に近いところでは八尺としたほうがよいという。

北条流でも、平城と山城で塀の高さを分けている。平城の場合は六尺五寸、山城の場合は五尺五寸と、山城のほうが一尺ほど低い。山城の塀を低くしているのは、風圧を避けるためであり、高所にかけられることから低くても問題がないという考えによる。

山鹿流では、塀の高さは五尺五寸を基準とする。これは、北条流の山城における塀の高さと同じである。特に山鹿流では、塀に「一二三段」というものを設定しており、越後流と同じく、本丸より二の丸の塀が低く、二の丸より三の丸の塀が低くしたほうがよいとしている。

控柱と貫で支えた塀

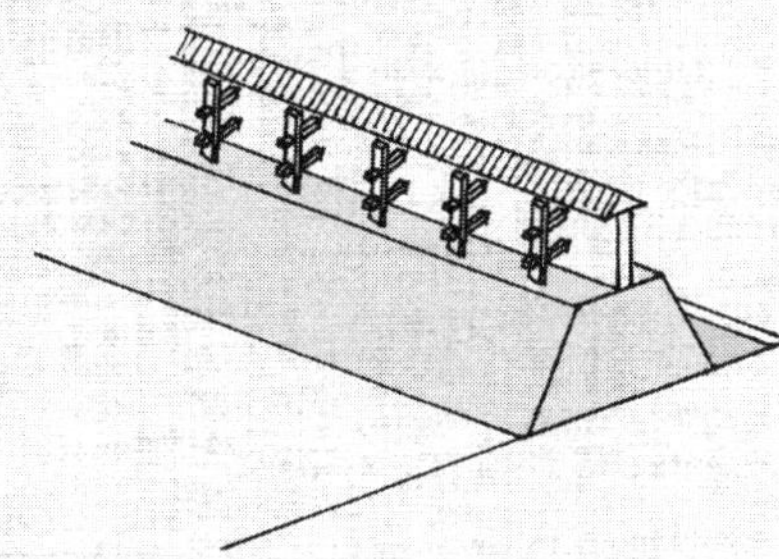

控柱で突っ張った塀

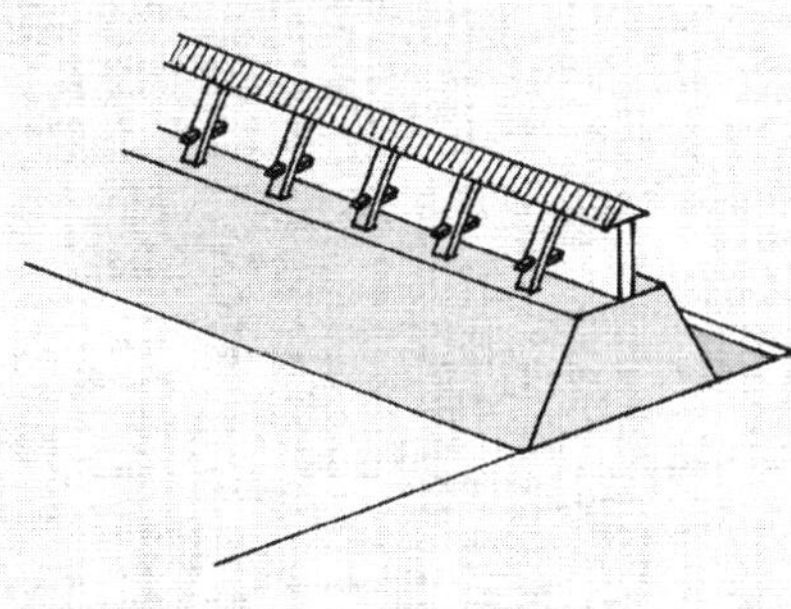

塀は、自立する必要があるうえ、敵が攻めてきたときに押し倒されないようにしなければならない。そのため、多くの塀には、城内側に控柱が設けられている。控柱とは、塀の城内側に一定間隔で設けられた柱のことで、この控柱と貫で塀を支える方法と、控柱で塀を

突っ張る方法の二種類がある。

貫を用いる場合には、この貫と貫との間に棚を渡して石打棚とする。この棚に上って、鉄砲を撃つのである。

江戸時代においても、どんな城にも必ず塀は存在していた。現在では、石垣や土塁しか残っていないような城でも、実は、その上に塀がかけられていたのである。

しかし、塀の総延長は長く、また劣化しやすいことからほとんどが現存していない。すでに江戸時代の末期には、修繕されずに放置されている城さえあった。現存しているのが江戸城・大坂城・熊本城など、わずかな城だけなのは残念である。

熊本城の長塀

▲250mほどが現存し、重要文化財に指定されている。

塀のない大坂城の石垣

▲上の塀がなくなり、石垣の狭間だけ残された。

四、塀に狭間・石落・塀折を備えよ

塀には鉄砲や弓の狭間を切る。狭間の切り方は、弓は竪一尺二寸、横四、五寸、鉄砲は丸であっても三角であっても、径五、六寸である。数としては、鉄砲二に対して弓一のつもりで切るとよい。矢狭間に、塀下地の横竹を残してはならない。敵の踏まえとなるからである。なお、狭間のなかには、敵に存在を知らせないように隠した隠狭間もある。

狭間には、石狭間というものもある。これは、塀の土台木の下に石を据え、その石に狭間を切り、石の内側の方を切り払ったものである。

塁線より外に五寸ほど塀を張り出した塀を、出塀という。敵が塀に取りついた際、石落として用いる。ただし、広くあけると忍びの者などが取りつくおそれがあるため、戸に蓋をしておく。

横矢は、塁線を屈曲させることが多いが、塁線を直線にしたまま、塀だけを屈曲させて横矢がかかるようにすることもある。これを塀折という。塀折は、半間ほどずつ、所々に設けるのがよいという。

なお、塀折には内折・外折の区別がある。外に折れれば、城内の空間が広くなるため味方折という。内へ折れれば、城内側の空間がそれだけ狭くなるので味方

竪　縦（の長さ）を示している。

塀折　現在では「折塀」とよばれることが多い。

に不利との考えから敵折という。敵折も、時によっては設置することになる。

また、塀折にも隅落、屏風折がある。屏風折は、一間ほどずつに折るのがよい。

解説

安全に迎撃できる狭間

塀には、弓矢や鉄砲で射撃するための狭間が切られている。ほとんどの城に塀が現存しておらず、今ではあまりみることができないが、当時、塁線の上にはほぼ塀がめぐっており、その塀には狭間が切られていたのである。

鉄砲を撃つための狭間を「鉄砲狭間」といい、円形か三角形あるいは正方形に切られている。狭間が縦の長方形に切られていたら、弓矢のための弓狭間である。鉄砲は、膝をついて撃つのが効果的であったため、基本的に鉄砲狭間は弓狭間よりも低い位置に切られている。

狭間の大きさは、城外側が大きく、城内側が小さい。

狭間

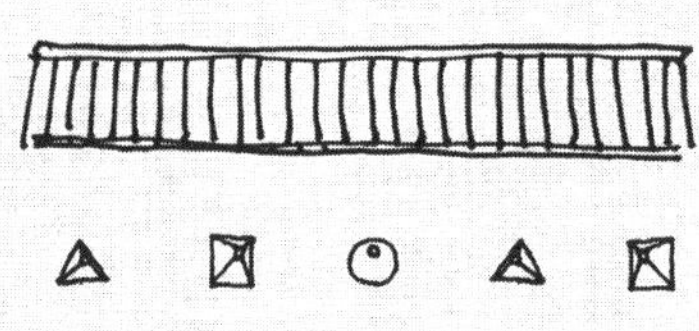

彦根城の隠狭間（上、下）

姫路城の狭間

これは、視野を広げるとともに、城内への攻撃を抑えるための配慮である。

なお、狭間は、天守や櫓の壁にも無数に存在した。天守や櫓の壁に切られた狭間は、塀に切られたそれとは異なり、必ず蓋がつけられていた。蓋がついているので、当然のことながら攻城側は狭間の存在に気がつく。しかし、彦根城のように外からわからないようにした隠狭間もあった。隠狭間は、射撃する際、内側の板を破壊すれば穴が開く仕掛けとなっている。

真下の死角に対処する石落

狭間は、塀に近づく敵を迎え撃つには有効である。しかし、塀の真下まで敵が近づくと、死角になってしまう。狭間から槍を突き出すことも想定はされていたようであるが、穴は横方向であるため角度には限りがある。そこで、塀にも石落が設けられていた。石落は、その名前からして石を落とす仕掛けのように思われているが、実際には、鉄砲を討つための空間として設けられていたものである。姫路城・伊予松山城・高知城には塀に設けられた石落が現存している。

石落も、狭間と同じく、天守や櫓にも設けられていた。多くは一階の一部分に石落を設けており、外壁を斜めにすることで空間を設けた袴腰型石落、外壁の一部を戸袋のような形にして張り出させた戸袋型石落、出窓の下を石落とした出窓型石落の三種がある。

このほか、天守一階の床を石垣の上に張り出すことで全面を石落とする張出（はりだし）や、二階に石落を設けることで敵に存在を隠した隠（かくし）石落もあった。

狭間や石落は、敵から攻撃されないように、できるだけ小さく設けられていた。これでは、敵の動きを十分に伺うことはできない。そこで、塀の要所には、「物見窓（ものみまど）」と称し、塀の外の様子を探るための窓が開けられていた。物見窓を出窓とすれば、窓の下に石落を設けることもできた。

出窓型

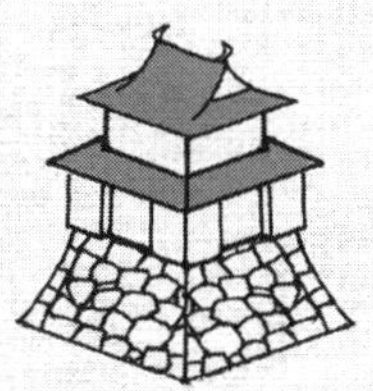

戸袋型

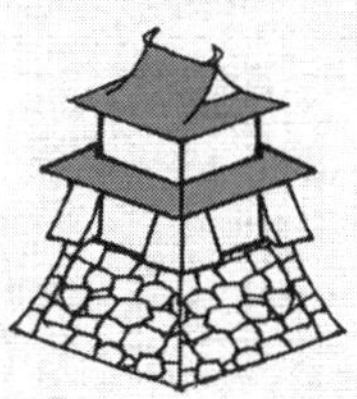

袴腰型

袴腰型の姫路城天守の石落

高知城の物見窓

塀だけで横矢を作り出す塀折

塀は、根本的に、土塁や石垣の塁線に沿って架けられるものである。しかし、塁線を屈曲させて横矢がかかるようにしようとした場合、実際に塁線を屈曲させるのは難しいこともある。そこで、土塁や石垣の塁線を屈曲させず、塀のみを屈曲させることもあった。これを塀折という。土塁の場合は、塀が屈曲している部分の土塁を張り出させることが可能であり、宇都宮城や西尾城で復元されている。しかし、石垣の場合は、塀の屈曲に対応させることが難しい。徳島城では、石垣に「舌石」とよばれる細長い石を張り出し、ここに支柱を置くことで塀の屈曲した部分を支えていた。

塀折は、半間ほどで折るのが一般的である。なお、塀折には、内側に折る内折と、外側に折る外折の二種類がある。内折は「味方折」、外折は「敵折」ともいう。味方折は、敵からは判別されにくいが、塁壁に敵が取りついてしまうと射撃しにくい。敵折は、敵から判別されやすいが、塁壁に敵が取りついても射撃が可能であった。

敵折（外折）

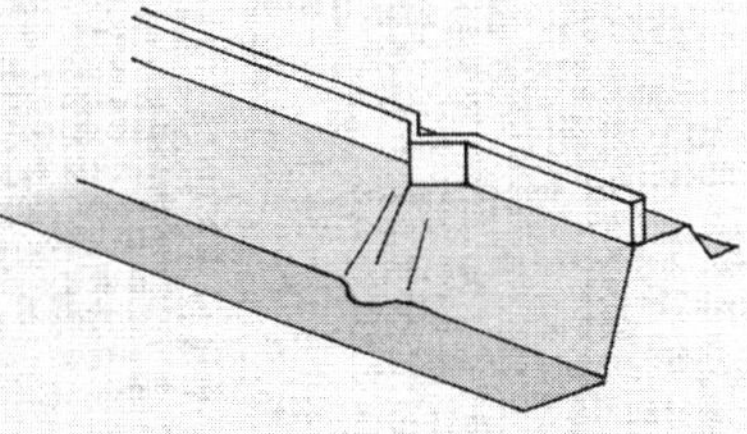

土塁の塀折

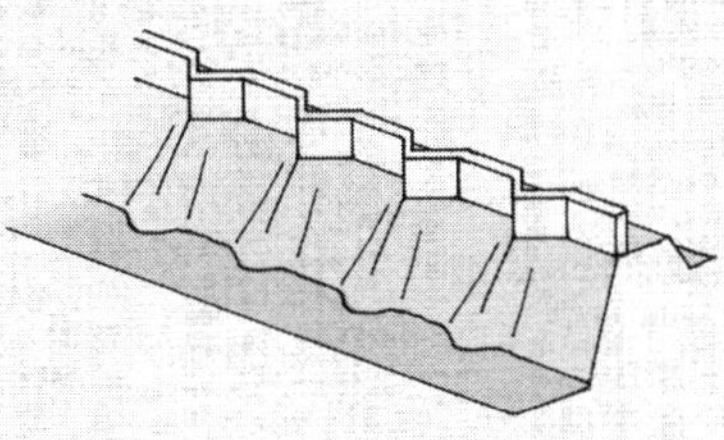

味方折（内折）

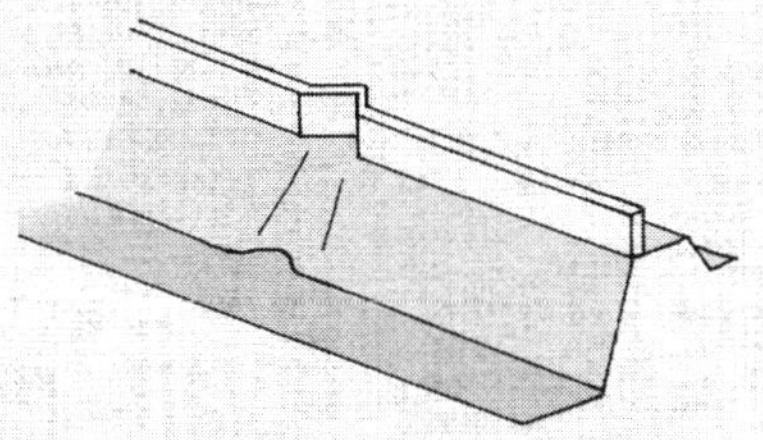

石垣の塀折

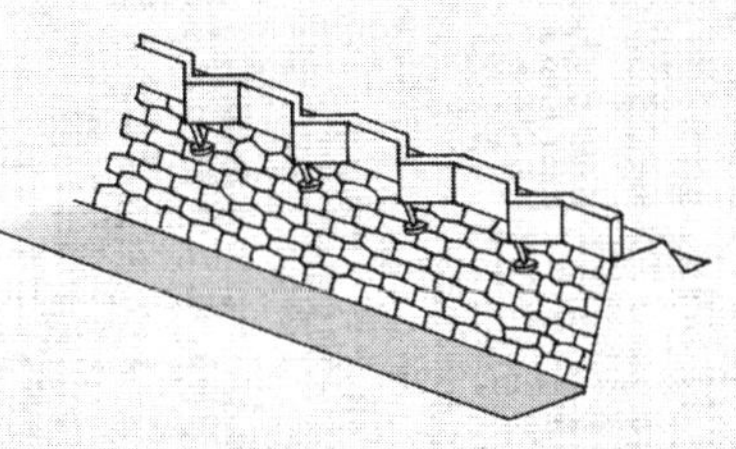

西尾城の塀折

▲発掘調査に基づき復元整備されている。

五、縄張に合わせた橋を架けよ

曲輪と曲輪を結んだのが橋である。特に本丸の橋桁は、丈夫にしておかなければならない。

越後流には、蔀橋（しとみばし）というものがある。蔀橋というのは、敵を横にうけるところに板を設けて蔀とした橋である。土橋の場合には、土居を構築する。これを塵防という。

廊下橋は、城外から見透かされやすい場所に架ける。人があまり往来しないところには、桔橋（はねばし）を用いる。

山鹿流では、長橋（ながばし）といって、五十間あるいは三十間もある橋を用いることがある。これは橋に横矢をかける時間をかせぐためである。左右に横矢がきかないところでは、筋違橋（すじかいばし）にして横矢がかかるようにする。

桔橋　現代では「跳ね橋」と書く。

解説

一長一短の土橋と木橋

城の堀に架けられていたのが橋である。橋には、土橋（どばし）と木橋（きばし）の二種類が存在していた。

土橋は土で造った橋で、堀を掘るときに掘り残した部分を橋としている。木橋のように守城側が取り外すことはできないが、攻城側に破壊される心配もない。城は、籠城していたからといって勝つことはできない。必ず、城内から城外に打って出る必要がある。

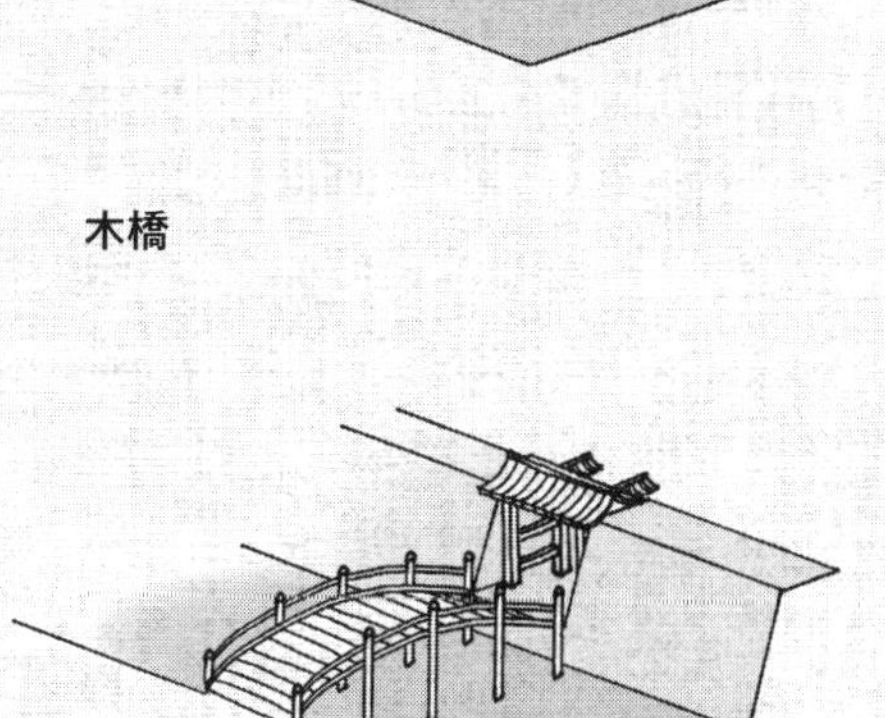

そのため、土橋のように破壊されにくい橋も必要だった。土橋は、いつでも出撃に利用できるよう、攻勢重視の陽の城に採用されていた。なお、土橋は、空堀の場合には、堀底を通る敵の進軍を阻むことにもなり、水堀の場合には舟で移動する敵

を阻むという役割も担っている。

一方の木橋は、木で作られた橋で、掛橋ともいう。敵に包囲された際、侵入されないよう、敷板をはずすこともできた。守勢を主眼とする陰の城にはよいとされる。

大坂冬の陣において、豊臣方が徳川方による侵入を阻むため、敷板の城内側をはずしている様子が、『大坂冬の陣図屏風』に描かれている。城内側の敷板だけをはずしたのは、城外側の敷板を残すことで、敵を油断させるためである。当時の木橋は、橋の中央を盛り上げた反橋（そりばし）であり、城外側からは敷板がはずれていることがわからなかった。そのため、勢いに乗じて橋を渡ろうとすると、途中から敷板がないことに気がつき、そこに留まらざるを得なくなる。この状況で、城内側から斉射を加えたのだった。

敷板をはずした橋の様子

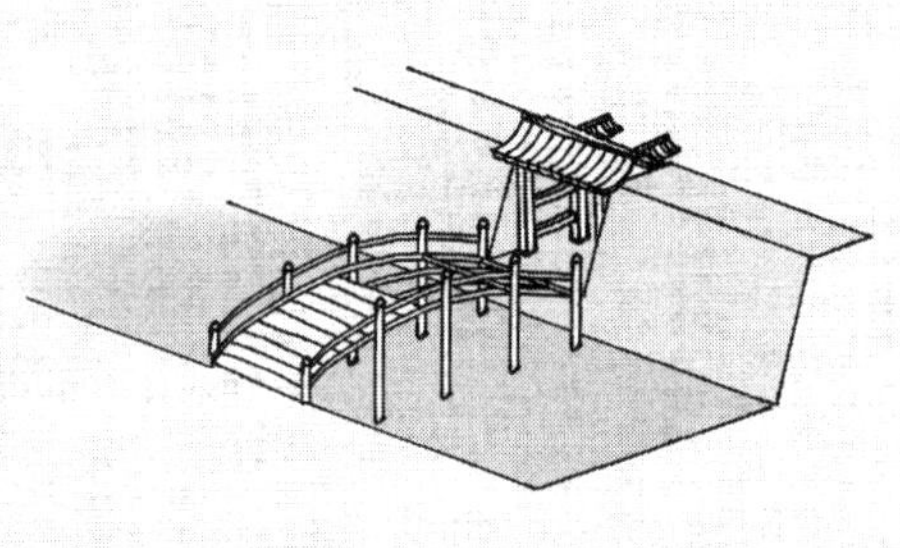

土橋は、城兵が破壊することができないが、敵に破壊されることもない。木橋は、城兵が敷板をはずすことができるが、敵に破壊される可能性もある。このように、土橋と木橋は、それぞれに長所と短所が存在していた。そのため、大手を土橋にするときには搦手を木橋とし、大手を木橋とするときには搦手を土橋にする。ひとつの城で、あえて土橋と木橋を混用させていた。

敵を防ぐための様々な橋

橋は、城内に侵入しようとする敵を最後に防ぐ場所でもあった。そこで、できる限り時間をかけて橋を渡らせるため、橋を長くしたのが長橋である。わざと長い橋を架けることで、敵の進軍距離をかせぎ、城内から射撃しようとしたのである。館林城では、搦め手の堀が沼に面する場所に長橋を架けていた。

虎口前の土橋の外側にも門を設け、土橋そのものを桝形にした橋もある。これを橋桝形という。橋桝形の幅が広くなり、城外側に木橋を架ければ、外桝形と変わらない。

橋は、本来は堀を渡るために架けられるものであるが、城内を見透かされないようにするための蔀（⇓94ページ）に利用されることもあった。土橋には土居を設けて塵防（⇓148ページ）とする一方、木橋では城外側に壁をつけたものを「蔀橋」といい、実際には屋根と壁をつけた廊下橋が架けられている。これは、敵に城内を見透かされないようにすると同時に、城兵が橋を渡る様子を敵に知られないという効果もあった。また、実際に攻め込まれた場合には、廊下橋から、堀を渡ろうとする敵を射撃することも

彦根城の天秤櫓と木橋

▲かつては廊下橋が架かっていた。

天秤櫓
彦根城に現存している、大手門と表門から本丸への道が合流する地点に建てられた櫓門。門の左右に設けられた櫓が天秤棒でぶら下げた荷物のように見えることが名前の由来。

和歌山城の廊下橋

▲「御橋廊下」の名で復元されている。

廊下橋

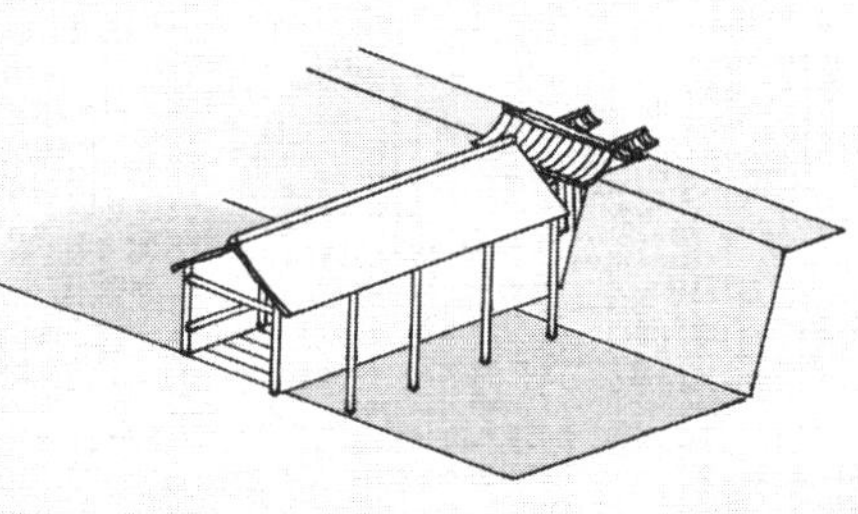

可能である。

廊下橋は、和歌山城・福井城・府内城などで復元されており、かつては二条城・松江城・彦根城などにも存在していた。ちなみに彦根城の廊下橋は、天秤櫓の前面に存在していたが、屋根と壁が撤去され、現在は一般的な木橋となっている。

虎口の正面ではなく、斜めに渡るように架けられた橋もあり、これを「筋違橋」という。自然の川を堀としている場合には、川が曲がっているため、結果的に筋違橋になっていることもある。しかし、わざと斜めに架けることで、城内からの横矢が掛かるように考えて架けられていることも多い。高松城では、この筋違橋が用いられていた。

橋は、通常は堀を渡るのに必要な建造物であるが、戦時には敵の進軍路にもなりかねない。よって、普段は橋として利用していない場合、引橋としている城もあった。引橋は、文字通り、木橋の一部を城内に引き込むことができるようにしていたもので、引き込むための木輪がついていた橋は「車橋（くるまばし）」とよばれる。また、木輪の数が多い橋は、特に「算盤橋（そろばんばし）」

と称されたという。

残念ながら引橋は現存しないが、戦国時代の滝山城・八王子城、江戸時代の大坂城・小諸城・岩槻城・烏山城などに存在していたと伝わっている。ちなみに、現在の滝山城や八王子城では木橋が再建されているが、引橋にはなっていない。

城内に橋を引き込んだ引橋に対し、橋の城内側の一端につけた綱を引いて引き上げることができるようにしていた木橋を「桔橋」という。桔橋は、平時でも上げたままで、必要なときに滑車を利用して橋を下げ、架橋したのである。江戸城の本丸には北桔橋と西桔橋という二つの桔橋が存在していた。また、駿府城の清水門にも桔橋が架けられていたとみられる。

筋違橋

引橋

桔橋

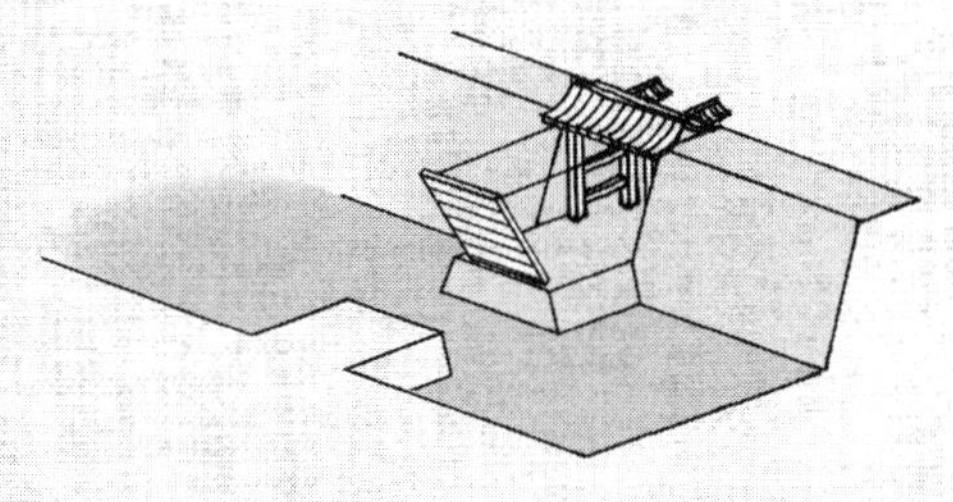

第七章
軍備を駆使して城を守る

一、受け身にならず、人の和を保て

籠城するときは、まずどのようにするのか、戦略を決定しなければならない。兵法では、攻城側が守城側の十倍いれば囲み、攻城側が守城側の五倍いれば力攻めするという。換言すれば、敵が城兵の十倍の軍勢を集めることができなければ包囲できず、五倍の軍勢を集めることができなければ攻めることができないということである。

そのようなわけであるから、籠城するときには、敵は十倍ないし五倍の大軍であることを覚悟し、防戦が難しいことを知っておかなければならない。そのうえで、敵の軍勢の数に圧倒されないよう、城の要害をもって防戦に務めるのである。

敵が大軍で攻めてきた場合、味方が少勢であれば、打って出て戦ってはならない。そのようなわけだから、必然的に籠城せざるをえなくなる。もっとも、互角の兵力だったとしても、たびたび敗北していたら、最終的には籠城するべきである。これは、敵と戦って軍勢が減ることを避けるためだけではない。たびたび敵に負けることで士気が下がり、少勢と変わらなくなってしまうことを避けるためである。味方の士気が下がれば、残念ながら、それは兵力が減るに等しい。

状況は、境目の城でも同じである。境目の城では、そもそも城兵は少なく、敵は大軍で押し寄せてくる。この場合も、籠城するほかはない。

このほか、大将が他国へ出兵した隙に、家臣が謀反をおこしたり、一揆が蜂起したりすることもある。そのため、大将が城を留守にする際には、いつでも籠城できる準備をしておくことが兵法の常道である。

『孫子』には、「守りて必ず固き者は、其の攻めざる所を守ればなり」とある。これこそが、籠城戦いに勝つための極意である。

一般的に籠城というと、城を敵に奪われないように守備するものと考えられがちだが、それでは城を守ることはできない。なぜなら、敵が攻めてくる際に、受け身になってしまうからである。受け身になれば、敵に主導権を握られて敗北してしまう。城を守ることを念頭におけば守勢にまわることとなり、結果的に、城を守ることができなくなってしまうのである。

歴史上の名将たる者は、城を守るのに夜討ちを第一としていた。夜討ちというのは、こちらから敵を攻めることである。この場合、受け身になるのは敵であり、敵は守勢にまわらなければならない。これにより、攻守の機を転換するのである。

『孟子』は、城を攻めて落とせない理由を「天の時は地の利に如かず、地の利は人の和に如かず」と説く。天の与えるよい機会は地の利にはかなわず、地の利も、人の和にはかなわないというのである。

『孫子』
中国春秋時代の軍人・思想家である孫武によって著された とされる兵書。時代を超えて高く評価され、現代まで読み継がれてきた名著。

『孟子』
孟子（⇓15ページ）の逸話・問題を集めた書物。江戸時代に推奨された朱子学における重要経典の一つであり、武士の必読書とされた。儒学者の荻生徂徠も当然『孟子』を研究しており、著書の『弁道』などで評価を行っている。

このように、人の和というのが、籠城で最も大切なことである。どんなに武器を備えても、将士の心がひとつになっていなければ、必ず落城するであろう。『孫子』では、道・将・法を兼ねることで、大将と兵卒の心が一つになるという。「道」は大義、「将」は大将、「法」は規律を指す。戦争に大義がなく、大将に知勇が備わらず、賞罰も厳格に行われないようであれば、将士の心は離れ、人の和などなくなる。だいたい、将士というのは、大将と生死をともにしようなどとは思っていない。大義・規律という条件を与えられることで、生死をともにしようと考えるようになるのである。

解説

守城側は不利があたり前

荻生徂徠が紹介しているように、『孫子』には「守りて必ず固き者は、其の攻めざる所を守ればなり」とある。そして、その記述の直前には、「攻めて必ず取る者は、其の守らざる所を攻むればなり」とも記される。

つまり、攻城側が勝つのは守城側が守っていない場所を攻撃しているからであり、守城側が勝つのは、自然あるいは人工の要害を利用することにより攻城側が攻めてこられないような場所を守っているからだということになる。城攻めの場合、圧倒的に攻城側の軍勢が多いからこそ、実際に攻めてくるわけである。そうしたことからして、守城側が守りにだけ徹していては勝つことができないというのも、もっともな見解である。

『孫子』には「用兵の法は、十なれば即ちこれを囲み、五なれば即ちこれを攻め、倍すれば即ちこれを分かち、敵すれば即ち能くこれと戦う」とあり、味方が敵の十倍であれば包囲し、五倍であれば攻撃し、二倍であれば分裂させ、同数であれば勇戦するのが兵法の鉄則だとしている。互角にもならない場合、すなわち味方が敵よりも少なければ、そもそも戦ってはならないというのが『孫子』の考えだった。

以上のことは野戦について述べたものであるが、荻生徂徠は攻城戦に対する考えにとりこんでいる。実際、野戦よりも攻城戦のほうが、敵は大軍を動員しない限り勝つことは難しい。そのうえで攻城戦に挑んできているということは、最低でも敵は五倍から十倍以上いるものと考え、戦略を練るべきだとしているのである。

そして、守城側が勝つ可能性があるのかといえば、「ある」というのが荻生徂徠の答えだった。『孟子』には、次のように説かれている。「三里の城、七里の郭、環りて之を攻むれども勝たず。夫れ環りて之を攻むれば、必ず天の時を得ることあり。然れども勝たざるは、是れ天の時は地の利に如かざればなり。城高からざるにあらざるなり。池深からざるにあらざるなり。兵革堅利ならざるにあらざるなり。米粟多からざるにあらざるなり。委てて之を去るは、是れ地の利は人の和に如かざればなり」。つまり、敵が城を落とすことができないのは、地の利がなかったためでもなく、城が堅固だったためでもなく、堀が深かったためでもなく、武器が劣っていたためでもなく、兵糧が足りなかったためでもない。た

敵する
ここでは互角という意味。敵の方が兵力が多い場合でも、その兵を分散させれば対峙している兵力は互角となる。

七尾城

だ、将士の間に一体感がなかったためだとしている。

城が大軍に包囲されたからといって、負けるとは限らない。要するに、敵の将十が一体となって戦うことができないようにしてしまえばよいのである。それは、例えば謀略で敵将と家臣を分断することもできる。

戦国時代に越後国の上杉謙信が能登国に侵攻した際、七尾城の城主・畠山春王丸は幼く、重臣の長続連・遊佐続光・温井景隆らが補佐をしていた。謙信は七尾城の攻略を試みたものの、長続連が織田信長に支援を求めたことで失敗してしまう。そこで謙信は、天正五（一五七七）年、長続連と対立していた遊佐続光・温井景隆に内応をもちかけ、長続連とその一族を城内で暗殺させてしまったのである。これにより、謙信は、戦わずに七尾城を奪取することができた。

攻城側への奇襲が活路

実際に攻城戦になった段階でも、「夜討ち」あるいは「朝駆け」が有効となる。古来、我が国では、敵が夜寝静まったあと、あるいは早朝に敵が起きる前に奇襲するのが

謀略で敵将と家臣を分断

有名な事例として、中国の楚漢戦争で項羽に攻められて籠城を強いられた劉邦が、項羽の参謀である范増を離脱させた謀略などが知られる。

河越城の土塁

兵法の常道とされた。奇襲された敵は、いかに大軍であっても統制がとれないからである。

天文十四（一五四五）年には、三千余の兵で守る北条綱成の河越（川越）城が、古河公方・足利晴氏や関東管領・上杉憲政らの連合軍に包囲された。軍記物語によれば、足利晴氏・上杉憲政の連合軍は八万とされる。軍記物語の記述なので信憑性は乏しいが、かなりの大軍であったのは事実であろう。これに対し、北条綱成からの救援要請を受けた北条氏康が八千の兵を率いて河越城に向かう。そして、城兵と連携して足利晴氏・上杉憲政の本陣に夜襲をかけたと伝わる。これが有名な河越夜戦である。

この戦いについては、夜戦ではなかったとする見解もある。しかし、圧倒的な数の大軍に対し、白昼に戦って勝つことができたのかどうか。そこが問題となる。

いずれにしても、奇襲したのは事実であり、将士の連携を阻んだことが勝因だったことは間違いないと思われる。大軍に包囲されたからといって、必ずしも落城するわけではなかったのだ。

古河公方

室町幕府において東国の統治者として配置された鎌倉公方が鎌倉にいられなくなり、下総国古河に移って割拠した際の呼称。東国の統治者としての実権はほとんど持てなかったが、関東における権威としてある程度機能していた。

二、籠城の覚悟はあるか

籠城するからには、戦う覚悟が必要である。越後流では、城主が徹底的に戦うつもりがないのであれば、速やかに降参したほうがよいと説く。なぜなら、徹底的に戦うつもりがないのであれば、籠城しても無意味だからである。逆に、もし籠城の覚悟あるのなら、和睦を望むような家臣はすべて、城から追放すべきだという。最初から和睦を念頭におけば、士気はさがり、結果的に勝機を掴むことができない。そして、敵と戦う道を選ぶ以上、落城するときは、一郭切（いっかくぎり）にて討ち死にするべきだというのが越後流の考えである。三の丸より二の丸に撤退し、二の丸から本丸に撤退することなどないものと覚悟するように説いている。

中国では、諸侯が籠城すると、早いか遅いかの差はあれ、後詰が必ずあった。だから、長期間にわたって籠城することが評価される。そして、命がけで城を守るというのが定法だった。中国では、敵に降伏することは畜類に劣るという考えだったらしい。このような籠城に対する考え方は、当代の我が国とは異なる。

昨今の軍学では、籠城しても、抵抗が難しくなった段階で降伏すればよいと説いている流派もある。しかし、軍学者は、軍法そのものを学んでいるため、

一郭切
95ページ参照。

中国では～
無論、これは確固とした統一王朝で敵が異民族だったときの話であり、乱世では降伏が是認されるケースも多かった。荻生徂徠の言葉は、江戸幕府が統一した日本の状況と照らし合わせてのことだろう。

籠城戦を論ずるにしても、軍事的な側面だけで理解しがちである。主君の命令に従って籠城する以上、勝手に敵と和睦することはできないことがあることを考慮しなくてはならない。

越後流のように、一郭切での討ち死にを覚悟するように説いているのは、もっともなことである。このような覚悟がないから、北条氏政や織田秀信のようになってしまうのだ。籠城戦の最後に降伏するのは、武士のすることではない。

解説

最初から降伏か、徹底抗戦あるのみ

荻生徂徠は、敵に城を攻められたとき、城主に戦う覚悟があるのか否かが重要だという。戦う覚悟がないのであれば、早めに和睦したほうがいいというのは、確かにその通りである。籠城戦が厳しくなった段階で降伏しても、一戦を交えている以上は、無事ではすまない。よくて改易、すなわち領地を没収され、最悪の場合は処刑されることになる。

そして、戦いに踏み切ると判断したら、死を覚悟して徹底抗戦すべきというのが、荻生徂徠の考えだった。越後流で「一郭切」と称しているのは、敵が城内まで侵入したときには、各曲輪で決死の戦いをすることを指す。三の丸を攻められたら、三の丸を死守する。三の

丸から二の丸に撤退することはしてはならない。二の丸を攻められたら、二の丸を死守する。二の丸から本丸に撤退してはならない。そして、最後は本丸を死守する。万が一、本丸を守ることができなければ、それは落城を意味する。当然、城主は自害することとなった。

北条早雲に攻められた新井城の三浦義同（よしあつ）、武田信玄に攻められた箕輪（みのわ）城の長野業盛（なりもり）、織田信長に攻められた小谷城の浅井長政、豊臣秀吉に攻められた北庄城の柴田勝家らは、いずれも最期、城を枕に討ち死にしている。荻生徂徠が求めていたのは、このような籠城戦だった。結果的には敗北しているが、戦うと決めた以上、最後まで貫き通した姿勢に共感したのだろう。

天正十八（一五九〇）年に豊臣秀吉からの征伐を受けることになった小田原城の北条氏政は、約三か月間の籠城戦の末に降伏開城した。しかし、助命されることなく自害を命じられてしまった。土佐国の長宗我部元親や薩摩国の島津義久は、同じように豊臣秀吉の征伐を受けたが、徹底抗戦を避けたことで、所領は削られたものの助命はされている。北条氏政も、小田原城に籠城して徹底抗戦しなければ、自害を命じられることはなかったろう。

慶長五（一六〇〇）年の関ヶ原の戦いの前哨戦で、美濃国の岐阜城主だった織田秀信は、西軍の石田三成に与したことにより、東軍の池田輝政や福島正則らの攻撃を受けた。岐阜城は、織田秀信の祖父にあたる織田信長が

北条氏政・氏照兄弟の墓

北条氏政
すでに家督自体は息子・氏直に譲って前当主という立場だったが、実権は持ち続けており、秀吉への抗戦を主導した。弟・氏照とともに自害。

山上の岐阜城

足かけ七年も攻略に要した堅城だった。しかし、大軍相手に守る家臣が少なかったことで、わずか一日で岐阜城は落城してしまったのである。織田秀信は、福島正則の助命嘆願により、高野山に送られることとなった。もし、この助命嘆願が無視されていれば、織田秀信は処刑されていたかもしれない。

北条氏政は降伏する時機を誤り、織田秀信は兵力が不足しているにもかかわらず徹底抗戦しようとしたことになる。城主が判断を誤ったことで、不用意に城兵が危険にさらされたことになったわけで、これが荻生徂徠の批判するところであった。

守る家臣が少なかった

祖父・織田信長が最終的に攻略できたのも、敵である斎藤家の家臣団を寝返らせ、守る家臣を減らしたからであった。

三、籠城では庶民も立派な戦力だ

籠城すると決定したのなら、城下の町民だけでなく、近隣の農民も城へ入れ、私財も城に運び込む。特に長い材木や大きな板、薪や鉄製の道具など、兵器に使えそうなものを残してはならない。もし、運び込まないものがあれば、それは敵が使えないように焼き払う。城外に大木があるときは、敵が攻める際の葃（かざし）や蔀（しとみ）になるので、必ず伐採しておく。

城の外五、六間の距離にある家屋や築地は、敵にとって最も有効な葃・蔀になるので都合が悪い。これも、あらかじめ破壊しておくべきである。近隣で竹木を扱う商人も、城中に入れる。城から五、六里も離れたところに積んである舟の荷は、敵が通る街道から見えないような川にでも隠しておけばよい。民家に備蓄してある米穀などの食糧も、敵に売却することは重罪であることをかねてから伝えておく必要がある。

農民を城内に入れたら、六十歳以上の者、十五歳以下の者、病気やけがで動けない者などを除き、城内の守りにつかせる。城は、俸禄を得ている武士や、足軽・中間（ちゅうげん）だけで守ることはできない。

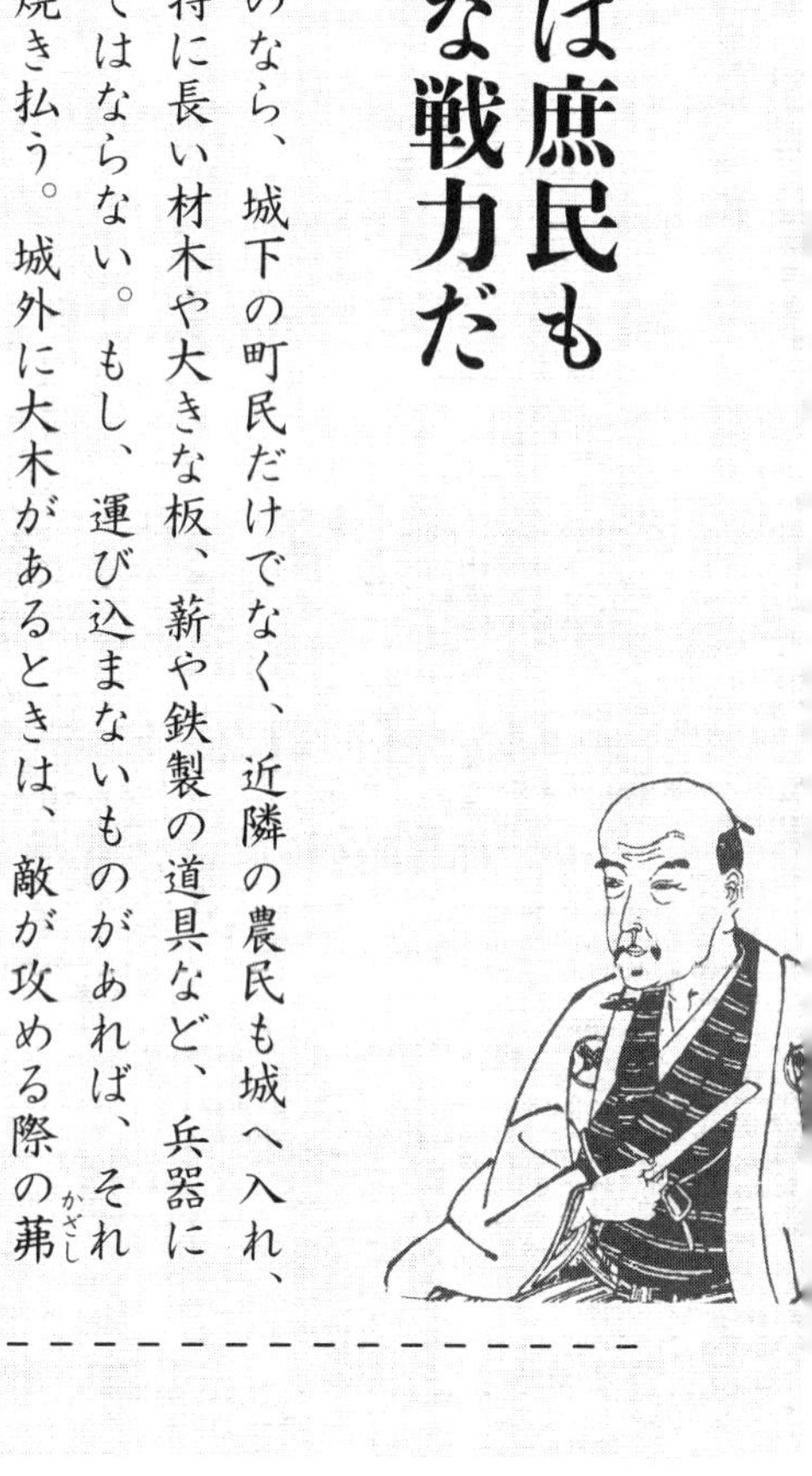

越後流では、一つの虎口を五十騎で守るとしているが、越後流に限らず、古くからの慣習でもたいていは、このような人数とする。山鹿流でも、一つの虎口を五十騎で、八町を守るという。八町は、四八〇間であるから、一騎につき、およそ十間を守らなければならない。足軽は、騎馬武者五十騎に五十人とされているので、この十間には、武器が弓か鉄砲かは別として、足軽は一人しかいない。それでも、騎馬武者一人には、若党や中間などの従者が十人はついているから、塀は一間あたり一人で守ることができる。

農民を動員することに対しては、否定的な意見もある。実際、山鹿流の計算通りであれば、農民を動員する必要はないかもしれないが、確実にそれだけの数が集まるとは限らない。だいたい、武士の従者である若党や中間と、農民との間に、武芸の差もほとんどないであろう。それなら、確実に軍勢の数は多い方がよい。島原・天草一揆でも、城に籠もった農民が、武士を倒したとも伝わっている。

なお、農民を城内に入れるといっても、誰でもよいというわけではない。領内から落ち延びてきた者がほとんどのはずだが、なかには、敵の忍びの者が紛れている可能性もある。素性のわからない者を、城内に入れてはならない。

城内で特に気をつけなければならないのは、放火である。敵の忍びが城内に入って火をつけることは十分にあり得る。城下においては、建物の近くに藁や茅などを摘んでおいてはならない。敵が火矢を射かけてくることを想定してお

島原・天草一揆
寛永十四(一六三七)年に起きた、幕末の討幕運動を除けば江戸時代最大の反乱。周辺の農民らが原城に立て籠もったことで、最大四万近くの兵力をなした。

く必要がある。燃えやすいところには、泥を塗っておくとよい。

越後流では、城内に農民を収容する際、名主の妻を人質にすべきと論じているが、これはまったく意味がない。むしろ、敵が城を包囲したら、名主自身が敵に内通する可能性もある。

たしかに、人質をとって城内の人質曲輪に収容すべきという軍学の理論には一理ある。これが戦国時代であったら、意味があったろう。戦国時代というのは、隣国とも戦っていたような時代だから、敵を恨む気持ちもあった。そうした意識があれば、人質を収容することに問題はなかったはずである。

しかし、天下泰平の時代に、他国への恨みなどあるはずもない。人質をとれば、逆に恨みを買うだけである。人質をとるかどうかは、城主の器量によるものであるし、人質をとればよいというものでもないのである。

解説

城主の裁量に委ねられる庶民の扱い

籠城した際には、武士はもちろん、近隣の農民も城内に入れるのだと荻生徂徠は言う。これにより、武士だけでなく、農民も戦力となりうる。それとともに、農民が敵に徴用されることを避けることもできたのである。

天正十三（一五八五）年、徳川家康と対立した真田昌幸は、居城の上田城を攻められることになった。このとき、真田昌幸は、武士はもとより農民までも上田城に集め、徳川方を迎え撃つ。徳川軍は上田城の城内まで侵入したものの、潜んでいた農民三千余に襲撃されて退却したところ、上田城の東方を流れる神川（かんがわ）まで追いつめられた。そして、上田城近くの戸石城にいた昌幸の子・信幸の攻撃を受け、神川を渡河する徳川軍は溺れるなどして千三百余人が犠牲になったと伝わる。真田昌幸は、農民を城に入れたことで活路を見出すことができたのだった。

越後流では農民を城に入れる場合、名主からは人質を取るべきだという。名主というのは、戦国時代における上級の農民であるが、戦時には合戦にも従軍するなど、半農半士の存在だった。特に、戦国時代には農村の自治が認められていたから、そのような名主は農村の支配者だったといっても過言ではない。城主としては、名主から人質を取ることによって、農民の裏切りを阻止しようとしたのだった。もちろん、名主が裏切れば、その人質は処刑されることになる。戦国時代であれば、自領以外はすべて敵という考えで名主も敵を恨んでいたから、人質をとることに抵抗はなかったかもしれない。しかし、徳川家によって統一された天下泰平の時代に人質をとっても、無駄に恨まれるだけではないかというのが、荻生徂徠の考えだった。

人質をとるかどうか、あるいは、その人質の処遇をどうするのか、それはひとえに城主の裁量にまかされていた。一般的に人質というのは、裏切らない証拠として預かるものなので、裏切った場合には処刑されるのがふつうである。しかし、なかにはそうした対応を

半農半士の存在
こうした名主が諸勢力と対抗できる力を持ちはじめると、国人（国衆）という武士階級として扱われるようになる。

しない城主もいた。

慶長五（一六〇〇）年の関ヶ原の戦いで、犬山城主の石川貞清は西軍の石田三成に与し、美濃国の武士や農民を犬山城に迎えていた。もちろん、人質を預かっていたのだが、徳川家康の東軍が岐阜城を落とすと、彼らは軒並み東軍に寝返ってしまう。こうして孤立無援となった石川貞清は、東軍に降伏するしかなかった。このとき、石川貞清は、裏切られたにもかかわらず、人質を殺すことなく解放していた。そのことが戦後、徳川家康に評価されて助命されたのである。

彦根城・津和野城・小田原城・高遠城・甲府城などには人質曲輪とよばれる曲輪が存在する。戦時には、味方になることを表明した武将から集めた人質を留め置くための曲輪であった。ただ、実際に人質を収容するべきかどうか、十分に注意を払うようにと荻生徂徠は述べている。

四、物資を必ず確保せよ

籠城に際しては、最低でも三か月分の兵糧を確保しておかなければならない。兵糧として確保しておきたいのは、米のほか、大豆・味噌・塩・乾燥した魚や海草などである。米は、籾（もみ）のまま、あるいは穂（ほ）のまま貯蔵しておけば長持ちする。

山鹿流では、兵糧は、一人一日一升（しょう）の計算で、三日分あるいは五日分ごとに配る。一度に多く配給すれば、粗末にする者もいたり、挙げ句の果てには酒をつくって飲む者もいたりするからだ。味噌や塩は、十人ごとに配る。十人に対し、味噌は一日に二合、塩は一合である。

道灌流の軍学では、籠城の日数を四十日に限り、一人一日一人三升の米を配るように見積もるべきという。これは、その量が必要だというのではなく、日数を短く設定することで将士の士気が下がらないようにするとともに、籠城日数が伸びても兵糧が枯渇しないようにするためである。

山鹿流では、葉を食べることができる樹木や草を植えておくべきという。どんな葉でも、兵糧として蓄えている塩で味つけすれば食べることはできる。

なお、備えなければならないのは、食糧だけではない。敵が城の塀などを破壊した際に、修築するための材木・石灰・水なども確保しておく必要がある。

道灌流
室町時代中期、関東で活躍した太田道灌に由来する流派だと思われるが、現代には具体的に伝わっていない。

兵糧の考え方
山鹿流では兵糧の無駄を避けること、道灌流では兵の士気を優先するなど、軍学の流派によって考え方はかなり変わっていたようだ。

解説

米と水だけでは戦えない

籠城に備えて、城には米蔵があり、兵糧が貯蔵されていた。最低でも三か月としているが、戦国時代には、一年から二年も続く籠城戦もあった。仮に三か月分の兵糧しか蓄えていなかったら、後詰がなければ落城ないし開城することになる。

兵糧は米だけでなく、塩や海藻なども非常食として備蓄されていた。津山城や福山城には、塩櫓や荒和布（あらめ）櫓が存在している。荒和布というのは、海藻のことである。

もちろん、飲料水も欠かせない。城には、籠城に備えて井戸が掘られており、浜松城や松江城には天守の地階にも井戸が掘られていた。

なお、姫路城には、籠

姫路城の台所

姫路城の厠

城に備え、台所や厠（かわや）（トイレ）まで設置されていた。最後の最後まで戦う想定がされていたことがわかる。

城の塁線には、松などの樹木が植えられていることも多い。第五章の土塁（⇒163ページ）でも述べたように城内を見透かされないためでもあるが、籠城時には、木材として使用するほか、松皮を非常食にするつもりであったという。実際、江戸時代の飢饉では松皮が食されていたから、最後の最後には、やはり松皮を食べることが想定されていたとみてよいだろう。

なお、熊本城では、加藤清正が籠城時の食糧とするため、かんぴょう・ずいきなどを壁や畳の縄として用いていたといわれている。かんぴょうはユウガオの果実を紐状に剥いて乾燥させたもの、ずいきはサトイモの茎の皮を剥いて乾燥させたものである。どちらも保存食として、現代でも食されている。籠城時に、壁や畳を破壊して、食糧にすることができたというわけである。

ただし、熊本城の天守は明治維新後の西南戦争で焼失しているため、これが史実であるのかについて、確認されているわけではない。壁を破壊してしまえば、天守の防御力は格段に落ちるから、畳はともかく、壁に仕込んだというのは創作ではないか。

壁に仕込んだ
加藤清正は朝鮮出兵で蔚山城に籠城した際、壁土を煮て食べたという伝承があり、これが熊本城にまつわる話となったのかもしれない。

五、敵の攻撃に慌てず対処する

敵が攻めてきた際には、あらかじめ国境付近で偵察させ、敵の動静を逐一報告させる。これにより、準備を整え、万全の態勢で迎え撃つことができる。将士ともに城を枕にして討ち死にする覚悟があれば、敵を防ぐことはできよう。しかし、敵が城に接近したときに慌てふためいていれば、落城は避けられない。敵をみてすぐさま弓矢・鉄砲・大砲で射撃すれば、いたずらに矢・銃弾・砲弾を消費してしまう。これでは、実際に敵が攻めかかったときに防ぐことはできなくなる。

敵が、鉄砲を乱れ撃ちしてきても、反撃してはならない。敵が乱れ撃ちしてくるのには、三つの理由がある。一つには、こちらの鉄砲玉や火薬を消費させるため、二つにはこちらの兵力を算段するため、三つには隙に乗じて別な場所から城に攻め入る魂胆があるからだ。

大砲は、敵が城下に押し寄せた際、櫓から砲撃する。大砲は、後方に控えている大将に対する攻撃にも有効である。

敵に対して有用な兵器は、こうした弓矢・鉄砲・大砲ばかりではない。投石も

また、武器になる。ただし、投石の場合は五間より遠くには効果が期待できない。

毒灰を敵に向けてまくのも効果的である。ふつうの石灰は軽いため、目には入らない。そこで、砂に混ぜた石灰をまくのである。これを毒灰という。

排泄物をかわらけに入れて沸かし、これを竹の葉で包んで敵に投げつけてもよい。かわらけが割れて敵にかかれば、これも有効な武器となる。

敵が堀を渡って攻めてくるときには、堀を埋めるため、草を投げ込む。これを埋め草というが、このような草は、火矢で焼き払ってしまう。

敵に城門を焼かれたら、水をかけて消そうとしてはいけない。火が勢いを増してしまうこともある。だから、城門に火をかけられたら、砂を用いて消すのがよい。

城は、夜間の守備が重要である。敵は、こちらの疲労に乗じて攻めてくるものだ。だから、寝ずに番をしておかなければならない。

逆に、夜は、敵を奇襲するのにも好都合な時間帯となる。奇襲する際には、物音をたてずに城から出撃しなければならない。また、月明かりもないような暗闇を選ぶべきである。

以上のような方法で攻め寄せる敵が城を落とせないときには、水攻めを行う可能性も考慮する。水攻めを防ぐ方法は、十数間に一つずつ井戸を掘り、その井戸から横に穴を掘る。これにより水は抜けるから、すかさず将士から精鋭を選び、敵陣に夜襲をかける。この隙に堤防を決壊させるのである。

かわらけ
素焼きの簡素な土器。大量生産されて使い捨てられるものだったため、敵に投げつける容器としても最適だった。

水で火が勢いを増す
火攻めには油が使われるため、水をかけると爆発する恐れがあった。ちなみに砂は現在でも推奨されている消火方法の一つである。

解説

籠城するからには手段を選ばない

攻城法にはいくつか方法があるが、基本は、城の周囲に陣を構築し、竹束などを楯に少しずつ城に接近するというものである。長期戦になりそうな場合には、塹壕を掘り、掘った土を前方に積み上げて楯の代わりとした。そして、城の近くには井楼を建て、ここからも攻撃してくる。このような攻城の手法を仕寄という。

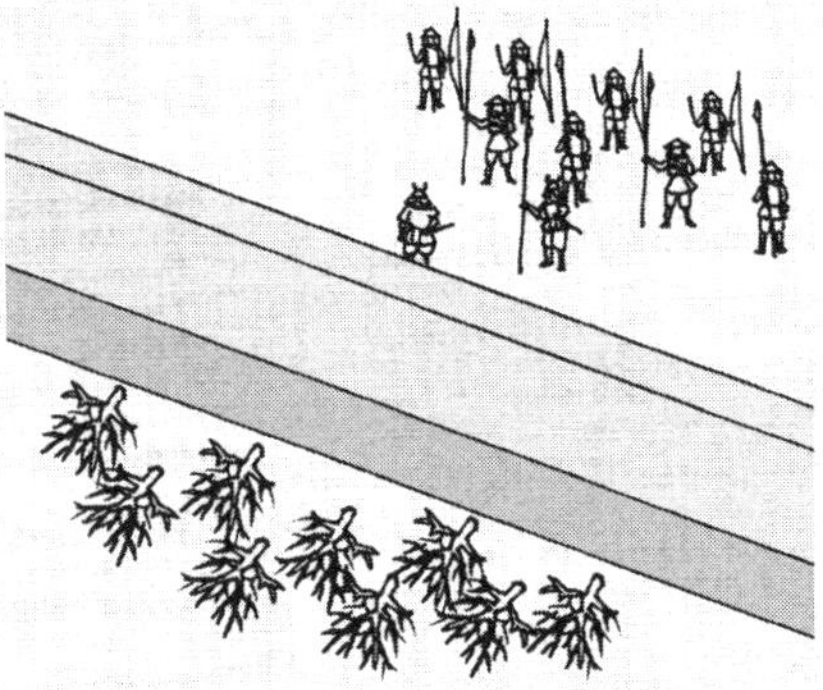

守城側は、このように仕寄で接近してくる敵の進軍を阻まなければならない。そのため、逆茂木・乱杭・虎落などの障害物を敵に向けて配置することもあった。逆茂木は枝のある樹木を根元から切って敵が侵入してくる方向に向けて構築したもの、乱杭は丸太や枝を堀底に埋めて綱などを張ったもの、虎落は先を鋭利に切り落とした竹や棒状の木を菱形に組んで柵にしたものを指す。堀のなかに構築することもあったが、特に手薄な最前線に配置するだけでも、防御力を高めることができた。

このような障害物は、陣城など急ごしらえの城に

逆茂木図

井楼
戦場で造られる攻城兵器。詳しくは第八章で解説（⇓247ページ）。

乱杭
乱杭のなかには、水中に杭を打ち込むことで船の通行を妨げるものもあった。

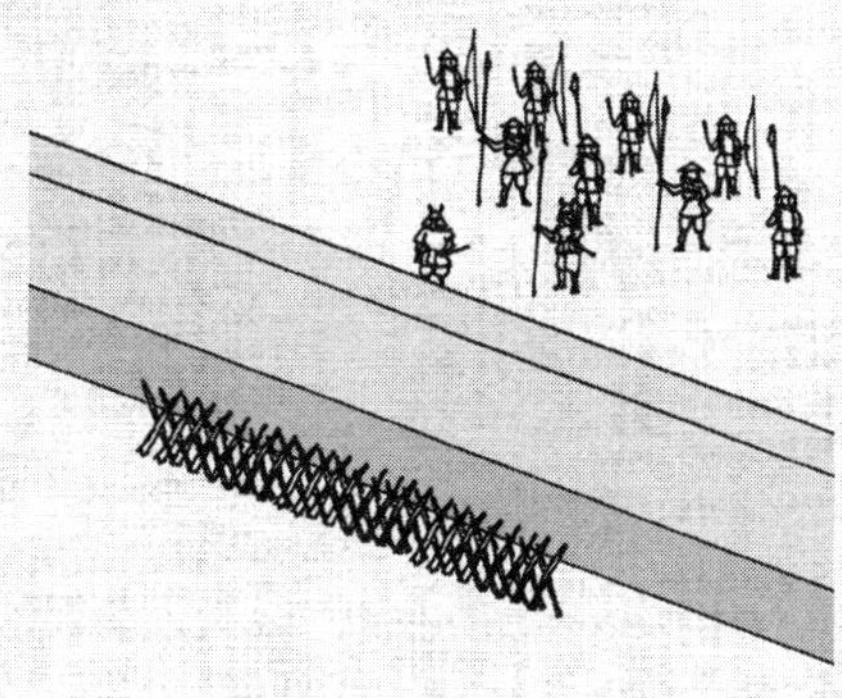

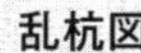

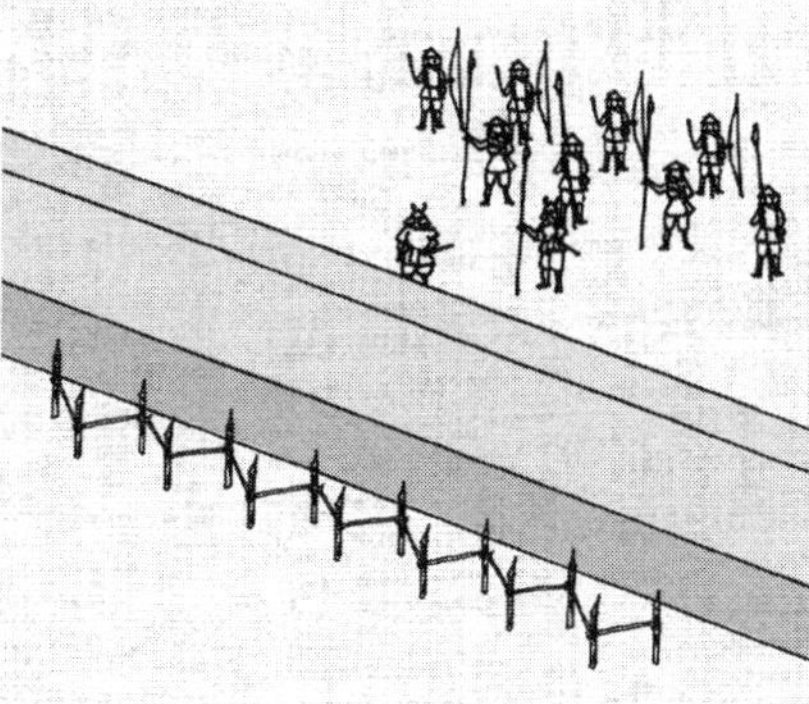

最適だった。治承・寿永の乱、すなわち源平合戦の一ノ谷の戦いでは、平家側が一ノ谷に堀のほか、逆茂木や乱杭によって陣を構築していたと伝わる。平家が障害物で堅固に守っていたから、源氏側は奇襲のため、鵯越えから接近しなければならなかった。つまり、このような障害物は、当時からそれだけ防御に有効だったということでなる。

城に接近する敵が、まだ遠いうちは弓矢・鉄砲・大砲などを用いる。そして、城壁まで近づいてきたら、手近にあるものすべてを用いて戦う。ここでは、排泄物をかわらけに包んで投げる方法、石灰に砂を混ぜて撒く方法などが紹介されているが、実際に、このような戦闘も起きていたのだろう。

堀にまで到達した敵は、空堀には草などを埋める。これを埋め草といい、雑木や雑草のほか、解体した家なども用いられた。埋め草は、兵が容易に渡れるようにするためのものであるから、守城側は、埋め草として機能させないためにも、草を焼き払うべきだという。

城門に接近した敵は、突入を前に、いわゆる火攻めで、城を焼き払おうとする。このときには、鏃に火薬をまきつけ、点火した状態で射込む火矢のほか、陶器に火薬などをつめて投げる焙烙が用いられた。戦国時代の初期には、こうした火攻めが一般的であったと考えられる。しかし、火攻めによる損害を減らすため、天守や櫓・門などは瓦葺となり、特に重要な門には鉄板が張られるなど対策が施されるようになっていった。

万が一にも門を突破されると、曲輪内への侵入を許してしまうことになる。しかし、これを防げば、膠着状態に持ちこむことができる。膠着状態に持ち込めば、守城側が一気に優位に立つ。というのも、攻城側は一日で本丸を攻略することができなければ、本丸周囲の曲輪で野営しなければならなくなる。しかし、攻城側は城内の縄張を熟知しているわけではないから、地の利がある守城側らに反撃の機会が与えられることになる。駐屯している攻城側に夜襲をかければ、逆に追い詰めることもできる。

もちろん、攻城側も、城内で野営することの危険性は重々に承知しているから、一日で本丸を攻略できなければいったんは退却する。そして、改めて攻撃を仕掛けてくることになるはずだ。

ただ、正攻法での攻撃を断念した敵は、徂徠が述べているように、水攻めに切り替えることもある。水攻めとは、城の周囲に堤防を築き、河川の水を流し込んで城を水没させる戦術をいう。守城側の兵糧が尽きて降伏するのを待つわけなので、一般的な兵糧攻めと変わることはない。ただ、舟がなければ城外に出られなくなるので、後詰を待つしかなくなる。また、飲用水が飲めなくなるうえ、備蓄していた兵糧もカビが生えて食べることができなくなる可能性もある。そういう意味では、一般的な兵糧攻めより守城側にとっては苛

飲用水が飲めなくなる
外の水は基本的に不衛生であり、水攻めで城内に流れ込まれても飲用水にできない。また、井戸が外の水に浸かってしまうと元々の飲用水と混ざるため、やはり利用できなくなる。

酷だったといえる。

ただし、水攻めは築堤に莫大な労力が必要となるため、誰にでも可能な攻城法ではなかった。そのため、大勢力が登場した安土・桃山時代からみられるようになっている。特に豊臣秀吉が好んだ攻城法としても有名で、備中高松城、尾張竹ヶ鼻城、紀伊太田城などを水攻めにしている。また、豊臣秀吉の命令をうけて、石田三成が武蔵忍城を水攻めにしている。

なお、水攻めは、豊臣秀吉の専売特許のようにも思われているが、実は、慶長五（一六〇〇）年の関ヶ原の戦い直前には、徳川家康が石田三成の籠もる大垣城への水攻めを計画していたという記録も残されている。もっとも、結果的に水攻めは行われず、大垣城を出た石田三成が関ヶ原へ転進したことで、関ヶ原を戦場に迎えている。

このように水攻めは苛酷だったから、完全に城が水没する前に水を抜き、逆に、敵陣に夜襲をかけるべきだと荻生徂徠は説く。石田三成が水攻めにした忍城は、堤防が決壊したことで失敗したと伝わる。ただし、守城側が堤防の破壊工作をしていた可能性も否定はできないだろう。

現在、忍城の周辺はほとんどが市街地化しており、かつての面影はない。しかし、三成が築いた堤防は「石田堤」とよばれ、城の周囲に一部ではあるものの現存している。

石田堤

竹ヶ鼻城

木曽川と長良川の間にあった城で、水攻めを受けた小牧・長久手の戦いの際は尾張国に属していた。しかし、2年後の天正十四（一五八六）年に起きた大氾濫により木曽川の流れが変わり、国境も移ったことで美濃国の城として現在に至る。

第八章

堅牢な城をいかに落とすか

一、まずは周辺の民心を摑め

『武経総要』によれば、城攻めには緩急が大切という。城中の士気が低く、兵糧も少ないうえ、後詰も期待できないような城は、時間をかけて包囲すれば労せずして落とすことができる。逆に、士気も高く、兵糧も潤沢にあり、後詰も期待できるような城は、時間をかけて包囲していると、その間に後詰がきて、挟み撃ちにされかねない。こうした場合は、奇策をもって急いで攻めたほうがよい。

城を攻める場合には、向城を築く。向城は、敵の城に援軍が送られる街道を想定し、その街道沿いに築いた城である。この向城を拠点に、敵の本城を攻める。

道灌流では、まず領民を立ち返らせるべきという。具体的には、城から二、三里の間にいた領民は、妻子や家財を守るために逃げているものだから、兵卒に乱暴狼藉を禁止して、安堵させる。領民を味方にすれば、兵糧を入手することもできるから一石二鳥だった。もちろん、力尽くで領民から兵糧を奪うようなことはあってはならない。

豊臣秀吉は、文禄・朝鮮の役において、朝鮮を攻めて、多くの城を落とした。

しかし、乱暴狼藉を行ったから朝鮮の民心を摑むことができず、一時的には朝鮮八道を従えたものの、最後は釜山城に撤退せざるをえなかったのである。城を守るには、民心を摑むことが大事である。決して、力で押さえつけてはならない。民心を摑まずに、従えようとするのは、愚将のすることである。神社仏閣を破壊することもあってはならない。これは、民心の拠る場所だからである。僧侶や神官、山伏なども同じように大切にすべきである。

解説

民心を失えば敗亡必至

荻生徂徠によると、城を攻めるうえで最も大切なことは、民心を摑むことだという。『荀子』にも「民を愛する者は強く、民を愛せざる者は弱し」とある。民心の掌握を第一とするのは、儒学者らしい考えといえる。

実際、戦国時代においても、民心の掌握は重視されていた。敵国に攻め込んだ合戦の際には、神社仏閣に対し、禁制（きんぜい）も出されている。これは、自らの兵の乱暴狼藉を禁止する法を記したもので、門前に高札が立てられた。もし、この禁制に違反して乱暴狼藉を働く家臣がいたら、総大将の命令で処刑されることになる。

『荀子』 20ページ参照。

禁制 こうした禁制を出してもらうために、金銭的な見返りが出ることもあった。それだけ兵の乱暴狼藉が嫌がられたということでもあろう。

このように、神社仏閣を守ることによって、地域の人々の信頼を勝ち取ることができた。これにより、城攻めの際には、たとえば抜け道なども聞き出すことができるのである。

豊後国の戦国大名であった大友宗麟（そうりん）は、もともとは仏教を信仰していた。ちなみに、宗麟というのも仏教の法名であり、実名は義鎮（よししげ）という。しかし、キリスト教に入信して洗礼名のドン・フランシスコを賜った宗麟は、神社仏閣を破壊する。これが、人々の強い恨みを買ったのは事実である。

人心を失った影響もあり、天正六（一五七八）年、日向国に出兵した大友宗麟は、薩摩国の島津義久が拠点としていた高城（たか）を攻撃するものの落とすことができず、耳川の戦いに大敗してしまったのである。

高城

二、決して慢心してはならない

城の攻守は、物事の表裏である。こちらが攻城すれば、敵は籠城する。こちらが籠城するときには敵が攻城しているということである。だから、攻城するには、籠城の方法を知る必要があるし、逆に、籠城するにも、攻城の方法を知る必要がある。

籠城と攻城の違いがなにかというと、籠城は自国において少勢であるということで、攻城は他国において大軍であるということになる。籠城は、受け身であるから、何が何でも城を守りきらなければならないが、攻城はそうではない。攻める判断をしなければ、押さえの兵だけをおいて牽制するにとどめることもできるし、攻める判断をしたのであればいかなる手段を用いても攻めることができる。

このように、籠城と攻城では、もともと難易度に差があるようにみえるかもしれない。しかし、籠城側は少勢であっても、降伏もできず、また、開城もできないとあれば、将士が団結して戦い抜くことができる。逆に、攻城側は大軍であることを過信し、敵を侮り、無理に攻めて失敗することもあろう。だから、籠城と攻城のどちらが有利不利ということはない。結局のところは、大将の戦略・戦術次第に落ち着くことになる。

解説

大軍の慢心で勝ち残った毛利元就

攻城側が大軍だからといって、必ずしも城を攻略できるとは限らない。少勢の守城側が結束を強めていれば、軍勢の差は挽回できる。逆に、大軍だからといって攻城側が慢心していれば、足元をすくわれる可能性もある。

天文九（一五四〇）年、出雲国の戦国大名・尼子晴久は、そのころはまだ安芸国の国衆の一人にすぎなかった毛利元就の郡山城を攻めた。当時の尼子氏は、山陰地方をほぼ支配下に置く大大名であった。しかも、出雲国・石見国・伯耆国・因幡国・備前国・備中国・備後国・美作国・安芸国から三万余の軍勢を率いてい

郡山城

国衆
国人と同義。支配者階級の武士ではあるが、一国の大名と比べてもかなり小規模な領主を指す。

たという。尼子晴久としては、簡単に郡山城を落とせると踏んでいたのだろう。しかし、郡山城の毛利元就が抵抗している間に、毛利氏が仕えていた周防国の大内義隆からの援軍一万余が到着し、尼子氏が敗北してしまったのである。

これにより、尼子氏の権勢は衰えていき、逆に大内義隆が尼子氏を追い詰めていく。そして天文十一（一五四二）年、周防国と長門国のほか、安芸国・備後国・石見国から集めた四万余の大軍で出雲国に侵攻した大内義隆は、翌天文十二（一五四三）年、ついに尼子氏の本城である月山富田城を包囲した。しかし、出陣してすでに一年を過ぎていることもあって士気は上がらず、攻めあぐねている間に尼子方に寝返る国衆も出てきてしまう。結局、大内義隆は撤退を命じたが、この敗戦により今度は大内氏が衰退していくことになる。

月山富田城

尼子晴久にしても大内義隆にしても、慢心があったことは否めない。結局、このあとは毛利元就が大内氏を滅ぼし、さらには尼子氏も滅ぼして、中国地方を平定することになった。

慢心
毛利元就が臨終の際に「天下を望むな」と孫の輝元に告げたのは、尼子氏と大内氏の失敗を目の当たりにしたからなのかもしれない。

三、敵にとって逃げ道に見える場所を用意せよ

『孫子』は、「十なればすなわちこれを囲み、五なればすなわちこれを攻む」とあり、また、「囲師(いし)は必ず欠く」と説く。これは、城攻めの極意である。

つまり、籠城側の十倍の兵力がなければ包囲してはならず、籠城側の五倍の兵力がなければ攻めてはならないと戒めているものである。そして、城を包囲するときには、どこか一方をわざと空けておくべきというのである。

このように城を攻めるには、城兵の十倍ないし五倍の兵力がなければ、そもそもできないことなのである。もし、敵の倍の軍勢で攻めるとすると、兵力を分けたら、城兵と互角になってしまう。それでは到底、勝つことはできない。

もし、この軍勢で攻めるのであれば、城兵を城からおびき出す必要がある。

城を包囲するときに一方を空けるというのは、敵に逃げる隙をわざと与えるためである。もし、城を四方から完全に包囲してしまえば、城兵は必死で戦う。そうなれば、仮に攻め落とすことができたとしても、味方の損害は甚大になってしまうだろう。だから、敵の士気をくじくため、一方を空けておくのである。

もちろん、それは、逃げた城兵を助けるということを意味するものではない。

あらかじめ伏兵を潜ませておき、逃げる城主を捕らえるのが兵法の常道である。

解説

逃げ道が守城側の結束を緩める

城は、当然のことながら、守城側が有利になるように築かれている。だから、『孫子』が説くように、籠城側の十倍の兵力がなければ包囲してはならず、籠城側の五倍の兵力がなければ攻めてはならない。

それだけの軍勢がいない場合に、どうすればよいか。これを『孫子』では「囲師は必ず欠く」と説き、「囲師必闕（いしひっけつ）」の計としている。囲師というのは、城を包囲する軍勢のことである。この軍勢で城を包囲する際には、完全に包囲するのではなく、わざと一か所だけあけておくというのがこの戦術となる。

天正五（一五七七）年に黒田孝高が播磨国の福原（佐用）城を攻めた際に、囲師必闕の計を用いたと伝わっている。このころは、織田信長が畿内を制し、西に領国を拡大している さなかだった。同時に、安芸国を本国とする毛利氏も東に領国を拡大していたから、播磨国は、織田方と毛利方による覇権争いの舞台となってしまっていたのである。

姫路城の黒田孝高は、織田信長の家臣として播磨平定を命じられた豊臣秀吉に従い、反毛利方の城を攻撃する。そして、毛利氏に従う福原助就が一千の軍勢とともに籠城する福原城を攻めることになった。

このとき、黒田孝高は三方を囲み、一方をあけた状態で夜襲をかける。激しい戦闘のなか、城主の福原助就は城を脱出したものの、黒田孝高が潜ませていた伏兵に討ち取られたという。

もっとも、福原助就は菩提寺の福円寺に入ってから自害したとも伝わっているため、黒田孝高に殺されたのかどうかはわからない。ただ、囲師必闕は事実だったのではないだろうか。なぜなら、彼はたびたびこの策を用いているからである。

勝龍寺城

こののち、黒田孝高は天正十(一五八二)年、本能寺の変で織田信長が明智光秀に討たれると、豊臣秀吉に臣従し、その軍師として頭角をあらわしていく。豊臣秀吉が明智光秀と戦った山崎の戦いでも活躍しているが、このときも、光秀が籠もった勝龍寺城を囲師必闕の計で攻め落としている。秀吉の軍勢に包囲された光秀は、徹底抗戦を選ぶのではなく勝龍寺城を脱出し、自らの居城である近江国の坂本城に向かったところ、京都の山科あたりで落ち武者狩りに遭い、殺害されてしまったのである。

四、守城側の隙を見逃すな

『孫子』では、「上兵は謀を伐ち、其の次は交を伐ち、其の次は兵を伐ち、其の下は城を攻む」と説いている。敵を攻めるとき、最善の策は敵の謀略をみぬいて追い詰めること、次善の策は敵の外交関係を破綻させて追い詰めること、その次の策は実際に野戦で敵と戦うことだという。そして、城を攻めるのは、下策というのが『孫子』の考えである。

もちろん、『孫子』は、城攻めを禁止しているわけではない。「攻城の法は、やむを得ざるが為なり」とも述べている。基本的には城攻めを避けるべきとはいいつつ、城攻め以外に手段がない場合には、やむをえず城攻めに踏み切るべきだといっている。

また、「攻めて必ず取る者は、其の守らざる所を攻むればなり」あるいは「善く攻むる者には、敵、其の守る所を知らず」ともある。いずれも『孫子』の言葉である。

「攻めて必ず取る者は、其の守らざる所を攻むればなり」というのは、攻め落とすことができるのは、守備が手薄なところを攻めるからだということを意

味している。城兵が万全の態勢で守っているところを攻めても、落とすことはできない。それでも、落とすことができるのは、どうしても守備が手薄になってしまう場所が存在するためである。守備が手薄な場所というのは、たとえば要害堅固を頼りとしていて特に城兵を配置していない場所であったりする。金掘衆（かなほりしゅう）をいれて水を抜いたり、火攻めや水攻めを行うことができたりするのも、そこが手薄だからということもある。あるいは塀や柵が足りていないところを攻めるのもそうである。城主の腹心を寝返らせるというのも、ある意味では、敵が用心していないところを攻めるということになろう。

「善く攻むる者には、敵、其の守る所を知らず」というのは、敵が守る場所をわからなくすることで、攻め落とすことができるということを意味している。城兵も、敵が攻める場所を想定していれば、そこに軍勢を多く配置する。しかし、攻城側が意表を突くような場所から攻めれば、城兵は守る場所がわからずに混乱し、隙のできた場所から攻め込まれることになる。

金掘衆
金をはじめとした鉱物資源の採掘に従事している者とその集団。その採掘技術を利用して地中から城への攻撃や妨害の任務にあたることもあった。

解説

要害は守城側も油断しやすい

城のなかでも鉄壁の守りを固めている場所を攻めたとしたら、それがどんな大軍であっても容易には落とせない。城を落とすことができるのは、『孫子』にある通り、「攻めて必ず取る者は、其の守らざる所を攻むればなり」、すなわち手薄な場所を攻めているからである。

織田信長から播磨平定を命じられた豊臣秀吉は、天正八（一五八〇）年、三木通秋の英賀（あが）城を攻めた。しかし、東西を川に挟まれ、北には沼沢があるため、なかなか城に近づくことができない。そこで豊臣秀吉は、海上から奇襲をかけることにしたのである。

これにより、陸上からの攻撃に備えていた城内は混乱に陥ってしまう。結局、英賀城は落城し、城主の三木通秋は、夜陰に乗じて城を脱出すると九州に落ちていったという。

英賀城

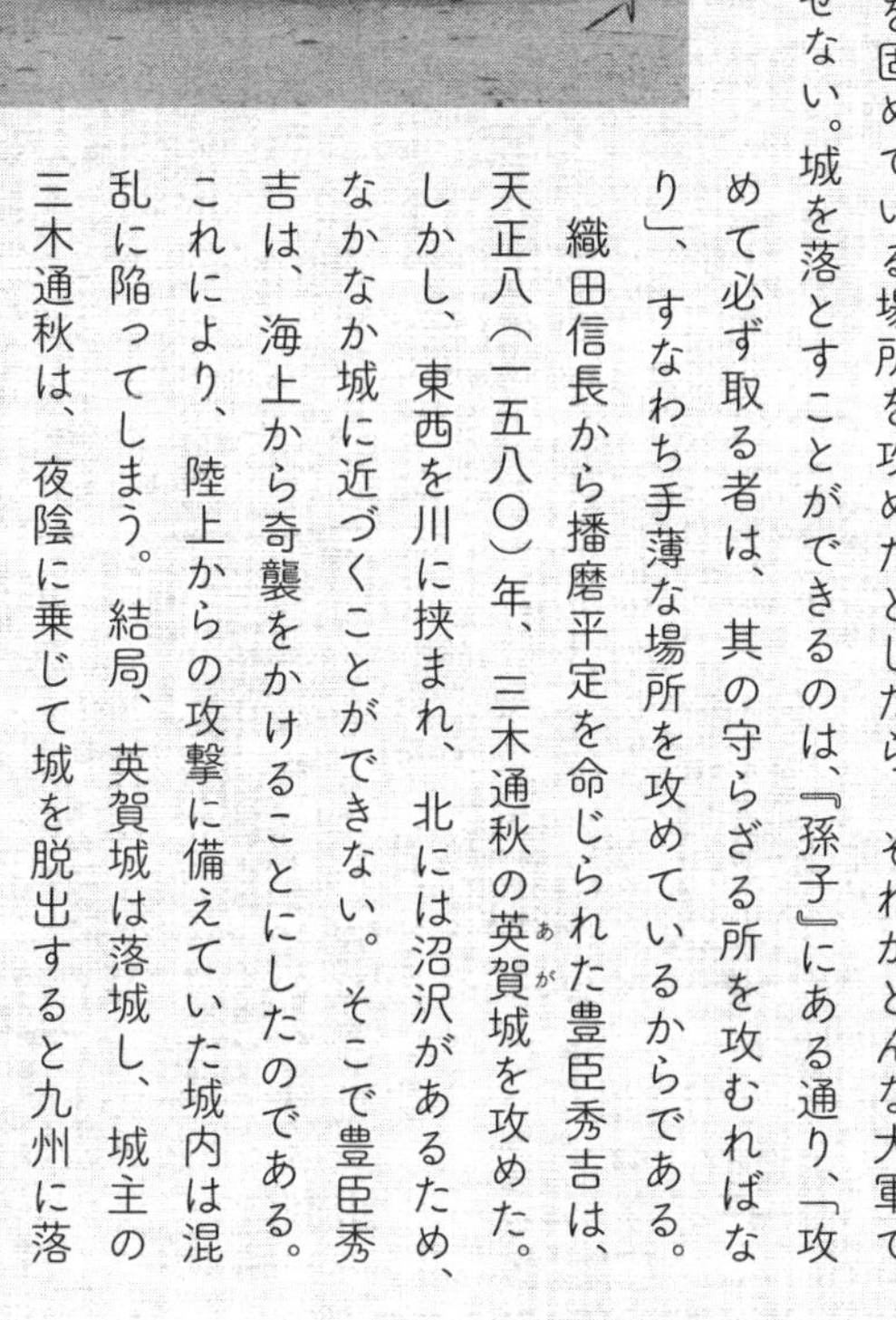

五、我が国の攻城は時間がかかる

実際に城を攻めるには、まず接近しなければならない。しかし、そのまま接近すれば、城から弓や鉄砲で狙われてしまう。そこで楯によって防ぎながら前進する。楯となったのは、竹束や大楯である。竹束は、竹を束ねたもので、これをいくつか並べて組んだ材木に固定したものを竹束牛などという。あるいは、板の上に鉄板や鉄鋲(びょう)を打ちつけた大楯を用いる。

堀に接近したら、埋め草で埋める。堀のままでは、渡ることができないためである。

中国の兵書には、様々な兵器がとりあげられている。しかし、我が国では、こうした兵器は発展しなかった。そのため、守備が堅固な城は、なかなか落ちないというのが実情である。

中国の兵書で紹介されている兵器は尖頭木驢(せんとうもくろ)・釣井楼(つりせいろう)・木幔(もくまん)・雲梯(うんてい)などである。このうち、尖頭木驢は、我が国では「亀の甲」といい、加藤清正が文禄・慶長の役において使用したという。ただし、これは清正が考案したものではなく、朝鮮人から知らされたものであろう。

解説

きちんと足場固めをしてから攻める

城を攻めるときには、まず城を包囲する。このとき、近隣の農民が城に入っている場合もあるが、城に入っていない場合もある。城に入っていない場合には、味方につけたり、兵糧を買い入れたりして準備をする。

そして、弓矢はもとより、鉄砲・大砲による射撃から守るため、城から離れたところに本陣を置く。長期戦になりそうなときには、城を見おろす場所に向城（⇒36ページ）を築くこともある。

こうして、城を包囲したら、次は、城への接近を図る。これを仕寄（⇒226ページ）という。仕寄によって堀まで近づくことができれば、草や木、あるいは城下町の家屋を解体した木材などで空堀を埋める。これを埋め草（⇒227ページ）という。守城側が、この埋め草を焼き払おうとするから、焼かれないように注意しなければならない。

こうした段階になって、初めて城内への攻撃を開始する。門や櫓などを火矢あるいは焙烙で火攻めにし、城門の突破をねらう。同時に、堀を渡った味方は、石垣をよじ登り、塀を乗り越えて城内に侵入するのである。

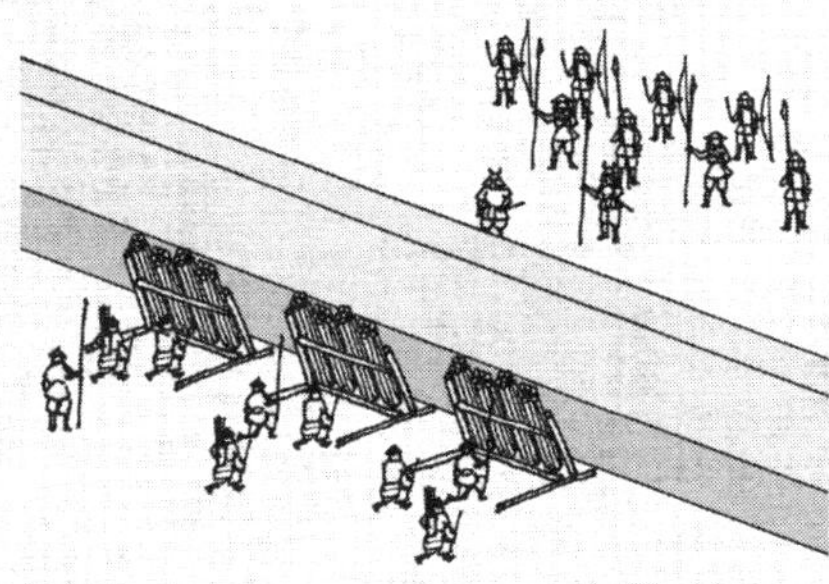
竹束牛

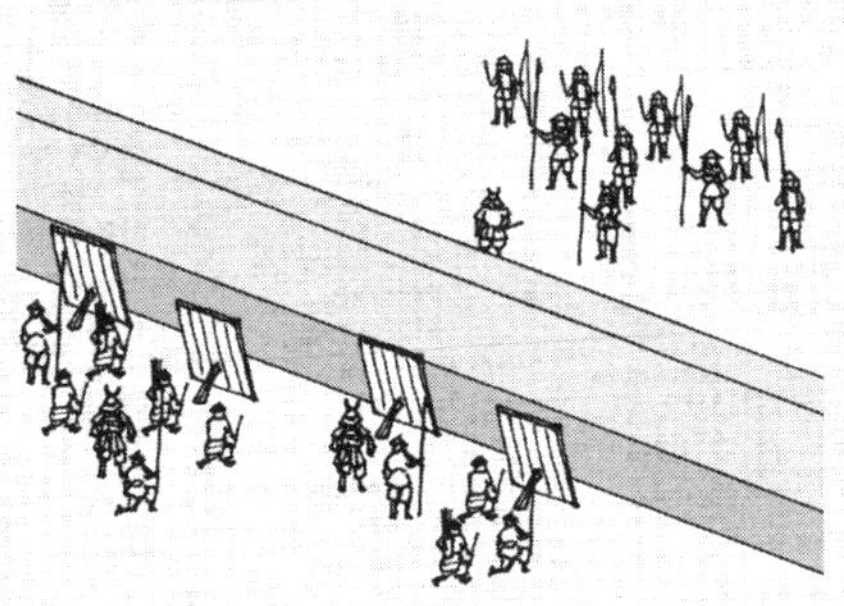
楯

安全に接近するための防御兵器

さて、城に接近するには、いくつかの兵器を用いるのが一般的だった。というのも、通常であれば、身を隠す家屋などの障害物はすでに守城側によって撤去されているものだからである。そこで、身を隠すための兵器は、攻城側が用意しなければならなかった。

仕寄に広く用いられたのは、木製の楯である。守城側からの射撃を、この楯で防ぎながら、少しずつ城壁まで接近していくのである。

しかし、鉄砲が普及してくると、矢はともかく銃弾による被害を木製の楯では防ぐことが難しくなってしまった。そこで、戦国時代の末期には、竹を束にして楯の代用とする竹束が用いられるようになっていた。この竹束は、甲斐の武田氏で考案されたと伝わる。軽量で持ち運びに適しているため、広く普及したとされるが、残念ながら遺物としては確認されていない。竹束を木製の枠に固定したものは、竹束牛といった。

遺物としては確認されていない
素材が木や竹ということもあるが、戦場で急ごしらえで作成されるものであるため、保存しておくことはなかったのであろう。

尖頭木驢

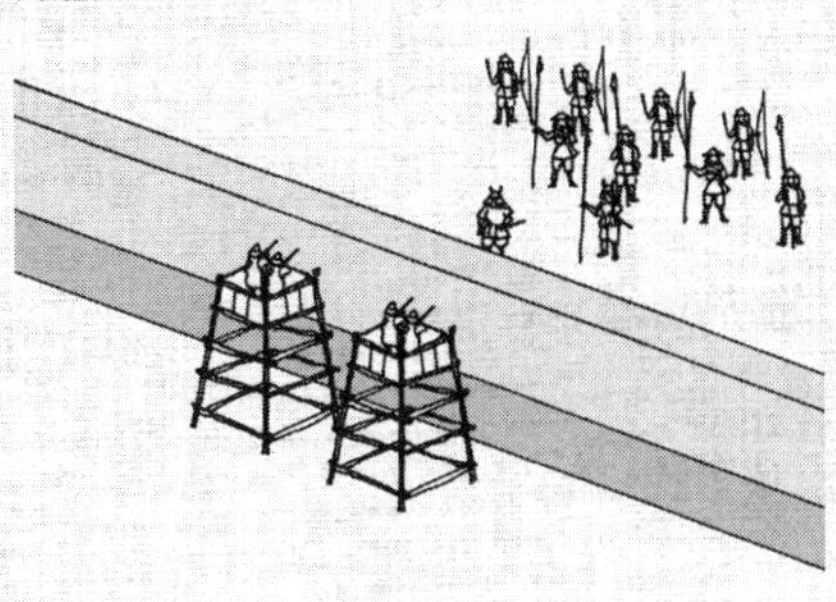

井楼

仕寄で城に接近したら、ここに井楼をあげることもできる。井楼は、常設の櫓とは異なり、仮設に建てられるものだった。井楼の構築により、城内の動きを察知することができるとともに、城壁の上から攻撃することも可能となった。

日本に攻城兵器が定着しなかった要因

なお、文禄・慶長の役では、尖頭木驢なる兵器が仕寄に導入されたという。尖頭木驢は、竹束牛の木枠に厚板を張り、これに六つの木輪をつけた兵器である。内部に十人が入り、守城側の射撃をかわしながら前進したという。一説に加藤清正が考案したとされるが、荻生徂徠が指摘しているように、もともと朝鮮に存在していたものであろう。文禄・慶長の役では用いられたというが、その後、我が国で用いられたのかどうかは不明である。

このほか、荻生徂徠も紹介しているように、中国の兵法書には、敵情視察のため小型の箱に兵士を乗せて滑車で高くつり上げる釣井楼、矢や銃弾を防ぐ

木幔

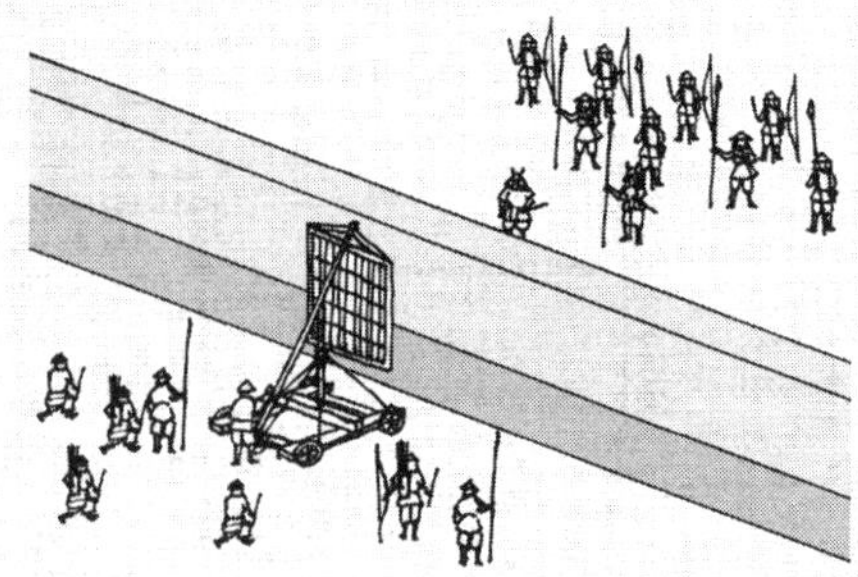

釣井楼

雲梯

ために木製の楯を動かせるようにした木幔、梯子をつけて城壁まで届くようにした雲梯など、木輪のついた大がかりな攻城兵器が紹介されている。

しかし、広大な中国とは異なり、我が国の土地は山が多いうえ、敵の侵入を防ぐため、あえて道路も狭く、曲がりくねったようにしていた。木輪のついた大がかりな兵器が移動できるはずもない。中国の兵法書に掲載されている兵器は、ほとんど我が国で用いられることはなかったとみられ、荻生徂徠も、我が国の攻城戦で役に立つとは一言も論じていない。

〈参考文献〉

『鈐録』
『鈐録外書』
『政談』
『甲陽軍鑑』
『甲陽軍鑑末書』
『武門要鑑抄』
『兵法雌鑑』
『兵法雄鑑』
『士鑑用法』
『武教全書』

『日本城郭大系　別巻II　日本城郭便覧』（児玉幸多・坪井清足監修）新人物往来社、1981
『新装版　日本城郭辞典』（鳥羽正雄著）東京堂出版、1995
『新装版　城郭事典』（探訪ブックス〔日本の城10〕）小学館、1989
『日本城郭大事典』（別冊歴史読本入門シリーズ）新人物往来社、1997
『日本城郭事典』（大類伸監修）秋田書店、1970

加藤隆『解説　近世城郭の研究』近世日本城郭研究所、1969
赤見将也・新谷洋二「城郭の立体的構成と規模に関する基礎的研究」（『土木史研究』18）、1998
堀田浩之「『城制問答』に見る軍学者の城郭認識について」（兵庫県立歴史博物館紀要『塵界』13）、2002

おわりに

従来、江戸時代の軍学というと、机上の学問として役に立たないものの代名詞のように考えられてきた。しかし、江戸時代の軍学も、当時の研究成果であることはまちがいなく、そこに脚色が含まれるからといって、すべて無視してよいというものでもない。

『鈐録』は、江戸時代の軍学をそのまま紹介するのではなく、史料批判を加えている。そのため、現代的な価値観からみても、内容の客観性や論理性に破綻はない。城についての研究書としてもっと評価されてよいのではないか。和漢の兵法書をこれほどまでに読み込んでいるのは、歴史的にみても、徂徠以外にはほとんどいなかったろう。

ただし、徂徠自身は、日本の城を完璧なものとは考えていなかった。江戸時代における城の象徴的存在は天守や櫓であるが、『鈐録』にこうした建造物への言及はほとんどない。言及されているのは、戦棚・敵台・弩台とよばれる中国の建造物だった。それというのも、徂徠が中国の羅城を理想としていたためである。

日本における羅城は、平城京と平安京の羅城門（羅生門）において、両脇の一部に設けられただけで、中国のように都市を囲繞することはなかった。唯一、日本に羅城が設けられたのは、秀吉によって京都に造られた御土居だけである。

御土居は土塁によって構築されていたが、江戸時代になっても、御土居のように城下町を完全に囲む羅城が構築されることはなかった。それは、なぜなのだろうか。

日本では、鎌倉時代から武士の世の中となり、これは江戸時代の終わりまで続いた。つまり、城を支配していたのは武士である。羅城を築くということは、領民を戦闘に巻き込むということにほかならない。当然、落城した際には、籠城した農民や町民も殺されてしまう。そうした状況を、武士は避けようとしていたのかもしれない。

いずれにせよ、我が国が武士の時代に羅城を採用していたら、どの城も似たり寄ったりになっていたはずである。人工的な城壁である羅城を築かなかったことで、自然の地形を活用しようとした結果、二つとないような城が日本の各地にできたことは間違いない。

それぞれの城の立地、縄張、建造物などには、必ず意味がある。そうした意味を、現代人の感覚ではなく、武士の目線で見てまわるのも、新たな発見があって楽しいのではないだろうか。本書が、その一助になれば、幸いである。

最後に、執筆の機会を与えていただき、的確なアドバイスをくださった日本能率協会マネジメントセンターの早瀬隆春氏に感謝を申し上げ、擱筆する。

小和田泰経

国名	名称
丹波	篠山城
山城	平安京・二条城① 伏見城② 勝龍寺城③
伊勢	津城
伊賀	伊賀上野城
大和	多聞城① 平城京② 藤原京③
摂津	大坂城
河内	赤坂城① 千早城②
紀伊	太田城① 和歌山城②
播磨	福原城① 姫路城② 英賀城③ 赤穂城④ 明石城⑤
美作	津山城
備前	岡山城
備中	松山城① 高松城②

国名	名称
備後	福山城① 三原城②
出雲	松江城① 月山富田城②
石見	津和野城
安芸	郡山城① 広島城②
長門	萩城
讃岐	高松城① 丸亀城②
阿波	徳島城
伊予	松山城① 宇和島城②
土佐	高知城

国名	名称
筑前	阿志岐城① 大野城② 基肄城③ 古処山城④
肥前	島原城① 原城②
豊後	府内城
肥後	熊本城
日向	高城
薩摩	鹿児島城 （鶴丸城）

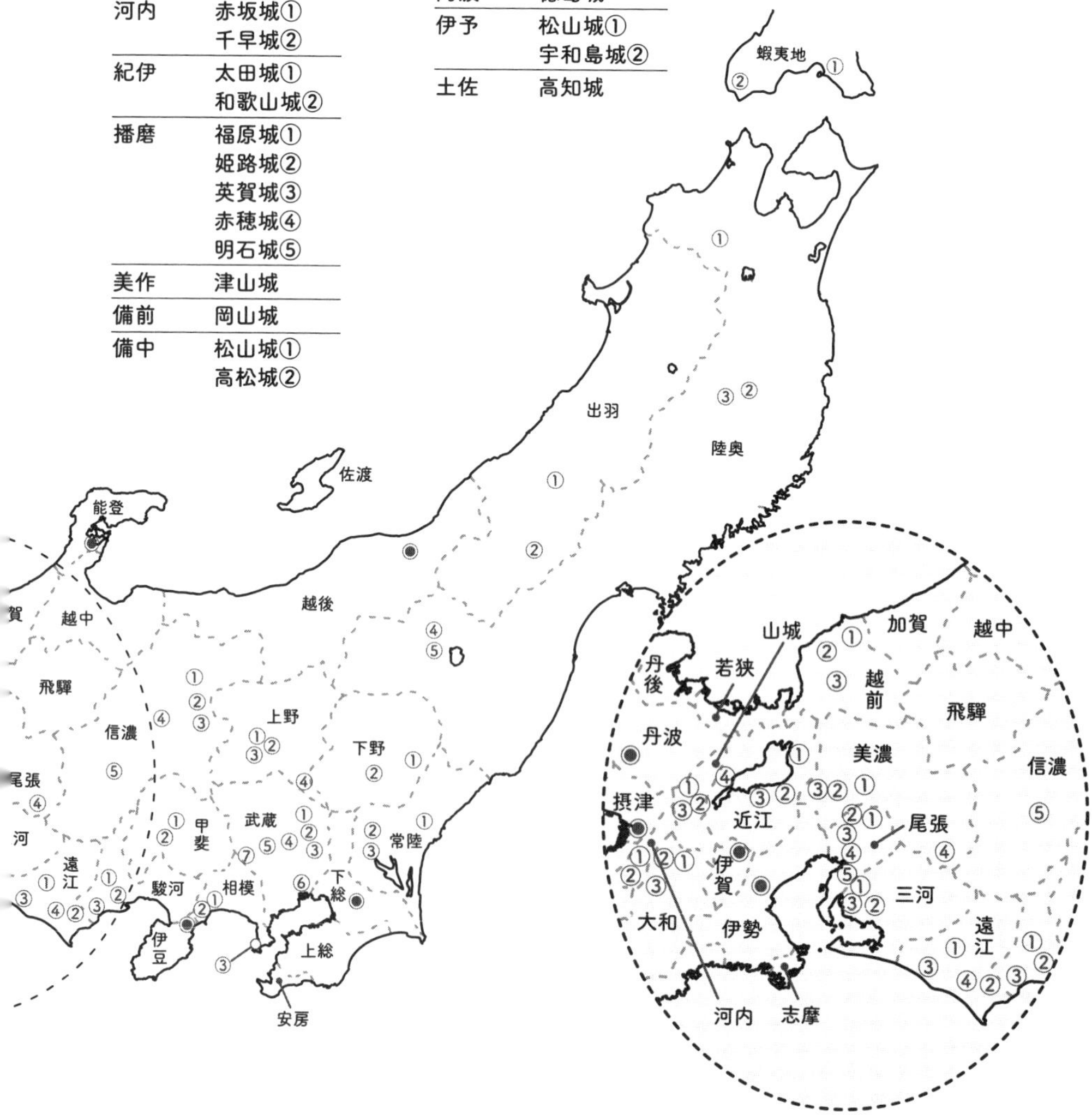

旧国名・城所在地図

国名	名称
蝦夷地	五稜郭①
	松前城②
陸奥	弘前城①
	盛岡城②
	志波城③
	神指城④
	会津若松城⑤
出羽	新庄城①
	山形城②
常陸	水戸城①
	小田城②
	土浦城③
下野	宇都宮城①
	烏山城②
上野	箕輪城①
	高崎城②
	前橋城③
	館林城④
下総	佐倉城

国名	名称
武蔵	忍城①
	騎西城②
	岩槻城③
	川越城④
	滝山城⑤
	江戸城⑥
	八王子城⑦
相模	小田原城①
	石垣山城②
	新井城③
越後	新発田城
能登	七尾城
越前	丸岡城①
	福井城・北ノ庄城②
	一乗谷城③
甲斐	躑躅ヶ崎館①
	甲府城②
信濃	松代城①
	上田城②
	小諸城③
	松本城④
	高遠城⑤

国名	名称
伊豆	山中城
駿河	小長谷城①
	駿府城②
	田中城③
遠江	二俣城①
	諏訪原城②
	浜松城③
	高天神城④
三河	刈谷城①
	岡崎城②
	西尾城③
美濃	岐阜城①
	墨俣砦②
	大垣城③
	岩村城④
尾張	犬山城①
	竹ヶ鼻城②
	清洲城③
	名古屋城④
	村木砦⑤
近江	小谷城①
	彦根城②
	安土城③
	坂本城④

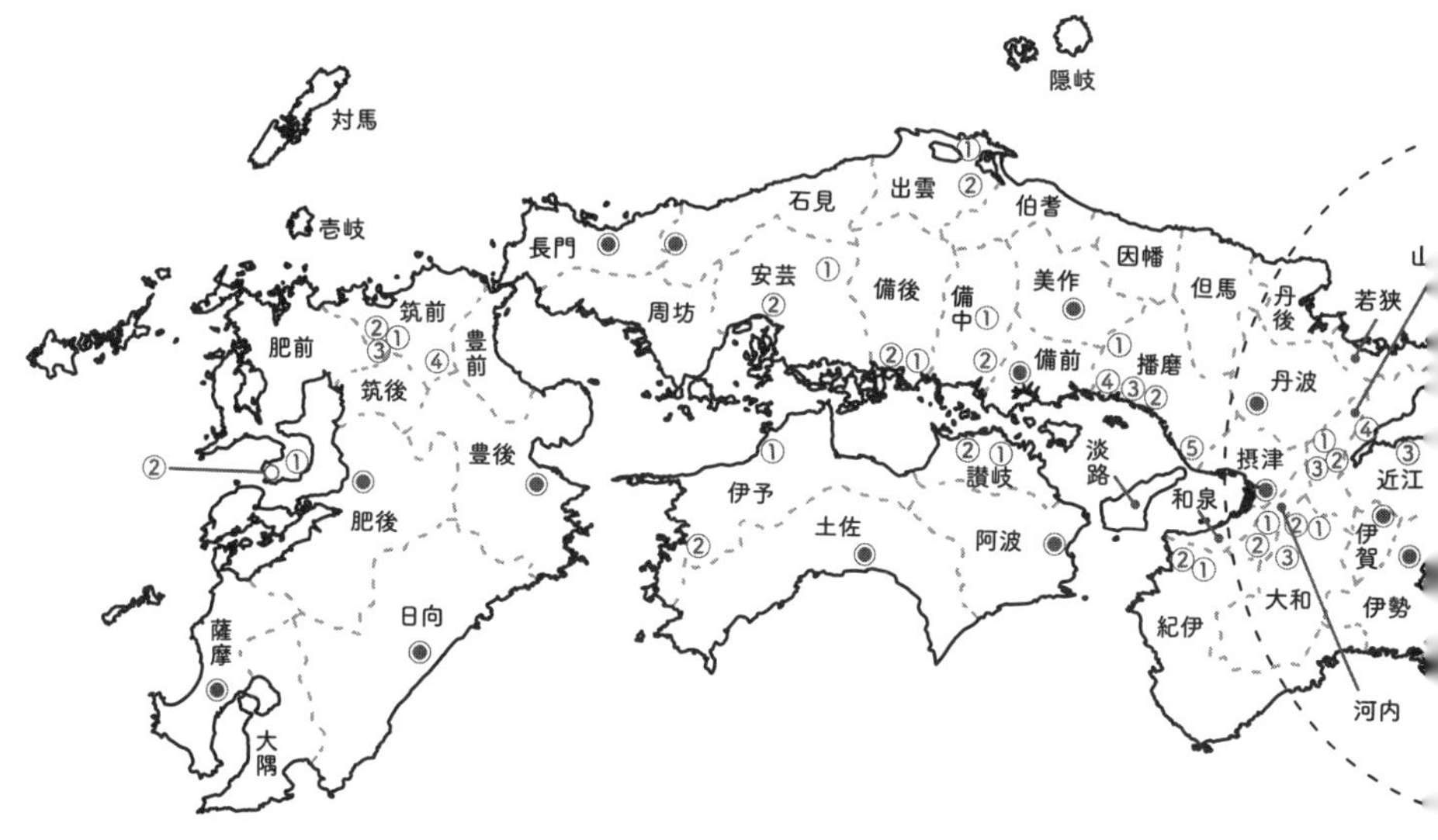

〈著者紹介〉

小和田　泰経（おわだ やすつね）

公益財団法人日本城郭協会理事。
國學院大學大学院文学研究科博士課程後期退学。専門分野は日本中世史。現在、静岡英和学院大学講師・早稲田大学エクステンションセンター講師。戦国時代の武将・城郭・甲冑・刀剣に詳しい。
主な著書に『家康と茶屋四郎次郎』(静岡新聞社)、『戦国合戦史事典』（新紀元社)、『天空の城を行く』（平凡社)、『日本の城・城合戦』（西東社)、『ずかん武具』（技術評論社）など多数。NHK 大河ドラマ『おんな城主直虎』『麒麟がくる』『どうする家康』などに資料提供としても参加している。

武士目線で語られる日本の城

2023 年 12 月 10 日　初版第 1 刷発行

著　者――小和田 泰経

発行者――張 士洛
発行所――日本能率協会マネジメントセンター
〒 103-6009 東京都中央区日本橋 2-7-1 東京日本橋タワー
TEL 03(6362)4339(編集)／03(6362)4558(販売)
FAX 03(3272)8127(編集・販売)
https://www.jmam.co.jp/

カバー・本文デザイン――岩泉卓屋
イラスト―――大野まみ
本文 DTP――株式会社 RUHIA
印刷・製本――三松堂株式会社

ISBN 978-4-8005-9157-9　C0021
落丁・乱丁はおとりかえします。
PRINTED IN JAPAN